Andreas Kulick und Johann Justus Vasel

Das konservative Gericht

Ein Essay zum 70. Jubiläum
des Bundesverfassungsgerichts

Andreas Kulick und Johann Justus Vasel

Das konservative Gericht

Ein Essay zum 70. Jubiläum
des Bundesverfassungsgerichts

Mohr Siebeck

Andreas Kulick, geboren 1982; Studium der Rechtswissenschaft in Freiburg i.Br., Genf, Berlin (HU) und New York (NYU); 2011 Promotion; 2019 Habilitation; seit 2019 Lehrstuhlvertreter an den Universitäten Köln, Göttingen, Heidelberg und Marburg.

Johann Justus Vasel, geboren 1983; Studium der Rechtswissenschaft in Bayreuth, Würzburg und New York (NYU); 2016 Promotion; seit 2020 Juniorprofessor an der Juristischen Fakultät der Heinrich-Heine-Universität Düsseldorf.

ISBN 978-3-16-160654-0 / eISBN 978-3-16-160655-7
DOI 10.1628/978-3-16-160655-7

Die Deutsche Nationalbibliothek verzeichnet diese Publikation in der Deutschen Nationalbibliographie; detaillierte bibliographische Daten sind über *http://dnb.dnb.de* abrufbar.

© 2021 Mohr Siebeck Tübingen. www.mohrsiebeck.com

Das Werk einschließlich aller seiner Teile ist urheberrechtlich geschützt. Jede Verwertung außerhalb der engen Grenzen des Urheberrechtsgesetzes ist ohne Zustimmung des Verlags unzulässig und strafbar. Das gilt insbesondere für die Verbreitung, Vervielfältigung, Übersetzung und die Einspeicherung und Verarbeitung in elektronischen Systemen.

Das Buch wurde von Gulde Druck in Tübingen gesetzt, auf alterungsbeständiges Werkdruckpapier gedruckt und gebunden.

Printed in Germany.

Vorwort

Der vorliegende Band aus Anlass des 70. Jubiläums des Bundesverfassungsgerichts ist weder Festschrift noch „kritische Bilanz", sondern versteht sich als Essay. Für eine Festschrift fehlt das Stupende, Umfassende. Für eine „kritische Bilanz" wie einst „Das entgrenzte Gericht" (Suhrkamp, 2011) fehlt ihm das Summarische und eine gewisse Abgeschlossenheit. Diese Schrift will sich durch Offenheit in ihrer Form auszeichnen. Sie legt weniger Wert auf Systematisierung, Strenge und Bündigkeit als man dies bei klassischen monographischen Formaten gewohnt sein mag. Essaytypisch unternimmt der Band Deutungs- und Denkversuche, die unterschiedliche Bereiche des verfassungsrechtlichen Spektrums in vergleichsweise gelockertem Aufbau und Ton zum Gegenstand machen.

Keineswegs ist es Anliegen, die Reputation des Karlsruher Gerichts als wirkmächtiger Innovator (man denke nur an das Urteil zum Klimaschutzgesetz vom April 2021) zu erschüttern. Vielmehr soll das vorherrschende Bild ergänzt und weiter nuanciert werden. Die Schrift dient dazu, eine Diskussion zu beginnen, nicht sie zu beenden: In welchen Sachbereichen ist das Gericht eher Konservator denn Innovator? Was sagt das über die rechtlichen und politischen Rollen des Gerichts sowie über sein Selbstverständnis aus? So vielfältig wie diese Rollen sind auch die Facetten des Konservativen – vom Erhalt bis zur Erstar-

Vorwort

rung. Zweifellos ist einem Verfassungsgericht ein gewisses Maß an Vorhersehbarkeit und Kontinuität aufgetragen. In Manchem, so regen wir zu überdenken und zu diskutieren an, geht das Gericht indes über das gebotene Maß hinaus. Dieser Band hat zum Ziel, sowohl das angemessene *conservare* als auch den Überschuss jenseits eines Bewahrens von Schutzbedürftigem zu beleuchten und beides mit kritischem Blick zu betrachten. Welche Funktion hat konservative Rechtsprechung für das Gericht? Wird mit ihr eine Strategie verfolgt? Lässt sich hinter der Dogmatik eine gewisse staatsphilosophische Tendenz erkennen? Wir hoffen, dass dieser Essay weitere Fragen und zukünftige Studien inspiriert.

Für ihre wertvollen Denkanstöße, hilfreichen Kommentare und kritische Durchsicht einzelner Teile danken wir sehr herzlich *Johannes Eichenhofer, Michael Goldhammer, Markus Kotzur, Fabian Michl, Gunnar Folke Schuppert* und *Thomas Streinz*. Weiterhin möchten wir dem studentischen Mitarbeiter *Andreas Müller* unseren großen Dank für seine kompetente und tatkräftige Hilfe aussprechen. *Carola Scherpe-Blessing, Lisa Laux* und *Susanne Mang* vom Verlag Mohr Siebeck sei für die verlagsseitige Begleitung der Publikation dieses Werkes gedankt.

Heidelberg/Berlin, im Juni 2021   Andreas Kulick
Johann Justus Vasel

Inhaltsverzeichnis

Vorwort V

Erster Teil:
Was heißt hier konservativ? 1
A. Innovator, Konservator 1
B. Politischer Konservatismus 4
C. Codierung, Ambivalenz und Wertung 14
D. Konservatives Recht, konservatives
   Grundgesetz? 18
E. Skalierter Konservatismus: Bewahren,
   Beharren, Bremsen, Musealisieren 23
F. Vier Themengebiete 29

Zweiter Teil:
Konservatives Karlsruhe 33
A. Staatsrichtung der Grundrechte und
   Staatsanalogie Privater 33
     I. Geltung oder Staatsrichtung? 33
    II. Dürig, Lüth & Co. 40
   III. Der allgegenwärtige Staat 43
       1. Vorwärts in die Vergangenheit 44
       2. Konservierung zur Positionierung . . . 52
       3. Konsequente Redundanz 56
       4. Staatsanalogie 59
   IV. Fazit: Konservation in der Innovation . . . 71

Inhaltsverzeichnis

B.	Staat, Kirchen und transzendente Arbeitgeber	76
	I. Verschlungene Wege	76
	II. Trennung und Nähe	80
	III. Vom Bewahren zum Bremsen	83
	1. Alte Zöpfe und junges Gericht	83
	2. Umdeutung und Tradition	89
	3. *Bremsung* durch zweifache Etatisierung	92
	IV. Fazit: Die Kirchen als Staat im Staate?	104
C.	Zur Kontrolle der Gubernative: Regieren – lassen	109
	I. Regent und Regierung	109
	II. Gubernative, Gericht und Grundgesetz	111
	III. Begrenzte Bescheidenheit	114
	1. Der politische Gegner	115
	2. Kernbereiche	121
	3. Hohe Politik und verfassungsgerichtliche Pragmatik	131
	4. Covid-19 und die zu lange „Stunde der Exekutive"	134
	IV. Fazit: Politisches, Allzupolitisches	146
D.	Europa: Der unvollendbare Bundesstaat?	150
	I. Verschränkung von Innovation und Konservation	150
	II. Präludium: Die Urangst	154
	III. Konservatives Karlsruhe zwischen Vorbehalt und Verfassungsidentität	157
	1. Die bewahrende Offenheit der Caveatisierung – Solange I & II	157
	a) Bewahrendes Vorprägen	157
	b) Beharrung auf Dualismus	160
	c) Bremsendes Steuern: Die Caveatisierungsstrategie	162
	2. In dubio pro etate? – Maastricht	170

Inhaltsverzeichnis

      3. Kulminationspunkt der Konservation – Das Lissabon-Urteil 179
         a) Vollbremsung 179
         b) Vonne Endlichkait – Sein und Bleiben 182
         c) Fiktive Staatsaufgabenlehre als Musealisierung 184
         d) Imaginierte Ewigkeit 187
      4. A Dog that Barks *and* Bites? – Das PSPP-Urteil 189
         a) Das objektiv willkürliche Recht auf Demokratie 192
         b) Die mitgeführte *ultra vires*-Doktrin 196
  IV. Fazit: Das Karlsruher Treibhaus des Europaverfassungsrechts 198

Dritter Teil:
Bewahren oder Erneuern? 201

A. Gute Gründe 201
  I. Aufgabe des Rechts 201
  II. Aufgabe des Gerichts 205
  III. Aufgabe der Dogmatik 207
B. Warum konservativ? Deutungsversuche 209
  I. Machtpolitik 210
    1. Letzte Worte 210
    2. Wortkargheit 214
  II. Denkstile 215
  III. Camouflagetechniken 221
C. Bewahren der Wirkungsmacht 226

Literaturverzeichnis 229

Erster Teil:
Was heißt hier konservativ?

A. Innovator, Konservator

Das Bundesverfassungsgericht gilt als großer Innovator des deutschen Verfassungsrechts.[1] Dieses Verdikt beherrscht nicht nur den deutschen Diskurs, sondern findet auch Bestätigung im europäischen und außereuropäischen Ausland.[2] Beispielsweise „erfindet" oder – je nach erkenntnistheoretischer Perspektive[3] – „entdeckt" das Gericht neue Grundrechte.[4] Es etabliert zentrale rechtsstaatliche Prinzipien wie den Verhältnismäßigkeitsgrund-

---

[1] Vgl. statt vieler *O. Lepsius*, Entscheiden durch Maßstabsbildung, in: R.C. v. Ooyen/M.H.W. Möllers (Hrsg.), Handbuch Bundesverfassungsgericht im politischen System, 2. Aufl. 2015, S. 119 („eines der […] innovativsten Gerichte, das es je gab").

[2] Vgl. etwa *D.P. Kommers/R.A. Miller*, The Constitutional Jurisprudence of the Federal Republic of Germany, 3. Aufl. 2012, S. 40 ff.; *M. Hailbronner*, Traditions and Transformations, 2015, S. 1 („many of the Court's jurisprudential innovations have become export models around the world.").

[3] Vgl. dazu *M. Walzer*, Interpretation and Social Criticism, in: S.M. McMurrin (Hrsg.), The Tanner Lectures on Human Values, Bd. VIII, 1988, S. 1, 4 ff.

[4] Z.B. Recht auf informationelle Selbstbestimmung (BVerfGE 65, 1 [1983] – Volkszählung); Recht auf die Integrität informationstechnischer Systeme (BVerfGE 120, 274 [2008] – Onlinedurchsuchung); Recht auf ein menschenwürdiges Existenzminimum (BVerfGE 125, 175 [2010] – Hartz IV).

Erster Teil: Was heißt hier konservativ?

satz,[5] spricht sich für die Wirkung der Grundrechte zwischen Privaten aus[6] oder definiert die Gewaltengliederung[7] in der parlamentarischen Demokratie des Grundgesetzes.[8] Die nahezu einhellige Auffassung sieht das Bundesverfassungsgericht als Treiber progressiver Entwicklungen in der deutschen und zunehmend grenzüberschreitend wirkmächtigen Verfassungsrechtsdogmatik und -theorie.[9] Gar ist von einem „entgrenzten Gericht"[10] die Rede, das es mit der Progressivität, zugunsten erheblicher Kompetenzausweitungen, manches Mal übertreibt.[11]

Diese vorherrschende Wahrnehmung und Deutung des Gerichts ergänzt dieser Essay zum 70. Jubiläum um die These eines teilweise konservativen Gerichts. Er geht unserem Eindruck nach, dass das Bundesverfassungsgericht in einigen Bereichen eher als Konservator denn als Innovator auftritt. Beispielhaft sind etwa das kirchliche Arbeitsrecht,[12] das Verhältnis des Gerichts zur Bundesregie-

---

[5] Vgl. BVerfGE 7, 377 [1958] – Apothekenurteil.
[6] Vgl. BVerfGE 7, 198 [1958] – Lüth.
[7] Vgl. grundlegend *C. Möllers*, Gewaltengliederung, 2005.
[8] Vgl. z. B. BVerfGE 49, 89 [1978] – Kalkar I.
[9] Für ein Beispiel aus der englischsprachigen Literatur siehe stellvertretend *J. Collings*, Democracy's Guardians, 1951–2001, 2015, S. 1 ff.
[10] Vgl. *M. Jestaedt/O. Lepsius/C. Möllers/C. Schönberger*, Das entgrenzte Gericht, 2011.
[11] Früh warnte etwa *K. Hesse* vor einer Tendenz zur „Überanstrengung" der Verfassung, *ders.*, Funktionelle Grenzen der Verfassungsgerichtsbarkeit, in: J.P. Müller/P. Badura (Hrsg.), Festschrift für Hans Huber, 1981, S. 261 ff., 270; *E. Denninger*, Verfassungsrechtliche Schlüsselbegriffe, in: C. Broda (Hrsg.), Festschrift für Rudolf Wassermann, 1985, S. 279 ff., 294 („bis an die Grenze der Beliebigkeit").
[12] Z. B. BVerfGE 137, 273 [2014] – Chefarzt.

A. Innovator, Konservator

rung[13] oder bestimmte Felder, Formen und Momente der europäischen Integration.[14] In einigen zentralen Bereichen des deutschen Verfassungsrechts, so unsere These, erweist sich das Bundesverfassungsgericht gerade nicht als Motor dynamischer Entwicklungen, sondern hält an überkommenen Dogmatiken und hergebrachten Theorien fest.

Dem soll hier nach- und auf den Grund gegangen werden. Die These vom konservativen Gericht erfordert als Vorbedingung und Voraussetzung zunächst die Auseinandersetzung mit folgenden Fragestellungen: Was heißt konservativ? Und was heißt konservativ in diesem spezifischen Kontext? Wo könnte Karlsruhe konservativ sein? Wo sollte Karlsruhe konservativ sein? Welches sind die zu betrachtenden Themengebiete und die zugrundeliegenden Kriterien für ihre Auswahl? In welcher Hinsicht – dogmatisch, theoretisch, politisch – zeigt sich der Konservatismus des Gerichts in diesen ausgewählten Gebieten? Wie lässt sich Konservatismus in den Themengebieten erklären? Mit anderen Worten, was sind die Gründe für das Innovationsgefälle und die Beharrungstendenzen? Lassen sich übergreifende dogmatische, staatstheoretische oder (macht-)politische Zusammenhänge dieser kontrastierenden Judikatur erkennen?

Dieser Essay changiert selbst entlang der Reflexionslinien, die wir hinsichtlich der Rechtsprechung des Bundesverfassungsgerichts zeichnen. Sein Motiv und sein Anliegen ist es, in Ergänzung zum vorherrschenden Nar-

---

[13] Z. B. BVerfGE 62, 1 [1983] und 114, 121 [2005] – auflösungsbedingte Vertrauensfrage.
[14] Z. B. BVerfGE 123, 267 [2009] – Lissabon.

Erster Teil: Was heißt hier konservativ?

rativ in Staatsrechtslehre und öffentlicher Wahrnehmung aufzuzeigen, *dass*, *wo* und *warum* Karlsruhe konservativ judiziert. Der Beitrag versucht damit, die mangelnde Innovationsfreude des Gerichts in bestimmten Gebieten zu thematisieren und aufzuarbeiten. Die häufig in Literatur und Praxis diskutierten dogmatischen Neuerungen durch seine Judikatur sollen durch diese Analyse der konservierenden Rechtsprechungslinien in bisher unterbelichteten Themengebieten erweitert werden, um zu einem vollständigeren Bild des Gerichts beizutragen. Insofern versteht sich die Schrift weder als Widerlegung noch als Kritik an der bisherigen Analyse, sondern als Wahrnehmungsergänzung, zuweilen auch als Zuspitzung.[15]

B. Politischer Konservatismus

Was ist gemeint, wenn nachfolgend von einem „konservativen" Gericht die Rede ist? Der Begriff des Konservatismus hat unvermeidlich politische Konnotationen. Ideen- und begriffsgeschichtlich stammt er zunächst aus dem politischen Kontext. Deshalb beschäftigt sich die folgende erste Annäherung an den Terminus „konservativ" mit seiner politischen und staatsphilosophischen Dimension. Darin wird sich das Ergründen des schillernden Begriffs des Konservatismus jedoch nicht erschöpfen. Diese Erwägungen zum politischen und staatsphilosophischen Konservatismus ermöglichen sodann im Weiteren epistemische[16] und verfassungsrechtliche[17] Annäherungen an den

---

[15] Vgl. dazu *J. Kersten*, Die Notwendigkeit der Zuspitzung, 2020.
[16] Vgl. unten C.
[17] Vgl. unten D.

B. Politischer Konservatismus

Konservatismusbegriff. Dies erlaubt es, konkreter zu umreißen, was wir für die Zwecke dieses Essays unter „konservativer" Rechtsprechung des Bundesverfassungsgerichts verstehen.[18]

Doch zunächst zur politischen und staatsphilosophischen Dimension. Der politische Konservatismus entstand als Gegenreaktion zur Französischen Revolution.[19] Der Umwälzung des *Ancien Régime* – und natürlich nicht nur des französischen – setzte er die Beständigkeit der „alten" Ordnung entgegen. Oftmals bildete jedoch nicht die vorrevolutionäre politische und gesellschaftliche Ordnung den zu konservierenden Bezugspunkt, sondern eine Ordnung der ferneren Vergangenheit, die als Ideal er- oder zu diesem verklärt wurde.[20] Das Mittelalter galt, zumal im Deutschland des frühen 19. Jahrhunderts, als historischer Sehnsuchtsort.[21] Romantik war die große Mode – und das nicht nur ästhetisch, sondern auch politisch.[22]

Burke war mit seinen Reflexionen über die Französische Revolution[23] der Impulsgeber einer (Gegen-)Bewe-

---

[18] Vgl. unten E.
[19] Vgl. *K. Mannheim*, Konservatismus, 1984, S. 51; *K. v. Beyme*, Konservatismus, 2013, S. 7; *E. Fawcett*, Conservatism, 2020.
[20] Vgl. auch *E. Cassirer*, Vom Mythus des Staates, 2. Aufl. 2016, S. 237: „Die Romantiker lieben die Vergangenheit um der Vergangenheit willen. Für sie ist die Vergangenheit nicht nur eine Tatsache, sondern auch eines der höchsten Ideale."
[21] Vgl. dazu *O. Depenheuer*, Grundrechte und Konservatismus, in: D. Merten/H.-J. Papier (Hrsg.), Handbuch der Grundrechte, Bd. 1, 2004, S. 441, 451; *T. Oppeland*, Konservatismus, in: G. Sommer/R. Graf von Westphalen (Hrsg.), Staatsbürgerlexikon, 1999, S. 494, 495.
[22] Vgl. dazu *C. Schmitt*, Politische Romantik, 2. Aufl. 1925.
[23] *E. Burke*, Reflections on the Revolution in France, 1790.

Erster Teil: Was heißt hier konservativ?

gung, die sich indessen sogleich von seinem *status quo*-Konservatismus[24] emanzipierte. Im nachrevolutionären Frankreich sind *de Maistre* und *Chauteaubriand*, später *Maurras* und *Comte* wichtige Stimmen, in Großbritannien nach *Burke* insbesondere *Samuel Taylor Coleridge, Benjamin Disraeli* und *Walter Bagehot*, in Deutschland vor allem *Fichte, Novalis, Schelling, Adam Heinrich Müller, Lorenz von Stein, Görres, Stahl* und der späte *Hegel*.[25] Der politische Konservatismus ist in seinen Einzelheiten und Spielarten äußerst komplex und vielfältig. Eine ausführliche Darstellung ist für das Anliegen dieser Schrift von untergeordnetem Interesse und anderenorts zu finden.[26] Von Bedeutung ist indes ein übergreifendes Charakteristikum der deutschen konservativen Bewegung des 19. Jahrhunderts, das u. a. bei *Novalis* und *Müller* besonders hervortritt: Dem Rationalismus der Aufklärung, dem Liberalismus, die zum Umsturz der alten Ordnung geführt haben, wird die Betonung der Tradition, der Natürlichkeit der gegebenen Ordnung und der Blick in die Vergangenheit entgegengesetzt. Es geht nicht um *causa*,

---

[24] Vgl. *K. v. Beyme*, Konservatismus, 2013, S. 35 ff.
[25] Vgl. *K. v. Beyme*, Konservatismus, 2013, S. 20 ff., 43 ff., 59 ff., 87 ff., 111 ff., 156 ff., 191 ff., 197 ff.
[26] Siehe dazu insbesondere *K. Mannheim*, Konservatismus, 1984; *M. Greiffenhagen*, Das Dilemma des Konservatismus in Deutschland, 1986; *P. Kondylis*, Konservatismus, 1986; *R. Vierhaus*, Konservativ, Konservatismus, in: O. Brunner/W. Conze/R. Koselleck (Hrsg.), Geschichtliche Grundbegriffe. Historisches Lexikon zur politisch-sozialen Sprache in Deutschland, Bd. 3, 1982, S. 531 ff.; *M. Oakeshott*, On being conservative, in: *Ders.*, Rationalism in Politics, 1991, S. 407 ff.; *K. v. Beyme*, Konservatismus, 2013; *R. Scruton*, How to Be a Conservative, 2014; *E. Fawcett*, Conservatism, 2020.

B. Politischer Konservatismus

sondern um *occasio*:[27] Nicht um die rationale Analyse von Ursache und Wirkung, sondern um das Zufällige, Irrationale, Metaphysische. Mit der Ablehnung der die Aufklärung und den Liberalismus kennzeichnenden Rationalität ist Konservatismus als Theorie allerdings mit einem Paradox konfrontiert. Theoretische Durchdringung erfordert Rationalisierung, im Falle des Konservatismus somit die „Rationalisierung des Irrationalen"[28]. Wer die überkommene Ordnung als natürlich ansieht, steht vor der anspruchsvollen Aufgabe, eine „rational fundierte theoretische Reflexion des organisch Gewordenen vor[zu]legen."[29]

In der politischen Philosophie hat niemand diese Reflexion einflussreicher betrieben als *Hegel*. Dabei steht der Staat als organische Verkörperung der natürlichen Ordnung im Zentrum seines Denkens. Der Staat ist Organismus und wird ontologisch begründet. Rationalität soll indessen in dieser Ontologie des Organischen, Existenten liegen. Heißt die Prämisse: „was wirklich ist, das ist vernünftig"[30] (und umgekehrt), so ist der Staat diese Wirklichkeit und damit Inbegriff des Vernünftigen.[31]

---

[27] Vgl. dazu *C. Schmitt*, Politische Romantik, 2. Aufl. 1925, S. 120.
[28] *O. Depenheuer*, Grundrechte und Konservatismus, in: D. Merten/H.-J. Papier (Hrsg.), Handbuch der Grundrechte, Bd. 1, 2004, S. 441, 449.
[29] Ebenda. Siehe zu alledem auch in ähnlicher Weise *M. Greiffenhagen*, Das Dilemma des Konservatismus in Deutschland, 1986, S. 62 ff. und bereits *C. Schmitt*, Politische Romantik, 2. Aufl. 1925, S. 99.
[30] *G.W.F. Hegel*, Grundlinien der Philosophie des Rechts, 14. Aufl. 2015, Vorrede, S. 24.
[31] Für eine andere Deutung des „verfemten Doppelsatzes" siehe *K. Vieweg*, Hegel, 3. Aufl. 2020, S. 467 ff.; auch bereits *ders.*, Das Denken der Freiheit, 2012, S. 23 ff.

Erster Teil: Was heißt hier konservativ?

Die Omnipräsenz des Staates hat Auswirkungen auf den Freiheitsbegriff. Der Staat ist Garant der individuellen Freiheit, erst durch den Staat kann sich das Individuum selbst und in seinem Bezug zu anderen Individuen entfalten und verwirklichen.[32] Nur als „Glied" des Staates erlangt das Individuum „Objektivität, Wahrheit und Sittlichkeit"[33], „[d]er Staat ist die Wirklichkeit der konkreten Freiheit"[34]. Dies spiegelt sich auch in *Hegels* Geschichtsverständnis: Geschichte ist Fortschritt mit dem Ziel der Freiheit. Freiheit verwirklicht sich im Staat: Der Staat „ist die Wirklichkeit, in der das Individuum seine Freiheit hat und genießt [...]". „Im Staat allein hat der Mensch vernünftige Existenz. [...] Alles, was der Mensch ist, verdankt er dem Staat; er hat nur darin sein Wesen".[35]

Freiheit liegt somit dem Staat nicht voraus, sondern ent- und besteht erst und nur durch ihn und mit ihm und in ihm. Ist Freiheit und sind daher Individualrechte Teil der organischen Ordnung und existieren nur durch sie, sind sie allein als „konkrete Freiheit"[36] denkbar und daher *a priori* eingebunden in den Staat als Verkörperung der Sittlichkeit, als „Wirklichkeit der sittlichen Idee"[37]. Diese Freiheit ist keine Freiheit zur Selbstentfaltung, sondern gebundene Freiheit, die ethisch richtig und im Sinne der Gemeinschaft auszuüben ist. Notwendig können

---

[32] Vgl. *G.W.F. Hegel*, Grundlinien der Philosophie des Rechts, 14. Aufl. 2015, § 33, S. 87 f.
[33] Ebenda, § 258, S. 399.
[34] Ebenda, § 260, S. 406.
[35] *G.W.F. Hegel*, Vorlesungen über die Philosophie der Weltgeschichte, Bd. I, 1955, S. 111.
[36] *G.W.F. Hegel*, Grundlinien der Philosophie des Rechts, 14. Aufl. 2015, § 260, S. 406.
[37] Ebenda, § 257, S. 398.

B. Politischer Konservatismus

(Grund-)Rechte folglich nur in Symmetrie zu Pflichten gedacht werden: Dem Einzelnen obliegt ihre Ausübung „im Interesse des Allgemeinen".[38]

Auch wenn *Hegels* Philosophie sich nicht in jeder Hinsicht nahtlos in die konservativen Deutungsmuster einfügt, lässt sich hier ein zentrales Element staatstheoretisch[39] konservativen Denkens identifizieren. Der Staat als Totalität nimmt nicht nur das Individuum auf, sondern verleiht ihm erst seine Freiheit, ja seine Existenz. Damit werden Rechte und Pflichten zu notwendigen Korrelaten. Das Kollektivgebilde Staat ist indessen, wie der etymologische Ursprung verdeutlicht, statisch, ein *status*, eine bestehende Ordnung. Mithin ist alles Dasein, einschließlich der Freiheit des Einzelnen, auf den Erhalt der bestehenden Ordnung und etablierter Institutionen ausgerichtet, nicht zuletzt auch in ihrer historischen Kontinuität.

Dies zeigt sich auch im Verhältnis von Staat und Kirche oder Religion. Bei *Hegel* und noch deutlicher bei *Friedrich Julius Stahl* ist die bestehende eine gottgegebene und gerade deshalb legitime Ordnung. „[E]s ist der Gang Got-

---

[38] *G.W.F. Hegel*, Grundlinien der Philosophie des Rechts, 14. Aufl. 2015, § 257, S. 406f. Siehe dazu auch *O. Depenheuer*, Grundrechte und Konservatismus, in: D. Merten/H.-J. Papier (Hrsg.), Handbuch der Grundrechte, Bd. 1, 2004, S. 441, 459f. Für eine teilweise andere Deutung siehe wiederum *K. Vieweg*, Hegel, 3. Aufl. 2020, S. 516 ff.; auch bereits *ders.*, Das Denken der Freiheit, 2012, S. 345 ff.

[39] Zur begrifflichen Abgrenzung von Staats- und Verfassungstheorie sowie zu ihren jeweiligen Perspektiven auf das Verhältnis von Staat und Verfassung siehe *M. Jestaedt*, Verfassungstheorie als Disziplin, in: O. Depenheuer/C. Grabenwarter (Hrsg.), Verfassungstheorie, 2010, § 1, S. 3, 10f. Konservative Theorie, die den Staat fokussiert, kann vor diesem Hintergrund getrost mit dem Adjektiv „staatstheoretisch" versehen werden.

Erster Teil: Was heißt hier konservativ?

tes in der Welt, daß der Staat ist", schreibt *Hegel* in seiner Rechtsphilosophie.[40] Daraus ergibt sich dessen Stabilität. Bei *Stahl* wird der Staat sogar zum „irdische[n] äußerliche[n] Reich Gottes"[41], in das alle gesellschaftlichen Institutionen eingebettet sind und auf dem sie beruhen. Christliche Kirche und Staat sind nicht getrennt, sondern bilden eine untrennbare Einheit.[42] Umgekehrt ergibt sich seine Autorität und somit Legitimität aus der (christlichen) Religion. Der Staat und damit die Legitimität und Legitimation staatlichen Handelns „ist von Gottes Gnaden."[43] Im Anfang war der Staat: Der Staat ist allumfassend und seine Allgegenwart rechtfertigt sich aus Gottesgnadentum.

Doch gibt es jenseits konservativer Staatsphilosophie auch eine spezifische Denkweise, die den deutschen politischen Konservatismus auszeichnet? *Karl Mannheim* hat dazu einen zentralen und bis heute wirkmächtigen Beitrag geleistet. In seiner 1925 verfassten, zunächst nur in Teilen veröffentlichten Habilitationsschrift unternimmt er den Versuch, den Denkstil des deutschen politischen Konservatismus des 19. und frühen 20. Jahrhunderts herauszuarbeiten.[44] *Mannheim* identifiziert drei distinkt konservative „Denkstile"[45]: Das „Klären", das „Vermitteln" und die

---

[40] *G.W.F. Hegel*, Grundlinien der Philosophie des Rechts, 14. Aufl. 2015, § 258, S. 403.
[41] *F.J. Stahl*, Die Philosophie des Rechts nach geschichtlicher Ansicht, Bd. 2, Abt. 2, 1. Aufl. 1837, S. 275.
[42] Ebenda, S. 276 ff.
[43] *M. Greiffenhagen*, Das Dilemma des Konservatismus in Deutschland, 1986, S. 179.
[44] *K. Mannheim*, Konservatismus, 1984, S. 109, 137 ff.
[45] Ebenda, S. 137.

B. Politischer Konservatismus

Hegel'sche Dialektik.[46] Hier zeigt sich, so *Mannheim*, bereits methodisch die Ablehnung der Rationalität und die Präferenz für das Intuitive und Irrationale des Denkens, die den Konservatismus kennzeichnet. Während die Dialektik in ihrer Gegenüberstellung der Gegensätze These und Antithese und dem Versuch der Auflösung in der Synthese noch einer methodischen Rationalität folgt, insoweit also durchaus in der Tradition der Aufklärung steht,[47] fehlt dem „Vermitteln" und „Klären" im Wesentlichen ein Rationalitätselement. „Vermittlung", die *Mannheim* vor allem auf *Adam Müller*[48] zurückführt, konstruiert Geschichtsprozesse polar und will aus dieser Reibung der Gegensätze dynamisch zur Lösung eines Problems gelangen.[49] Hier verbleibt nichts Rationales im Sinne einer die Gegensätze auflösenden *Hegel*'schen Synthese.[50] „Ideenhaftes Denken"[51] ist das epistemische Gebot, ein ständiges Provisorium, das sich als stets veränderbar, nämlich dynamisch, versteht. Das zeigt sich beispielhaft am Staatsbegriff *Müllers*, für den der Staat „ein stets fluktuierender, dynamischer Ausgleich gegeneinander strebender Kollektiveinheiten" ist.[52]

---

[46] Siehe dazu *D. Kettler/V. Meja/N. Stehr*, Vorwort der Herausgeber, in: *K. Mannheim*, Konservatismus, 1984, S. 27 ff.

[47] Vgl. *K. Mannheim*, Konservatismus, 1984, S. 184.

[48] Vgl. ebenda, S. 173 ff.; unter Bezug vor allem auf *A.H. Müller*, Die Elemente der Staatskunst, 1922, 3 Bände. Siehe dazu auch *M. Greiffenhagen*, Das Dilemma des Konservatismus in Deutschland, 1986, S. 225 ff.

[49] *K. Mannheim*, Konservatismus, 1984, S. 174 f.; *D. Kettler/ V. Meja/N. Stehr*, Vorwort der Herausgeber, in: *K. Mannheim*, Konservatismus, 1984, S. 28 ff.

[50] Vgl. *G.W.F. Hegel*, Wissenschaft der Logik, Bd. I, 1986, S. 52 ff.

[51] *K. Mannheim*, Konservatismus, 1984, S. 175.

[52] Ebenda, S. 174.

Erster Teil: Was heißt hier konservativ?

Noch deutlicher werden die Charakteristika (deutschen) politisch-konservativen Denkens in dem, was *Mannheim* „Klären" nennt und dabei insbesondere der historischen Rechtsschule um *Savigny* zuordnet.[53] Dieses Klären ist ein irrationales „Weitertasten", eine „Läuterung im Element eines vor dem Denken Daseienden."[54] Erkenntnis wird stets mit Blick zurück auf das schon Bestehende erworben: Man „klärt", indem man auf die Vergangenheit schaut, auf das „hinter [einem] Liegende". Alles ist bereits „im Keime [v]orgebildet [ ]", man muss es nur auffinden und sprießen lassen.[55]

All diesem politisch-konservativen Denken ist mithin dreierlei zu eigen: Zum ersten das Denken in „Kontinuität".[56] Die alte Ordnung wird nicht zerschlagen, es gibt keinen *clean slate*. Stets wird an Vergangenes, an Vorgebildetes angeknüpft. Zweitens ist es ein konkretes Denken. Es lehnt das Abstrakte, das es mit der Aufklärung und dem Rationalismus verbindet, ab und fokussiert „das unmittelbar Vorhandene, praktisch *Konkrete*"[57]. Das bedeutet zugleich, eine systemische Denkweise abzulehnen, die sich diametral zu diesem Konkreten und Dynamischen verhält.[58] Schließlich denkt der politisch Konservative nach *Mannheim* drittens von der „Totalität" her. Das Einzelne, Partikulare, aber auch der Einzelne, das Individuum, wird als Teil einer solchen Totalität begriffen. Im

---

[53] *K. Mannheim*, Konservatismus, 1984, S. 187 f., wobei *Mannheim* dies mit Blick auf das Spätwerk *Savignys*, insbesondere sein „System des heutigen Römischen Rechts" etwas relativiert, vgl. S. 188.
[54] Ebenda, S. 187.
[55] Vgl. dazu ebenda, S. 120.
[56] Ebenda, S. 155.
[57] Ebenda, S. 111 (Hervorhebung im Original).
[58] Ebenda, S. 169.

B. Politischer Konservatismus

Sinne einer politischen Ordnung denkt man somit Kollektivstrukturen nicht von den Individuen, sondern vielmehr die Individuen vom Kollektiv her.[59] Staatstheoretisch schlägt dies den Bogen zurück zu *Hegel*.

Offensichtlich kann und wird es uns im Weiteren nicht darum gehen, dem Bundesverfassungsgericht eine politisch-konservative Agenda nachzuweisen. Zum einen würde ein solcher Versuch wohl scheitern. Zu sehr einem liberalen Gesellschafts-, Staats- und Freiheitsverständnis verpflichtet stellt sich ein großer Teil der Rechtsprechung des Gerichts dar, nicht zuletzt aufgrund der liberalen Anlage des Grundgesetzes. Zum anderen wäre dazu eine politikwissenschaftliche und soziologische Analyse erforderlich, die hier weder geleistet werden kann noch soll. Politischer Konservatismus wird daher nicht der Hauptfokus sein, wenn wir vom „konservativen Gericht" sprechen. Nachfolgend verwenden wir den Begriff des Konservativen anders als in der Politik- und Sozialwissenschaft üblich: Nicht lediglich als eine historisch kontextualisierte politische Strömung, sondern auch als ein *conservare* im weiteren Sinne. Dieses schließt unter anderem – aber nicht nur[60] – das ein, was *Mannheim* und andere als „Traditionalismus" vom politischen Konservatismus abgrenzen wollen:[61] dispositionell auf das Gegebene und Vergange-

---

[59] K. *Mannheim*, Konservatismus, 1984, S. 134. Vgl. dazu auch *M. Greiffenhagen*, Das Dilemma des Konservatismus in Deutschland, 1986, S. 216 f.

[60] Siehe unten E.

[61] Siehe dazu K. *Mannheim*, Konservatismus, 1984, S. 92 ff.; *M. Greiffenhagen*, Das Dilemma des Konservatismus in Deutschland, 1986, S. 51 ff.; *R. Vierhaus*, Konservativ, Konservatismus, in: O. Brunner/W. Conze/R. Koselleck (Hrsg.), Geschichtliche Grundbegriffe. Historisches Lexikon zur politisch-sozialen Sprache in Deutschland, Bd. 3, 1982, S. 531–533.

Erster Teil: Was heißt hier konservativ?

ne, methodologisch auf Erhalt und höchstens vorsichtige Veränderung gerichtet.

Im Folgenden konzentrieren wir uns vor allem auf dogmatischen und methodischen Konservatismus in der Rechtsprechung des Bundesverfassungsgerichts.[62] Doch bleibt die politisch-konservative Geistes- und Ideengeschichte gleichwohl instruktiv. Erstens lässt sich die politische Konnotation des Konservatismusbegriffs nicht vollends ausblenden.[63] Zweitens vermögen einzelne Aspekte des staatstheoretischen Konservatismus – mit oder ohne politische Färbung – durchaus Wirkmacht auf die Rechtsprechung des Gerichts zu entfalten.[64] Und drittens vermag das zum konservativen Denkstil Gesagte die Analyseperspektiven auf die sich als dogmatisch oder methodisch konservativ erweisende Karlsruher Judikatur zu ergänzen, wenn auch nur *cum grano salis*.

C. Codierung, Ambivalenz und Wertung

Der Begriff des Konservativen führt erhebliche Probleme mit sich – vor allem, aber nicht nur, wenn er im politischen Sinne verstanden wird. Drei dieser Probleme sollen hier besonders hervorgehoben werden. Versteht man das Adjektiv „konservativ" politisch, so sieht man sich erstens schnell versucht, dieses im Verhältnis zu seinem Gegenbegriff „progressiv" zu denken. Jenseits des genuin Politischen bietet sich daneben das Gegensatzpaar konservativ-innovativ zur Bewertung sozialer, ökonomischer,

---
[62] Siehe dazu auch unten E.
[63] Siehe dazu sogleich unten C.
[64] Siehe dazu vor allem unten Teil 3, B.II.

C. Codierung, Ambivalenz und Wertung

technologischer oder kultureller Entwicklungen an. *Niklas Luhmann* hat dies im politischen Zusammenhang systemtheoretisch als einen „Code" beschrieben,[65] dessen „Besonderheit [...] darin [besteht], daß er in der Lage ist, für jedes beliebige Item in seinem Relevanzbereich ein komplementäres anderes zu suchen."[66] Begriffe werden also codiert in diesem Sinne, wenn man bei ihrer Verwendung das Gegenteil stets mitdenkt und beide gegensätzlichen Begriffe in dieser Binarität versteht.[67] Es entsteht also eine binäre Gegensätzlichkeit, die keinen Konsens, kein *Tertium*, zulässt.[68] Die Gefahr liegt auf der Hand: Man droht einem binären Schematismus zu verfallen, der andere, gegebenenfalls differenziertere Perspektiven auf komplexe Fragestellungen auszuschließen vermag.[69] Dabei – und das ist nach *Luhmann* ganz entscheidend – sollte allerdings nicht aus dem Auge geraten, dass ein Code stets nur eine Möglichkeit ist, auf die Welt zu blicken. Gerade weil er durch Simplifizierung in seiner binären Gestalt andere alternative Sichtweisen ausschließt, zeigt er auf einer höheren Abstraktionsebene auf, dass es diese Alternativen gibt. Er bleibt „bestreitbar."[70] Damit ist auch der Weg aus der Schematismusfalle des Codes gewiesen: „Man kann sich seinem Zugriff entziehen, indem man ihn selbst zum Thema macht."[71]

---

[65] *N. Luhmann*, Der politische Code: „Konservativ" und „progressiv" in systemtheoretischer Hinsicht, Zeitschrift für Politik 1974 n. F., Bd. 21, 253 ff.
[66] Ebenda, 254 (Hervorhebungen weggelassen).
[67] Vgl. auch ebenda, 255.
[68] Vgl. ebenda, 257.
[69] Vgl. ebenda, 267.
[70] Ebenda, 258.
[71] Ebenda.

Erster Teil: Was heißt hier konservativ?

Zum Codierungsproblem tritt zweitens das verwandte Problem der Ambivalenz. Kategorisiert man, zumal in binäre Begriffe (konservativ vs. progressiv/innovativ), so hängt es oftmals von der jeweilgen Perspektive ab, ob man etwas als das eine oder das andere qualifiziert. Dies ist besonders augenfällig im politischen Bereich. Auf den Kreuzberger Grünen mag beispielsweise die deutsche Familienpolitik der letzten Jahrzehnte konservativ wirken, während sie einem bayerischen Christsozialen vielleicht nachgerade revolutionär anmuten mag. Nicht selten ist es also ambivalent und wird vom Standpunkt, der Perspektive beeinflusst, ob man ein Verhalten, eine Ansicht, eine Rechtsnorm, eine Gerichtsentscheidung als konservativ oder als innovativ beziehungsweise progressiv wertet. Dies gilt nicht nur für das Politische, sondern gleichermaßen für theoretische, dogmatische oder methodische Betrachtungen. Nur ein Beispiel aus der Rechtsprechung des Bundesverfassungsgerichts sei genannt, mit dem sich ein Abschnitt des zweiten Teils noch intensiver beschäftigen wird: Ist das PSPP-Urteil, in dem das Gericht erstmals einen *ultra vires*-Akt der Europäischen Organe feststellte,[72] ein konservatives oder ein innovatives Urteil? Dogmatisch folgt es in seiner Entscheidung etablierter Rechtsprechung. Das weist auf Konservatismus, jedenfalls Kontinuität hin. Politisch kommt die Entscheidung, den Akt der EZB für kompetenzwidrig zu erklären und dem EuGH die Gefolgschaft zu verweigern, einer Revolution gleich.[73] Theoretisch mag man dahinter ein konservatives

---

[72] BVerfG, Urt. v. 5.5.2020, Rs. 2 BvR 859/15, 2 BvR 1651/15, 2 BvR 2006/15, 2 BvR 980/16.
[73] Siehe zu alledem unten Teil 2, D.III.4.

C. Codierung, Ambivalenz und Wertung

Staats- und Souveränitätsverständnis vermuten sowie die Konservierung des eigenen Machtanspruchs.[74]

Drittens muss man sich, verwendet man den Begriff des Konservativen oder des Konservatismus, mit einem Wertungsproblem auseinandersetzen. Dieses liegt in einer weiteren Codierung, nämlich „positiv-negativ". Das Adjektiv „konservativ" ist im deutschen Gegenwartsdiskurs zuweilen – wenn auch keineswegs stets und in allen Kreisen – negativ konnotiert. Bei „progressiv" oder „innovativ" ist es umgekehrt, mit ihnen wird nicht selten eine grundsätzlich positive Bewertung verbunden. Dabei gilt auch hier wieder das zur Ambivalenz Gesagte.

Wie wir mit diesen drei Herausforderungen umzugehen gedenken, hat sich bereits bezüglich des Problems der Codierung angedeutet: Codierung, Ambivalenz und Wertung wird man dann am ehesten habhaft, wenn man sie nicht ignoriert, sondern thematisiert und reflektiert. Es gilt also stets, die Codierung „konservativ" vs. „progressiv/innovativ" zu hinterfragen, die Zweischneidigkeit der Begriffe zu diskutieren und ihre einseitige Wertung zu vermeiden. Dazu gehört auch, die politische Komponente des Konservatismus nicht auszublenden. Ein derartiges bloßes Ausblenden wäre der epistemische Kampf gegen Windmühlen: Der Versuch einer Scheinobjektivität, der bereits gescheitert ist, bevor man ihn überhaupt unternommen hat. Stattdessen sehen wir im steten Reflektieren der Herausforderungen, die Entscheidungen des Bundesverfassungsgerichts als „konservativ" oder „innovativ" zu be-*werten*, die beste Art und Weise, dem Phänomen des Konservatismus in der Rechtsprechung des Gerichts in seinen Facetten nachzuspüren und gerecht zu werden.

---

[74] Siehe dazu unten Teil 3, B.I. und B.III.

Erster Teil: Was heißt hier konservativ?

Letztlich bleiben alle drei Elemente unhintergehbar. Uns geht es nicht darum, zweifelsfreie Einteilungen und Abgrenzungen vorzunehmen – ein wohl ohnehin unmögliches Unterfangen. Vieles bleibt eine diskutable Wertungsentscheidung.

D. Konservatives Recht, konservatives Grundgesetz?

In den Blick zu nehmen ist auch die Frage, ob Konservatismus nicht bereits in der Natur des Rechts angelegt ist.[75] Das Recht ist wesentlich „innovationsoffen". Dies ergibt sich aus einem „wichtige[n] Anliegen moderner Rechtsstaaten: [der] Sicherung von Entfaltungsfreiheit als Ausprägung einer liberalen Gesellschaftsordnung [...]."[76] Recht eröffnet somit Verhaltensmöglichkeiten.[77] Aber Recht weist, seiner Natur und seinem Telos nach, auch notwendig konservative Seiten auf. Versteht man „konservativ" als *conservare*, also „bewahren", so kann man zweierlei Bezugsobjekte des Bewahrens unterscheiden: Bewahren von Strukturen und Bewahren von Werten.[78] Recht ist konservativ in beiderlei Hinsicht. Es ist auf Strukturen im Sinne von Instituten, Institutionen und Methoden ebenso angewiesen wie es „Werten"[79] im Sinne von Grundrechten und anderen Verfassungsnormen Aus-

---

[75] Dazu auch unten Teil 3, A.
[76] *W. Hoffmann-Riem*, Innovation und Recht – Recht und Innovation, 2016, S. 29.
[77] Ebenda, S. 50.
[78] Grundlegend: *E. Eppler*, Ende oder Wende, 1975, S. 28 ff.
[79] Zum schillernden Wertbegriff in der deutschen Staats- und Grundrechtslehre einschließlich der Rechtsprechung des Bundes-

D. Konservatives Recht, konservatives Grundgesetz?

druck verleiht. Am offensichtlichsten ist die konservative, d. h. bewahrende Seite des Rechts wohl hinsichtlich einer seiner zentralen Funktionen: Rechtsfrieden herzustellen und Rechtssicherheit zu gewährleisten. Die „Stabilisierung normativer Erwartungen"[80] ist eine wesentliche Funktion des Rechts, der nicht zuletzt ein Gerechtigkeitspostulat zugrunde liegt.[81] Hier kommen gewissermaßen Struktur- und Wertkonservatismus zusammen.[82] Das Element des Bewahrens, also einen bestehenden Rechtszustand zu konservieren, findet im Grundgesetz nach allgemeiner Auffassung seine Verankerung im Rechtsstaatsprinzip, genießt also über Art. 20 Abs. 3 Grundgesetz Verfassungsrang.[83] Dabei mag man darüber streiten, wie stark diese Stabilisierungsfunktion im Einzelnen betont werden soll und wie groß die Bedeutung ist, die man ihr im Einzelnen zumisst.[84] Wird das Erhalten gegenüber der Veränderung regelmäßig bevorzugt – „Die Beweislast hat

---

verfassungsgerichts (vgl. grundlegend BVerfGE 7, 198 (205 ff.) [1958]), siehe stellvertretend *H. Dreier*, Dimensionen der Grundrechte, 1993, S. 12 ff. Zur Prekarität des Wertbegriffs aus philosophischer Sicht siehe *A. U. Sommer*, Werte, 2016; siehe auch *J. L. Mackie*, Ethik, 1983, S. 1 ff.

[80] *N. Luhmann*, Das Recht der Gesellschaft, 6. Aufl. 2013, S. 131.

[81] Siehe dazu ausführlich *A. v. Arnauld*, Rechtssicherheit, 2006, S. 645 ff.

[82] Zu den etwas anders, nämlich stark negativ bzw. positiv besetzten Konnotationen der Begriffe „Struktur- und Wertkonservatismus" bei *Eppler* siehe indes *E. Eppler*, Ende oder Wende, 1975, S. 28 ff.

[83] Vgl. nur BVerfGE 3, 225 (237) [1953] – Gleichbehandlung („Grundentscheidung" des Grundgesetzes); *A. v. Arnauld*, Rechtssicherheit, 2006, S. 101 ff.

[84] *A. v. Arnauld*, Rechtssicherheit, 2006, S. 109 ff., 676 ff.

Erster Teil: Was heißt hier konservativ?

der Veränderer" (*Odo Marquard*)[85] –, kann man mit Grund einen Konservatismus dahinter vermuten, der bestimmte politische, nämlich politisch konservative, Untertöne hat. Das gilt umgekehrt gleichermaßen für die politische Motivation hinter einer ständigen Betonung des Wandels.

Wichtig ist jenseits aller politischen Unter- oder Obertöne, dass der Stabilisierungsfunktion auch ein Schutzelement inhärent ist. Der Überlegene braucht keine präexistenten Regeln zur Durchsetzung seiner Interessen. Grundrechte mit Verfassungsrang haben dagegen unter anderem[86] die Funktion, die Minderheit vor der Mehrheit zu schützen, indem sie ersterer eine privilegierte Rechtsposition einräumen.[87] Diese bildet, in Abwägung mit den Rechtspositionen Anderer, eine Grenze der Rechtsänderung und damit eine Grenze gesellschaftlichen und staatlichen Verhaltens:[88] Über diese Grenze hinaus darf die Position der Einzelnen nicht angetastet werden. Die insoweit konservative, nämlich bewahrende, Seite des Rechts bietet somit einen Gegenentwurf zu roher Macht- oder Gewaltanwendung – und ist damit zugleich wiederum ein Pazifizierungsinstrument.

---

[85] *O. Marquard*, Ende des Schicksals, in: *Ders.*, Abschied vom Prinzipiellen, 2005, S. 77.

[86] Selbstverständlich stehen die Grundrechte indessen nicht nur Mitgliedern einer Minderheit, sondern auch solchen zu, die einer – ohnehin i.d.R. fluiden – politischen oder nach anderen Kriterien bestimmten Mehrheit angehören, vgl. dazu *J. Aulehner*, Grundrechte und Gesetzgebung, 2011, S. 311.

[87] Siehe grundlegend *R. Dworkin*, Taking Rights Seriously, 1977, S. 142.

[88] Eine letztliche Grenze auch der Verfassungsänderung liegt selbstverständlich erst in der Wesensgehaltsgarantie und der Ewigkeitsklausel, Art. 19 Abs. 2 und Art. 79 Abs. 3 Grundgesetz.

D. Konservatives Recht, konservatives Grundgesetz?

Jenseits dieser im Wesentlichen ungeschriebenen „konservativen" Natur des Rechts lassen sich bereits im Text des Grundgesetzes auch eine Vielzahl expliziter Ausprägungen eines so verstandenen, konservierenden Charakters finden. Nur einige – keineswegs Anspruch auf Vollständigkeit erhebende – Beispiele seien aufgezählt. Die Grundrechte vermitteln, wie erwähnt, individuellen Minderheitenschutz, und zwar gegenüber dem Staatsapparat ebenso wie gegenüber der politischen Mehrheit.[89] Art. 1 Abs. 2 Grundgesetz spricht von den „unveräußerlichen" Menschenrechten und enthält somit ebenso ein Stabilisierungs- und Schutzelement wie ferner die Wesensgehaltsgarantie in Art. 19 Abs. 2 Grundgesetz, die den Kernbereich der Grundrechte dem parlamentarischen Zugriff verweigert.[90] Darüber hinaus sind vor allem diejenigen staatsorganisationsrechtlichen Normen zu nennen, die den Schutz politischer Minderheiten gewährleisten.[91] Dazu gehören u.a. die Rechte der parlamentarischen Minderheit, einen Untersuchungsausschuss einzurichten (Art. 44 Abs. 1 Grundgesetz) oder eine abstrakte Normenkontrolle beim Bundesverfassungsgericht gegen ein Gesetz, also eine Rechtsnorm zu beantragen, die von der

---

[89] Vgl. dazu *C. Möllers*, Die drei Gewalten, 2008, S. 71 ff.; *J. Isensee*, Grundrechte und Demokratie: Die polare Legitimation im grundgesetzlichen Gemeinwesen, Der Staat 1981, 161 ff.; sowie *locus classicus: A. de Tocqueville*, Democracy in America, Bd. 1, 2000, S. 300 ff.

[90] Siehe dazu *P. Häberle*, Die Wesensgehaltsgarantie des Art. 19 Abs. 2 Grundgesetz, 3. Aufl. 1983.

[91] Siehe dazu *W. Heun*, Das Mehrheitsprinzip in der Demokratie, 1983, S. 240 ff.; *E.-W. Böckenförde*, Demokratie als Verfassungsprinzip, in: J. Isensee/P. Kirchhof (Hrsg.), HdbStR, Bd. II, 3. Auflage 2004, § 24, Rn. 52 ff.

Erster Teil: Was heißt hier konservativ?

parlamentarischen Mehrheit stammt (Art. 93 Abs. 1 Nr. 2 Grundgesetz).

Schließlich zieht das Grundgesetz auch gegenüber dem verfassungsändernden Gesetzgeber eine Stabilisierungsstruktur ein. Art. 79 Abs. 3 Grundgesetz, die sogenannte Ewigkeitsgarantie, bestimmt, dass die Grundpfeiler der freiheitlich-demokratischen Grundordnung unangetastet bleiben müssen, selbst wenn sich für ihre Änderung eine Zweidrittelmehrheit in Bundestag und Bundesrat finden sollte.[92] Der Einfügung der deutschen Staatlichkeit in das europäische Integrationsprojekt sind durch eine Verweisung des Art. 23 auf Art. 79 Abs. 3 Grundgesetz damit ebenfalls absolute Grenzen gesetzt. Faktisch ändert sich mit alledem freilich wenig, falls sich eine politische Mehrheit einmal über Art. 79 Abs. 3 Grundgesetz hinwegsetzen sollte. Die Norm kann der politischen Realität nichts gleichermaßen Reales entgegenhalten. Vielmehr ist ihre Funktion einerseits normativ und andererseits psychologisch. Normativ zieht sie eine weitere Hierarchieschicht ein, indem sie einigen wenigen Verfassungsnormen einen höheren Status einräumt als dem Rest der Verfassung.[93] Psychologisch stellt sie eine Hürde im politischen Diskurs auf, indem sie umschreibt, was politisch unter keinen Umständen angetastet werden soll. Beide Funktionen zielen auf Bewahrung des *status quo*, nämlich des Mindestbestands der grundgesetzlichen Ordnung.

---

[92] Zur Entstehungsgeschichte des Art. 79 Abs. 3 Grundgesetz siehe *O. E. Kempen*, Historische und aktuelle Bedeutung der „Ewigkeitsklausel" des Art. 79 Abs. 3 GG. Überlegungen zur begrenzten Verfassungsautonomie der Bundesrepublik, ZParl 1990, 354 ff.
[93] Vgl. *M. Herdegen*, in: Maunz/Dürig, Grundgesetz – Kommentar, 92. EL. Aug. 2020, Art. 79, Rn. 75.

E. Skalierter Konservatismus

Dies weist bereits darauf, dass sich die genannten „konservativen" Elemente des Grundgesetzes auf einer höheren Abstraktionsebene als Ausdruck der Verfassung als gesellschaftliche Grundordnung[94] deuten lassen. Sie konstituiert die politische Gemeinschaft und konturiert einen Rahmen, innerhalb dessen sich Individuen als Freie und Gleiche bewegen und entfalten können.[95] Der Konservatismus der Verfassung als Grundordnung ist somit funktional: Als solche erfordert sie jedenfalls einige wenige klar umrissene und veränderungsresistente Grenzen und feststehende, unverrückbare Säulen.

E. Skalierter Konservatismus: Bewahren, Beharren, Bremsen, Musealisieren

Wenngleich einleitend diverse Aspekte des Konservatismus skizziert worden sind, verbleibt die Frage, was „konservative" Karlsruher Rechtsprechung konkret sein und bedeuten soll. Wohlwissend um die Ambivalenz oder Polyvalenz dieses schillernden Begriffes soll ihm sein Facettenreichtum nicht durch eine einheitliche Definition abgeschnitten werden. Eine solche bliebe stets rudimentär und undifferenziert, unter Verlust aller Nuancen, die Konservatismus gerade auszeichnen. Diese Nuancen und

---

[94] Vgl. grundlegend dazu *W. Kägi*, Die Verfassung als rechtliche Grundordnung des Staates, 1945.
[95] Vgl. zum Rahmenbegriff *E.-W. Böckenförde*, Grundrechte als Grundsatznormen. Zur gegenwärtigen Lage der Grundrechtsdogmatik, in: *Ders.*, Staat, Verfassung, Demokratie, 1991, S. 159, 198, der hiermit aber zugleich eine Kritik der Materialisierung der Verfassung verbindet. Siehe auch bereits *H. Ehmke*, Grenzen der Verfassungsänderung, 1953, S. 103 ff.

Erster Teil: Was heißt hier konservativ?

Facetten des Konservatismus sollen nicht kaschiert, sondern vielmehr im Folgenden fruchtbar gemacht werden. Gleichwohl verlangen Analyse und Diskussion nach einer soliden begrifflichen Grundlage. Nachfolgend soll dieses (scheinbare) Dilemma durch Skalierung aufgelöst werden. Diese ist hinreichend bestimmt, um als Grundlage der weiteren Untersuchung zu dienen und erlaubt zugleich, unterschiedliche Facetten des Konservatismus zu erfassen und die Rechtsprechung des Gerichts diversen konservativen Phänomenen zuzuordnen. Sie berücksichtigt zum einen die wesentlich positive und wesentlich negative Konnotation des Begriffs des Konservativen. Damit weichen wir einerseits nicht dem unvermeidbaren Wertungsaspekt aus[96] und vermeiden zweitens durch eine differenzierte Skalierung die Gefahr schematischer binärer Codierung.[97] Zum anderen erlaubt die Skalierung zumindest eine differenzierende Annäherung an diese Ambivalenz, wenngleich keine vollständige Auflösung derselben.

Der Konservatismus, der in diesem Band im Mittelpunkt der Betrachtung stehen soll, ist ein dogmatischer Konservatismus, das Erkenntnisziel mithin ein juristisches. Zentrale Frage wird also im Folgenden sein: Wie konserviert das Gericht in dogmatischer Hinsicht (Zweiter Teil) und warum konserviert es derart (Dritter Teil)? Aber ein solch schillernder Begriff wie derjenige des Konservatismus erfordert bei der Frage sowohl nach dem *Wie* als auch nach dem *Warum* die Betrachtung auf einer Ebene jenseits der dogmatischen. Drei Perspektiven stehen hierbei im Vordergrund, die hinsichtlich der verschiedenen Formen des dogmatischen Konservatismus mit-

---

[96] Vgl. oben C.
[97] Vgl. ebenda.

E. Skalierter Konservatismus

zureflektieren sind und jeweils Abstufungen im Sinne unterschiedlicher Intensität zulassen. Erstens: Ist die Beschreibung der diversen konservativen Phänomene materiell oder prozedural, geht es also um das, was konserviert werden soll oder eher darum, in welcher Weise konserviert wird? Zweitens: Inwieweit dienen die verschiedenen Formen des Konservatismus der Verdeckung von Zielen und Interessen jenseits des Dogmatischen? Drittens: Wie sehr fließen politisch oder staatstheoretisch konservative Ansichten, wie wir sie zuvor angedeutet haben,[98] bei der dogmatischen Argumentation und Konstruktion mit ein?

In Anbetracht der vorangegangenen Überlegungen unterscheiden wir im Rahmen der Skalierung des dogmatischen Konservatismus vier Formen: *Bewahren, Beharren, Bremsen, Musealisieren*. Dabei sind diese vier Formen selbstverständlich nur idealtypisch scharf abgrenzbar und in ihren konkreten Konturen notwendig fließend. Die Skalierung selbst sowie die im Weiteren vorzunehmenden Unterscheidungen im Einzelnen können und sollen nur „familienähnlich"[99] kategorisieren. Außerdem bleibt angesichts der Interpretationsoffenheit des Rechts[100] und der erwähnten Aspekte der Wertung und Ambivalenz[101] in einem gewissen Umfang stets diskutabel, ob man die Deutung im Einzelnen auch anders vornehmen kann.

---

[98] Siehe dazu oben B.
[99] Vgl. dazu *L. Wittgenstein*, Philosophische Untersuchungen, Nr. 7, 65 ff., in: *Ders.*, Schriften, 1960, S. 292 f., 324 ff.
[100] Siehe dazu klassisch: *P. Heck*, Gesetzesauslegung und Interessenjurisprudenz, AcP 1914, Bd. 112, 1, 46; *H.L.A. Hart*, The Concept of Law, 3. Aufl. 2012, S. 124 ff.; *S. Fish*, Das Recht möchte formal sein, 1. Aufl. 2011.
[101] Vgl. oben C.

Erster Teil: Was heißt hier konservativ?

Unter Konservatismus als *Bewahren* verstehen wir den aktiven Schutz von Schutzbedürftigem.[102] Schutzbedürftig ist vor allem das Schwache gegenüber dem Starken. Darunter fallen insbesondere Individualrechte und Rechte politischer Minderheiten. Sie sind Garantien vor Veränderungen durch die politische Mehrheit. Ihren Kerngehalten mit Blick auf Menschenwürde, Demokratie- und Rechtsstaatsprinzip sowie die allgemeine Grundrechtsbindung der Staatsgewalt kommt gar Ewigkeitsstatus zu.[103] Grundrechte und politischer Minderheitenschutz ermöglichen individuelle und gesellschaftliche Vielfalt. Sie richten sich im Wesentlichen nur dort gegen gesellschaftliche und politische Veränderungen, wo diese Pluralität droht, unterminiert oder aufgehoben zu werden.[104] Jenseits dieses Pluralitätsschutzes ist schutzbedürftig und somit zu bewahren vor allem die Integrität der politischen Willensbildung sowie ein Selbstbehalt der Politik gegenüber dem Recht. Nicht alles darf verrechtlicht werden. In einer Demokratie muss der Politik ein Spielraum bleiben, um im Sinne des Volkswillens selbständige Entscheidungen treffen und damit wiederum auf die Bildung dieses Willens Einfluss nehmen zu können. Diese materiellen Garantien können prozedural vielfältig realisiert werden: durch aktiven Schutz, passive Abwehr oder gar ein Aufhalten von Entwicklungen, die den materiellen Gehalt des Schutzbedürftigen beeinträchtigen können. Eine Verdeckung anderweitiger Zielsetzung findet beim Bewahren

---

[102] Was im Einzelnen schützenswert ist, ist natürlich diskutabel und führt zum Ambivalenzproblem zurück, siehe oben C.
[103] Vgl. dazu oben D.
[104] Siehe zu alledem grundlegend *P. Häberle*, Die Verfassung des Pluralismus, 1980.

E. Skalierter Konservatismus

nicht statt. Insbesondere steht hinter dem Erhalt durch Dogmatik kein politischer oder staatstheoretischer Konservatismus.

Mit *Beharren* bezeichnen und verorten wir einen zweiten Aspekt konservativen Denkens und Handelns im Rahmen der Skalierung. Auch hier mag es um die Erhaltung bestimmter individueller oder gesellschaftlicher Errungenschaften gehen. Prozedural sind die Instrumente des Beharrens vor allem die Passivität oder gar die Defensivität gegenüber Veränderungen. Dabei handelt es sich um ein überhöhtes Element an Kontinuität, Tradition und Statik, das auch über die reine Fortsetzung einer Rechtsprechungslinie im Interesse der Sicherheit und Vorhersehbarkeit des Rechts hinausgeht. Hinter solcher Statik und Kontinuität vermag ein Stillstand und Traditionalismus zu stehen, der materiell nicht mehr allein oder gar wesentlich nicht mehr dem Schutz von Schutzbedürftigem dient, sondern bereits eine politisch oder staatstheoretisch konservative Zielrichtung aufweist. Diese konservativen Ziele sind allerdings dogmatisch eingekleidet. Sie liegen also nicht offen zu Tage, sondern werden in einem gewissen Umfang verdeckt.

Einen Schritt weiter noch als das *Beharren* geht das *Bremsen*. Prozedural werden hierbei neue Denkansätze nicht nur abgewehrt, sondern aktiv verhindert. Gesellschaftliche, dogmatische oder theoretische Entwicklungen werden nicht nur ignoriert, sondern unterbunden und zum Halt gebracht oder geradezu aus*gebremst*. Noch einmal stärker als beim Beharren geht es um die Ablehnung neuer Ansätze oder gar um die Rückkehr zu alten, zuvor aufgegebenen Positionen. Sowohl politisch-staatstheoretischer Konservatismus als auch sein Verbergen haben ebenfalls eine höhere Intensität als im Falle des Beharrens.

Erster Teil: Was heißt hier konservativ?

Schließlich ist das *Musealisieren* die vierte Form dogmatischen Konservatismus, die zur Analyse im zweiten Teil beitragen soll. Dieser aus der Kulturwissenschaft übernommene Begriff bezeichnet ein „Aus-der-Welt-Bringen"[105] im Sinne einer Rückkehr zu einer idealisierten Vergangenheit. Gegenstände oder Konzepte erfahren somit einen Bedeutungswandel, der vorgibt, zu einem *status quo ante* zurück zu kehren, der aber so niemals existiert hat. Eine solche Musealisierung ist sozusagen eine reaktionäre Kreation, eine Neukodierung der Erinnerung.[106] Musealisierung enthebt den Betrachtungsgegenstand seiner ursprünglichen Kontexte – historisch, sozial, kulturell etc. – und ist somit im strengen Sinne gar nicht mehr eine Konservierung des *status quo*. Es handelt sich um eine Verklärung, die nichts mehr erhält, sondern durch Umkodierung Neues schafft. Musealisieren ist damit eine rückwärtsblickende Innovation im Gewande des Alten, der Tradition und des Erhalts. Damit unterscheidet es sich auch vom Bremsen: Bremsen will Wandlungsprozesse verzögern oder unterbinden und zielt auf Stillstand oder Rückkehr zu Etabliertem. Musealisieren will einen neuen Zustand herstellen, der nur vorgibt, Vergangenheit zu sein, indes so niemals existiert hat. Damit ist Musealisieren unter den vier Formen des Konservatismus diejenige mit dem größten Verdeckungspotential. Politisch oder

---

[105] Vgl. *B. Brock* Musealisierung – eine Form der experimentellen Geschichtsschreibung, in: W. Zacharias (Hrsg.), Zeitphänomen Musealisierung, 1990, S. 51, 54. Siehe auch *S. Lenski*, Öffentliches Kulturrecht, 2013, S. 4 sowie *dies.* (nunmehr *S. Schönberger*), Wandel des Verhältnisses von Staat und Gesellschaft – Folgen für die Grundrechtstheorie und Grundrechtsdogmatik, VVDStRL 2020, Bd. 79, S. 291, 300 ff.
[106] Vgl. ebenda.

staatstheoretisch ist es dagegen neutral: zu einer konservativen Zielsetzung kann, muss es aber nicht eingesetzt werden.

Ausgehend von und basierend auf dieser Skalierung des Konservatismus sollen Analyse und Diskussion konservativer Rechtsprechung des Bundesverfassungsgerichts im zweiten und Erklärungsversuche für diesen Konservatismus im dritten Teil unternommen werden. Anhand ihrer können vor allem methodisch-dogmatische, aber auf einer sekundären Betrachtungsebene auch theoretische und (macht-)politische Elemente konservativer Entscheidungen und Argumentation des Gerichts identifiziert, beschrieben und bewertet werden.

F. Vier Themengebiete

Der Fokus der Untersuchung richtet sich im Folgenden auf Dogmatik und Methodik als primäre Untersuchungsebene. Wo zeigen sich konservative Tendenzen – in ihrer gesamten Bandbreite – in ausgewählten verfassungsrechtlichen Sachgebieten? Wie bereits zuvor[107] angedeutet, kann und sollte dies nicht den einzigen Zugang darstellen. Hinter Dogmatik und Methodik stehen theoretische und (macht-)politische Fragen.[108] Diese Tiefenstruktur[109] frei-

---

[107] Vgl. oben C. und E.
[108] Vgl. dazu auch *B. Rüthers*, Methodenrealismus in Jurisprudenz und Justiz, JZ 2006, 53, 60.
[109] Begriff angelehnt an *N. Chomsky*, Remarks on Nominalization, in: *Ders.*, Studies on Semantics in Generative Grammar, 1975, S. 11, 12 ff. sowie *ders.*, Deep Structure, Surface Structure and Semantic Interpretation, in: *Ders.*, Studies on Semantics in Generative Grammar, 1975, S. 62 ff.

Erster Teil: Was heißt hier konservativ?

zulegen, ist Aufgabe der sekundären Untersuchungsebene dieses Essays, die im zweiten Teil hinsichtlich der jeweiligen Themengebiete erfolgen wird. Im dritten Teil sollen diese Einzelerkenntnisse zusammenführend fruchtbar gemacht werden.[110]

Vier Themengebiete sollen genauer betrachtet werden. Wenngleich stets ein angreifbares Willkürelement verbleibt, glauben wir im Folgenden eine repräsentative und aussagekräftige Selektion getroffen zu haben. Die ersten beiden Themenbereiche beschäftigen sich mit der Rolle des Staats und dem Verhältnis nicht-staatlicher Akteure zum Staat. Erster Untersuchungsgegenstand ist der Umgang des Bundesverfassungsgerichts mit der Frage, ob und wie Grundrechte auch im Privatverhältnis wirken. Das Gericht konstruiert bekanntermaßen die Wirkung der Grundrechte zwischen Privaten staatlich mediatisiert. Staatliche Hoheitsträger, insbesondere Gerichte, dürfen keine Entscheidung treffen, welche die Grundrechte einer der beiden Seiten des privaten Rechtsstreits unverhältnismäßig beeinträchtigt.[111] In neueren Judikaten berücksichtigt das Gericht verstärkt private Machtasymmetrien und scheut auch nicht vor der Privatrechtswirkung des allgemeinen Gleichheitssatzes zurück.[112] Am Paradigma der Staatsrichtung der Grundrechte hält es aber fest.[113] An dieser Staatsrichtung der Grundrechte

---

[110] Siehe unten Teil 3, B.II. und III.
[111] Siehe zu dieser dogmatischen Umschreibung und weiteren Nachweisen *A. Kulick*, Horizontalwirkung im Vergleich, 2020, S. 30 ff., 84 ff.
[112] Vgl. ebenda, S. 207 ff.
[113] Vgl. dazu *A. Kulick*, Weniger Staat wagen – Zur Geltung der Grundrechte zwischen Privaten, AöR 2020, 649, 672 ff.

F. Vier Themengebiete

setzt unsere Untersuchung im ersten Abschnitt des zweiten Teils an.

Das in der deutschen Literatur weiterhin überwiegend so genannte Staatskirchenrecht beschäftigt sich ebenfalls mit dem Verhältnis nicht-staatlicher Akteure untereinander sowie zum Staat. Hier interessieren vor allem folgende Fragen: Wie sieht das Gericht Kirche und Staat in der säkularen Gesellschaft? Kann der Staat den unter dem Grundgesetz privilegierten Kirchen, diesen Zwitterwesen, die zugleich Grundrechts- und Hoheitsträger zu sein vermögen, bestimmte Vorgaben machen, die auch ihren Verkündigungsauftrag und ihr Selbstverständnis betreffen? Das Staatskirchenrecht, insbesondere das kirchliche Arbeitsrecht, ist daher ein zweites Themengebiet, das wir genauer betrachten wollen.[114]

Darüber hinaus finden sich Indizien, dass machtpolitische Erwägungen des Gerichts die Dogmatik- und Methodenwahl dahingehend beeinflussen, ob sich das Gericht konservativ oder innovativ gibt. Intra-institutionelle Machtfragen zwischen Bundesverfassungsgericht und Fachgerichten schwingen hinsichtlich des ersten Themengebiets beständig mit: Wer entscheidet letztlich und wesentlich darüber, ob und wie Grundrechte auch privatrechtlich Wirkung entfalten?[115] Hierzu treten zum einen hinsichtlich des dritten Themengebiets inter-institutionelle Machtfragen, die mit Blick auf das Verhältnis von Gericht und Regierung sowie Regierung und Parlament beleuchtet werden sollen.[116] Zum anderen wollen wir untersuchen, wie das Gericht die Positionierung der Bundes-

---

[114] Vgl. unten Teil 2, B.
[115] Siehe dazu auch ausführlich *A. Kulick*, Horizontalwirkung im Vergleich, 2020, S. 97 ff., 176 f.
[116] Vgl. unten Teil 2, C.

Erster Teil: Was heißt hier konservativ?

republik in einem „vereinten Europa" versteht. Im Mittelpunkt steht die judikative Begleitung und Prägung des Integrationsprozesses ebenso wie die Beziehung des Bundesverfassungsgerichts zum EuGH.[117]

Insgesamt soll diese Auswahl eine gewisse Repräsentativität aus dogmatischen und inhaltlichen Bereichen herstellen. Grundrechtliche und staatsorganisationsrechtliche Fragen werden gleichermaßen behandelt, nationale und supranationale Ebene, intra- und inter-institutionelle Interaktion des Gerichts sind thematisch vertreten. Inhaltlich decken die Themen von privaten Rechtsbeziehungen und dem Staatskirchenrecht über die Kompetenzen der Bundesregierung bis hin zu den Grenzen der Souveränitätsübertragung auf die supranationale Ebene ein breites Spektrum ab. Sie tragen somit, so hoffen wir, zu einem differenzierteren Verständnis der hohen und oftmals innovativen, in Teilen aber eben auch konservativen Rechtsprechungsleistung des Gerichts in den sieben Jahrzehnten seines Bestehens bei.

---

[117] Vgl. unten Teil 2, D.

Zweiter Teil:
Konservatives Karlsruhe

A. Staatsrichtung der Grundrechte und Staatsanalogie Privater

I. Geltung oder Staatsrichtung?

Konservatismus in der Rechtsprechung des Gerichts findet sich auch dort, wo man ihn am wenigsten vermutet. Die Grundrechte und die Grundrechtsdogmatik gelten zu Recht als Bereiche verfassungsgerichtlicher Innovation. Prominente Beispiele sind die Etablierung und Ausgestaltung des Verhältnismäßigkeitsgrundsatzes als Teil der grundrechtlichen Rechtfertigungsprüfung[1] oder die Deutung von Art. 2 Abs. 1 Grundgesetz als allgemeine Handlungsfreiheit.[2] Ebenso steht die Schaffung neuer Grundrechte, vor allem in Verbindung mit Art. 1 Abs. 1 oder Art. 2 Abs. 1 Grundgesetz, als ein Beispiel vor Augen, wie das Recht auf informationelle Selbstbestimmung[3] oder das Recht auf die Vertraulichkeit und Integrität informa-

---

[1] Grundlegend: BVerfGE 7, 377 (404 ff.) [1958]. Erstmals als vierstufige Prüfung in der bis heute etablierten Form: BVerfGE 23, 127 (133 f.) [1968] – Zeugen Jehovas.

[2] Vgl. BVerfGE 6, 32 (36 f.) [1957] – Elfes. Kritisch dazu bekanntermaßen BVerfGE 80, 137 (164 ff.) [1989] – Reiten im Walde (Sondervotum Grimm).

[3] Grundlegend: BVerfGE 65, 1 (43 ff.) [1983] – Volkszählung.

Zweiter Teil: Konservatives Karlsruhe

tionstechnischer Systeme,[4] aber auch das Recht auf ein menschenwürdiges Existenzminimum.[5] Die vermutlich folgenreichste Neuerung in der Grundrechtejudikatur des Bundesverfassungsgerichts betrifft indes die Wirkung der Grundrechte im Verhältnis zwischen Privaten. Häufig „Privatrechtswirkung" oder „Drittwirkung" genannt, im Folgenden als Horizontalwirkung bezeichnet, besagt sie geradezu Revolutionäres: Entgegen dem zuvor weit verbreiteten Verständnis – und insoweit äußerst innovativ – müssen Grundrechte nach Ansicht des Bundesverfassungsgerichts nicht nur im Staat-Bürger-Verhältnis, sondern auch in privaten Rechtsbeziehungen Beachtung finden. Das Lüth-Urteil vom 15. Januar 1958 war ein Paukenschlag: Im Zivilrechtsstreit u. a. auf Schadensersatz, so das Bundesverfassungsgericht, sei die Meinungsfreiheit des Beklagten Erich Lüth zu berücksichtigen. Dieser hatte die Bevölkerung öffentlich dazu aufgerufen, den Film „Unsterbliche Geliebte" des Regisseurs Veith Harlan zu boykottieren, da Harlan bei diversen nationalsozialistischen Propagandafilmen Regie geführt hatte.[6]

Inwiefern soll insoweit Konservatismus festzustellen sein? Die nachfolgende Untersuchung wird indes zeigen, dass er auch hier zum Ausdruck kommt, also dort, wo man zunächst kaum an ihn denken würde. Denn das Gericht *beharrt* auf der Staatsrichtung der Grundrechte auch dann noch, wenn solche Beharrlichkeit zu versteinern droht. Diese kulminiert in der neuesten Rechtsprechung in der staatsanalogen Behandlung Privater. Das Bundesverfassungsgericht etatisiert somit Bereiche, die eigentlich

---

[4] Grundlegend: BVerfGE 120, 274 (302 ff.) [2008].
[5] Grundlegend: BVerfGE 125, 175 (222 ff.) [2010].
[6] BVerfGE 7, 198 (204 ff.) [1958].

A. Staatsrichtung der Grundrechte

durch Staatsfreiheit gekennzeichnet sein müssten.[7] Das ist (staatstheoretisch) konservativ jedenfalls insofern, als Grundrechtsschutz nur durch den Staat als Realisator der Freiheit möglich ist.[8]

Es gilt zu erinnern, dass das Gericht 1958 mit dem Lüth-Urteil ein Feld zu beackern begann, das zuvor nicht gänzlich unbestellt war. Bereits in der Weimarer Zeit finden sich Gedankenansätze zur Einwirkung der Grundrechte auch auf privatrechtliche Verhältnisse. So äußerte sich das Reichsgericht beispielsweise 1930 in einem Privatrechtsstreit folgendermaßen:

„Würde die [vertragliche] Bestimmung [...] in eines der in der Verfassung gewährleisteten Grundrechte des Klägers eingreifen, so wäre wohl damit, wie das Berufungsgericht angenommen hat, gegen die guten Sitten verstoßen. *Denn die maßgebliche sittliche Anschauung aller Recht und Sitte achtenden Volksgenossen verlangt, daß diese Grundrechte im menschlichen Verkehr geachtet werden.*"[9]

Die „Ausstrahlungswirkung" der Grundrechte auf das Privatrecht als zentrale gesellschaftliche Wertungen vermittelt durch zivilrechtliche Generalklauseln wie etwa Treu und Glauben oder die guten Sitten (§§ 138, 242 BGB) – die maßgebliche Idee in „Lüth"[10] –, findet sich im Ansatz bereits hier. Ganz so neu war die Horizontalwirkung also nicht, wenngleich sie in der Rechtsprechung des

---

[7] Siehe dazu ausführlich unten III.4. und zusammenfassend IV.
[8] Siehe dazu ebenda.
[9] RGZ 128, 92 (95) [1930] (unsere Hervorhebung). Auf dieses Urteil verweist zustimmend auch bereits *C. Schmitt*, Inhalt und Bedeutung des zweiten Hauptteils der Reichsverfassung, in: G. Anschütz/R. Thoma (Hrsg.), Handbuch des Deutschen Staatsrechts, Bd. 2, 1. Aufl. 1932, S. 572, 605.
[10] BVerfGE 7, 198 (207) [1958].

Zweiter Teil: Konservatives Karlsruhe

Reichsgerichts dogmatisch und theoretisch noch unausgearbeitet ist. Diese Ausarbeitung unternimmt für die verfassungsgerichtliche Rechtsprechung – in Weimar gab es noch keine Entsprechung zum Karlsruher Gericht – erstmals das Bundesverfassungsgericht in „Lüth" und macht die Horizontalwirkung der Grundrechte zu einem wichtigen Pfeiler seiner ständigen Grundrechtejudikatur.[11]

Doch was bedeutet Horizontalwirkung eigentlich? Erst einmal nur, dass Grundrechte im Horizontalverhältnis zwischen Privaten, und nicht nur im Vertikalverhältnis zum Staat, *irgendwie* eine Rolle spielen. Spricht man von „Wirkung", ist zunächst lediglich das Resultat gemeint. Wirkung wirkt. Wie diese Wirkung sich entfaltet, wie sie also rechtsdogmatisch begründet wird, ist damit noch nicht gesagt. Um den Überblick zu behalten, sollte man maßgeblich für die Unterscheidung unterschiedlicher Konstruktionen auf eine basale analytische Frage abstellen:[12] Zwischen wem besteht ein unmittelbares grundrechtliches Rechtsverhältnis im Sinne von wechselseitigen Ansprüchen und Pflichten?[13] Auf dieser Grundlage lassen

---

[11] Vgl. dazu ausführlich *A. Kulick*, Drittwirkung der Grundrechte: Das Lüth Urteil (2), in: D. Grimm (Hrsg.), Vorbereiter – Nachbereiter?, 2019, S. 73 ff.

[12] Vgl. grundlegend *W.N. Hohfeld*, Some Fundamental Legal Conceptions as Applied in Judicial Reasoning, Yale Law Journal 1913, Bd. 23, 16, 28–44; siehe auch, *Hohfelds* Ansatz für das deutsche Recht übernehmend und übersetzend, *R. Alexy*, Theorie der Grundrechte, 1986, S. 187 ff. (unter ausdrücklicher Bezugnahme auf *Hohfeld* auf S. 187 und dort in Fn. 96).

[13] Anders offenbar *A. Hellgardt*, Wer hat Angst vor der unmittelbaren Drittwirkung? Die Konsequenzen der Stadionverbot-Entscheidung des BVerfG für die deutsche Grundrechtsdogmatik, JZ 2018, 901, 902.

A. Staatsrichtung der Grundrechte

sich jedenfalls vier Grundtypen dogmatischer Konstruktionen unterscheiden: *Anwendung, Ablehnung, Zurechnung und Verantwortung.*

*Anwendung*skonstruktionen ist gemeinsam, dass die Private A mit dem Privaten B in einem unmittelbaren grundrechtlichen Anspruch-Pflichten-Verhältnis steht. Der Staat bzw. staatliches Verhalten muss die Horizontalwirkung der Grundrechte hier nicht vermitteln. Grundrechte gelten somit unmittelbar zwischen Privaten, ohne dass ihre Wirkung über den Staat mediatisiert werden müsste.[14] Die weiteren drei Konstruktionstypen lehnen dagegen ein unmittelbares Grundrechtsverhältnis zwischen Privaten ab. Sie sehen direkte grundrechtliche Anspruch-Pflichten-Beziehungen nur zwischen Staat und Bürger. *Ablehnung*skonstruktionen verwehren den Privaten dabei gänzlich, sich in einem Privatrechtsstreit vor staatlichen Gerichten auf ihre Grundrechte zu berufen. Im Falle der *Zurechnung*skonstruktionen tritt der Staat durch Zurechnung des privaten Verhaltens zum Staat in das private Anspruch-Pflichten-Verhältnis ein und ermöglicht dadurch, etwaige Grundrechtsverletzungen gegenüber dem Staat zu rügen. *Verantwortung*skonstruktionen sehen dagegen den Staat, namentlich die staatlichen Gerichte, in der Pflicht, im Rahmen eines gerichtlichen Privatrechtsstreits den grundrechtlichen Gewährleistungsgehalt der privaten Streitparteien A und B nicht unverhältnismäßig einzuschränken, wenn sie über das einfachrechtliche Anspruch-Pflichten-Verhältnis zwischen A und B entscheiden.[15]

---
[14] Vgl. nur *H.C. Nipperdey*, Boykott und freie Meinungsäußerung, DVBl 1958, 445, 447 (es bedürfe „keines ‚Mediums'").
[15] Siehe zu alledem ausführlich *A. Kulick*, Horizontalwirkung im Vergleich, 2020, S. 20 ff.

Zweiter Teil: Konservatives Karlsruhe

Aber was soll diese Unterscheidung, wenn man am Ende doch stets[16] zur „Wirkung" der Grundrechte zwischen Privaten gelangt? Dass die Differenzierung kein akademisches Glasperlenspiel ist, zeigt sich nicht zuletzt in den unterschiedlichen staatsphilosophischen und institutionell-machtpolitischen Konsequenzen der Konstruktionen. Ob und wie man grundrechtliche Rechtsverhältnisse versteht, hat zum einen erhebliche Bedeutung für das Verständnis von Staat und Bürger sowie von Staat und Gesellschaft: Ist Autonomie letztlich nur über den Staat zu haben oder kann man im Verhältnis zu anderen Privaten seine Selbstbestimmung in Form grundrechtlicher Ansprüche auch ohne staatliche Mediatisierung realisieren?[17] Hier ergibt sich Spielraum für politischen Konservatismus oder politische Progressivität.

Außerdem hat die Wahl der dogmatischen Konstruktion handfeste machtpolitische Implikationen: In wessen Domäne fällt es letztlich, den Grundrechten auch im Privatrechtsverhältnis Wirkung zu verleihen? Verwehrt man es den Gerichten im Wesentlichen, Grundrechte im Privatrechtsstreit bei Anwendung und Auslegung des einfachen Rechts zu berücksichtigen,[18] so ist der Gesetzgeber gefragt, den Ausgleich grundrechtlicher Interessen vorzunehmen. Sieht man dagegen diese Aufgabe (auch oder wesentlich) bei den Gerichten, gebührt ihnen insoweit das

---

[16] Man mag einwenden: abgesehen von der Ablehnung. Doch auch hier muss man jedenfalls unter dem Grundgesetz wegen der Grundrechtsbindung aller staatlichen Gewalt (Art. 1 Abs. 3 Grundgesetz) sodann mindestens dem Gesetzgeber aufgeben, die Grundrechtswirkung zwischen Privaten zu realisieren.

[17] Siehe dazu auch unten IV.

[18] So z.B. *B. Schlink*, Freiheit durch Eingriffsabwehr – Rekonstruktion der klassischen Grundrechtsfunktion, EuGRZ 1984, 457, 465 ff.

A. Staatsrichtung der Grundrechte

letzte Wort. Oder anders gewendet: Ein Verfassungsgericht, das sich für letztere Variante entscheidet, vollzieht damit auch eine Selbstmandatierung – bzw. weniger höflich: einen *power grab*.[19] Doch nicht nur inter-institutionell im Verhältnis zum Gesetzgeber, sondern auch intra-institutionell im Verhältnis zwischen Bundesverfassungsgericht und Fachgerichten – namentlich also den Zivil- und Arbeitsgerichten – ist es von Relevanz, wie man die Grundrechtswirkung zwischen Privaten denkt: Sind Grundrechte Normalität im Privatrechtsverhältnis, weil sie unmittelbar zwischen Privaten gelten, so werden sie auch ganz selbstverständlich zur primären Domäne der Fachgerichte.[20] Sind sie allein staatlich vermittelt privatrechtlich von Bedeutung, dann kommt das Verfassungsgericht ganz maßgeblich ins Spiel: Diese staatliche Mittelung, als Akt „öffentlicher Gewalt" im Sinne des Art. 93 Abs. 1 Nr. 4a Grundgesetz, eröffnet den Weg zur (Urteils-)Verfassungsbeschwerde vor dem Bundesverfassungsgericht und erteilt diesem das letzte Wort über die Wirkung der Grundrechte in einem Privatrechtsstreit.[21]

---

[19] *Ernst-Wolfgang Böckenförde* hat in diesem Zusammenhang bereits vor geraumer Zeit den „gleitenden Übergang vom parlamentarischen Gesetzgebungsstaat zum verfassungsgerichtlichen Jurisdiktionsstaat" befürchtet. Vgl. *E.-W. Böckenförde*, Grundrechte als Grundsatznormen. Zur gegenwärtigen Lage der Grundrechtsdogmatik, in: *Ders.*, Staat, Verfassung, Demokratie, 1991, S. 159, 189 f. In diese Richtung auch bereits *H. Ehmke*, Wirtschaft und Verfassung, 1961, S. 79.
[20] So bereits *W. Leisner*, Grundrechte und Privatrecht, 1960, S. 376 f.
[21] Auch wenn natürlich nach Zurückverweisung die Fachgerichte in der Sache entscheiden.

Zweiter Teil: Konservatives Karlsruhe

II. Dürig, Lüth & Co.

Das Bundesverfassungsgericht entscheidet sich seit dem Lüth-Urteil aus dem Jahr 1958 – angesichts des Vorgesagten wenig überraschend – für eine staatsgerichtete, nämlich für eine Verantwortungskonstruktion. Bei Auslegung und Anwendung des einfachen Rechts, zunächst vor allem in Bezug auf die zivilrechtlichen Generalklauseln,[22] später auch ausdrücklich für alle privatrechtlichen Normen,[23] haben die Gerichte eine grundrechtliche Verantwortung: Sie dürfen einen Privatrechtsstreit nicht so entscheiden, dass dadurch die Grundrechte einer Seite unverhältnismäßig beeinträchtigt werden. Dies erfordert notwendig den Ausgleich widerstreitender grundrechtlicher Interessen der an dem Rechtsstreit beteiligten Privaten. In den Worten des Bundesverfassungsgerichts im Lüth-Urteil:

„Der Richter hat kraft Verfassungsgebots zu prüfen, ob die von ihm anzuwendenden materiellen zivilrechtlichen Vorschriften in der beschriebenen Weise grundrechtlich beeinflußt sind; trifft das zu, dann *hat er bei Auslegung und Anwendung dieser Vorschriften die sich hieraus ergebende Modifikation des Privatrechts zu beachten.*"[24]

Zwei Argumente stützten diese Position ab. Zum einen verweist das Gericht im unmittelbaren Anschluss an die zitierte Passage auf die „Bindung [...] des Zivilrichters an die Grundrechte (Art. 1 Abs. 3 GG)."[25] Art. 1 Abs. 3

---

[22] Vgl. z.B. BVerfGE 7, 198 (206) [1958]; BVerfGE 25, 256 (263) [1969] – Blinkfüer.

[23] Vgl. z.B. BVerfGE 129, 78 (102) [2011] – Le Corbusier-Möbel; BVerfGE 142, 72 (101) [2016] – Sampling.

[24] BVerfGE 7, 198 (206) [1958] (unsere Hervorhebungen).

[25] Ebenda.

A. Staatsrichtung der Grundrechte

Grundgesetz binde alle staatliche, also auch die dritte Gewalt, an die Grundrechte. Ein Gericht, das bei seiner Entscheidung Grundrechte außer Acht lasse, verstoße gegen diese Verpflichtung.[26] Diesem Argument, das an sich für die Begründung einer Verantwortung zur Berücksichtigung der Grundrechte im Privatrechtsstreit ausgereicht hätte, gesellt das Gericht aber ein weiteres hinzu: Die Grundrechte des Grundgesetzes formten eine „objektive Wertordnung". Diese „verfassungsrechtliche Grundentscheidung für alle Bereiche des Rechts" solle dazu führen, dass die Grundrechte zwar nicht unmittelbar zwischen Privaten gälten, aber auf das Privatrecht „ausstrahl[t]en". Es sei damit Aufgabe der Gerichte, dieser „Ausstrahlungswirkung" entsprechend, das einfache Recht anhand der Grundrechte auszulegen und anzuwenden.[27]

Die *topoi* Staatsrichtung, Verantwortung und Ausstrahlungswirkung finden sich vor allem bei *Günter Dürig* bereits in der Literatur vorgebildet.[28] Dessen Aufsatz in der Festschrift für Hans Nawiasky aus dem Jahr 1956 ist einer der wenigen Literaturbeiträge, auf die das Gericht in dieser Passage des Lüth-Urteils ausdrücklich Bezug nimmt.[29] Grundrechte versteht *Dürig* als „Erscheinungsformen eines [...] der Verfassung vorgegebenen *Wertsystems*"[30]. Art. 1 Abs. 3 Grundgesetz wandele dieses Wertsystem in ein „gegen den Staat gerichtetes An-

---

[26] BVerfGE 7, 198 (206 f.) [1958].
[27] Zu alledem ebenda, 205 ff.
[28] Vgl. *G. Dürig*, Grundrechte und Zivilrechtsprechung, in: T. Maunz (Hrsg.), Festschrift für Hans Nawiasky, 1956, S. 157.
[29] BVerfGE 7, 198 (204) [1958].
[30] *G. Dürig*, Grundrechte und Zivilrechtsprechung, in: T. Maunz (Hrsg.), Festschrift für Hans Nawiasky, 1956, S. 157, 176 (Hervorhebung im Original).

Zweiter Teil: Konservatives Karlsruhe

spruchssystem", das im Privatverhältnis durch die „wertausfüllungsfähigen und wertausfüllungsbedürftigen Generalklauseln" des Privatrechts im Wege der Auslegung geltend zu machen sei.[31]

Der deutlich überwiegende Teil der Lehre folgt seitdem jedenfalls dieser Argumentation: Die Grundrechte sind und bleiben staatsgerichtet, die Gerichte trifft jedoch die Verantwortung, diese im Privatrechtsstreit zu berücksichtigen, und zwar im Wege der grundrechtskonformen Auslegung des einfachen Rechts. Der große Teil der Nachfolgeliteratur hält es dabei zwar im Anschluss an *Claus-Wilhelm Canaris*[32] für vorzugswürdig, bei der Grundrechtsprüfung auf die Abwehr- und/oder Schutzpflichtendimension der Grundrechte abzustellen, um auf die schwammige „Ausstrahlungswirkung" verzichten zu können.[33] Letztlich kommt aber auch diese Variante nicht an einer grundrechtskonformen Auslegung vorbei. Die Prüfung, ob Abwehr- oder Schutzpflichten verletzt wurden, produziert ein Ergebnis, das mit den privatrechtli-

---

[31] *G. Dürig*, Grundrechte und Zivilrechtsprechung, in: T. Maunz (Hrsg.), Festschrift für Hans Nawiasky, 1956, S. 157, 176.
[32] Siehe insbesondere *C.-W. Canaris*, Grundrechte und Privatrecht, AcP 1984, Bd. 184, 201; *Ders.*, Grundrechte und Privatrecht, 1999, S. 9 ff.
[33] Vgl. stellvertretend aus jüngerer Zeit nur *M. Ruffert*, Vorrang der Verfassung und Eigenständigkeit des Privatrechts, 2001, S. 122 ff., 252 ff.; *M. Sachs*, Grundrechtliche Schutzpflichten und wirtschaftliche Beziehungen Privater, in: H. Bauer/D. Czybulka/W. Kahl/A. Voßkuhle (Hrsg.), Festschrift für Reiner Schmidt, 2006, S. 385, 388 ff.; *A. Voßkuhle*, Zur Einwirkung der Verfassung auf das Zivilrecht, in: A. Bruns/C. Kern/J. Münch/A. Piekenbrock/A. Stadler/D. Tsikrikas (Hrsg.), Festschrift für Rolf Stürner, 2013, 1. Teilbd., S. 79, 84 ff.; *C. Bumke*, Die Entwicklung der Grundrechtsdogmatik in der deutschen Staatsrechtslehre unter dem Grundgesetz, AöR 2019, 1, 59.

A. Staatsrichtung der Grundrechte

chen Vorschriften nur im Wege von deren Auslegung in Einklang zu bringen ist.

Das Bundesverfassungsgericht selbst ist seiner Argumentation im Lüth-Urteil seit nunmehr über sechzig Jahren dem Grunde nach treu geblieben.[34] Die Anzahl der entsprechenden Entscheidungen ist erheblich: Allein zwischen den Jahren 2000 und 2020 finden sich dazu mehr als 20 Senats- und über 60 Kammerentscheidungen. Stets begründet das Gericht die Wirkung der Grundrechte zwischen Privaten im Wesentlichen aus der staatlichen Verantwortung zur Beachtung der Grundrechte bei der Auslegung und Anwendung des Privatrechts.

III. Der allgegenwärtige Staat

Wenden wir uns der detaillierten Analyse der Rechtsprechung des Gerichts zur Horizontalwirkung zu, so lassen sich vier Aspekte methodisch-dogmatisch konservativer Judikatur herausschälen. Das Gericht *musealisiert* durch seine „Werte"-Argumentation und durch die Behauptung, die Staatsrichtung sei die ursprünglichste und originäre Grundrechtsdimension (1.). Das *Beharren* auf der Verantwortung staatlicher Gerichte bei der Wirkung der Grundrechte zwischen Privaten steht im Zusammenhang mit institutionellen Positionsbehauptungen (2.). Innerhalb des Paradigmas der Staatsrichtung ist die zusätzliche Heranziehung der grundrechtlichen Schutzpflichten eine konse-

---

[34] Eine kleine Auswahl aus den letzten sechs Jahrzehnten: BVerfGE 25, 256 (263) [1969] – Blinkfüer; BVerfGE 30, 173 (188) [1971] – Mephisto; BVerfGE 54, 208 (215) [1980] – Böll/Walden; BVerfGE 66, 116 (131) [1984] – Springer/Wallraff; BVerfGE 81, 242 (253) [1990] – Handelsvertreter; BVerfGE 112, 332 (358) [2005] – Pflichtteil; BVerfGE 114, 339 (348) [2005] – Stolpe IM; BVerfGE 142, 74 (101) [2016]; BVerfGE 148, 267 (279 ff.) [2018] – Stadionverbot.

Zweiter Teil: Konservatives Karlsruhe

quente Redundanz (3.). Schließlich verleitet das Beharren auf der Staatsrichtung das Gericht im Umgang mit dringenden Herausforderungen sozio-ökonomischer Machtgefälle zwischen Privaten dazu, bestimmte nicht-staatliche Akteure ebenso wie den Staat zu behandeln (4.).

1. Vorwärts in die Vergangenheit

Die Rechtsprechung des Bundesverfassungsgerichts zur Horizontalwirkung der Grundrechte beginnt mit einer *Musealisierung*. Im Lüth-Urteil aus dem Jahr 1958 legt das Gericht erstmals sein Verständnis der Wirkung der Grundrechte zwischen Privaten vor.[35] Grundrechte sind nicht nur Abwehrrechte gegen den Staat, sondern auch Wertentscheidungen für das gemeinsame Zusammenleben in Form „objektiver Normen".[36] Sie haben „Ausstrahlungswirkung" auf den privaten Rechtsstreit und sind von den staatlichen Gerichten bei ihrer Entscheidung über diesen zu berücksichtigen.[37] Die Gerichte tragen als grundrechtlich gebundene Staatsgewalt über Art. 1 Abs. 3 Grundgesetz die Verantwortung, die grundrechtlichen Interessen beider Seiten des Rechtsstreits nicht unverhältnismäßig zu beeinträchtigen. So weit, so bekannt. Weitgehend unbekannt oder jedenfalls unberücksichtigt und unhinterfragt geblieben ist hingegen, dass das Bundesverfassungsgericht diese Argumentationskette mit folgender zweifelhafter, weil Zweifel kategorisch ausschließender Sentenz einleitet:

„*Ohne Zweifel* sind die Grundrechte *in erster Linie* dazu bestimmt, die Freiheitssphäre des einzelnen vor Eingriffen der öf-

---
[35] Siehe bereits oben I. und II.
[36] BVerfGE 7, 198 (205) [1958].
[37] Ebenda, 207.

A. Staatsrichtung der Grundrechte

fentlichen Gewalt zu sichern; sie sind *Abwehrrechte des Bürgers gegen den Staat. Das ergibt sich aus der geistesgeschichtlichen Entwicklung der Grundrechtsidee wie aus den geschichtlichen Vorgängen*, die zur Aufnahme von Grundrechten in die Verfassungen der einzelnen Staaten geführt haben. *Diesen Sinn haben auch die Grundrechte des Grundgesetzes*, das mit der Voranstellung des Grundrechtsabschnitts den Vorrang des Menschen und seiner Würde gegenüber der Macht des Staates betonen wollte."[38]

Das Gericht stellt hier ein Regel-Ausnahme-Verhältnis auf und begründet dieses historisch und ideengeschichtlich. Grundrechte seien „in erster Linie" Abwehrrechte, also Ausdruck negativer Freiheit gegenüber dem Staat. Dies sei „ohne Zweifel" der Fall und ergebe sich aus der geistesgeschichtlichen Entwicklung der Grundrechtsidee wie aus „den geschichtlichen Vorgängen, die zur Aufnahme von Grundrechten in die Verfassungen der einzelnen Staaten geführt haben." Konsequente Folge: Alle anderen Funktionen bzw. Dimensionen der Grundrechte sind die Ausnahme und entsprechend besonders begründungsbedürftig. Die Staatsrichtung der Grundrechte in ihrer ursprünglichsten Form als Abwehrrechte gegen den Staat sei, so das Karlsruher Gericht, der ideengeschichtliche Ausgangspunkt.

Doch ist diese Beschreibung tatsächlich „ohne Zweifel" zutreffend? Betrachtet man zwei zweifelsohne (!) auf das Grundgesetz und das deutsche Grundrechtsdenken einflussreiche Traditionen, die US-amerikanische und die französische, so mag man geneigt sein, dem Befund der Staatsrichtung der Grundrechte als negative Freiheiten auf den ersten Blick durchaus zuzustimmen. Auch wenn die Virginia Declaration of Rights vom 12. Juni 1776 beispielsweise in ihrem ersten Abschnitt den Grundrechts-

---

[38] BVerfGE 7, 198 (204 f.) [1958] (unsere Hervorhebungen).

Zweiter Teil: Konservatives Karlsruhe

schutz allgemein und offen formuliert,[39] wird doch spätestens in den Formulierungen der Bill of Rights der US-Verfassung, den „First Ten Amendments", deutlich, gegen wen sich dieser Schutz richtet: „Congress shall make no law …"[40]. *Alexander Hamiltons* Aufgabenbeschreibung der Gerichte im Federalist No. 78 geht ebenfalls davon aus, dass Gefahr für die Grundrechte – ausschließlich oder jedenfalls wesentlich – vom Staat droht.[41]

Wie indessen *Dieter Grimm* nachgewiesen hat, lässt sich dies keineswegs gleichermaßen für die französische Grundrechtstradition behaupten, die insbesondere in Form der Déclaration des Droits de l'Homme et du Citoyen von 1789 von enormer Wirkmacht auf das deutsche

---

[39] „That all men are by nature equally free and independent, and have certain inherent rights, of which, when they enter into a state of society, they cannot, by any compact, deprive or divest their posterity; namely, the enjoyment of life and liberty, with the means of acquiring and possessing property, and pursuing and obtaining happiness and safety.", Virginia Declaration of Rights vom 12. Juni 1776, Section 1.

[40] US-Bundesverfassung in der Form vom 15. Dezember 1791, Amendment I: „Congress shall make no law respecting an establishment of religion, or prohibiting the free exercise thereof; or abridging the freedom of speech, or of the press; or the right of the people peaceably to assemble, and to petition the Government for a redress of grievances."

[41] *A. Hamilton*, The Judiciary Department, Federalist No. 78, 28. Mai 1788: „This independence of the judges is equally requisite to guard the Constitution and the rights of individuals from the effects of those ill humors, which the arts of designing men, or the influence of particular conjunctures, sometimes disseminate among the people themselves, and which, though they speedily give place to better information, and more deliberate reflection, have a tendency, in the meantime, to occasion dangerous innovations in the government, and serious oppressions of the minor party in the community."

A. Staatsrichtung der Grundrechte

Grundrechtsdenken und somit auch auf das Verständnis der Grundrechte im Grundgesetz war. Jedenfalls nach der Déclaration von 1789 und der französischen grundrechtlichen Ideengeschichte nach der Revolution werden Grundrechte durchaus nicht ausschließlich staatsgerichtet verstanden, sondern fungieren generell als „oberste Leitprinzipien der Sozialordnung", die allgemein und somit auch seitens Privater nach Achtung verlangen.[42] Wenn sich hieraus mit Blick auf staatliche Grundrechtsverantwortung etwas schließen lässt, dann eher, dass diese Achtung nicht von den Gerichten, sondern vom Gesetzgeber zu realisieren ist: „Ihrer Bestimmung nach waren [die französischen Grundrechte] Zielvorgaben für den Gesetzgeber zur grundrechtskonformen Umgestaltung des einfachen Rechts."[43] Die Etablierung der Freiheitsrechte verfolgte die sozialpolitische Funktion, die Ständehierarchie aufzuheben und die Emanzipation des Bürgertums voranzutreiben unter „Herstellung gleicher Freiheit für alle."[44] Stets geht es im klassischen französischen

---

[42] Vgl. *D. Grimm*, Rückkehr zum liberalen Grundrechtsverständnis?, in: *Ders.*, Die Zukunft der Verfassung I, 1991, S. 221, 225 f.; vgl. nunmehr auch *ders.*, Verfassung und Privatrecht im 19. Jahrhundert, 2017, S. 39 ff. Ähnlich auch *M. Troper*, Who Needs a Third Party Effect Doctrine? – The Case of France, in: A. Sajó/R. Uitz (Hrsg.), The Constitution in Private Relations, 2005, S. 115, 119 ff.

[43] *D. Grimm*, Rückkehr zum liberalen Grundrechtsverständnis?, in: *Ders.*, Die Zukunft der Verfassung I, 1991, S. 221, 225 f.; Vgl. auch *C. Starck*, Wie kommen die Grundrechte ins Privatrecht und wie wirken sie dort?, in: A. Bruns/C. Kern/J. Münch/A. Piekenbrock/A. Stadler/D. Tsikrikas (Hrsg.), Festschrift für Rolf Stürner, 2013, 1. Teilbd., S. 61 ff.

[44] *D. Grimm*, Die Grundrechte im Entstehungszusammenhang der bürgerlichen Gesellschaft, in: *Ders.*, Die Zukunft der Verfassung I, 1991, S. 67, 72.

Zweiter Teil: Konservatives Karlsruhe

Grundrechtsverständnis somit um gesellschaftlich-politische Steuerung durch Grundrechte – allerdings institutionell ausschließlich durch die Legislative.[45]

So zweifelsfrei wie vom Gericht behauptet ist die historische Argumentation des Gerichts also keineswegs. Vielmehr lässt sich hier eine ideengeschichtliche Verkürzung beobachten, die – absichtlich oder unbewusst – das deutlich komplexere Erbe des deutschen Grundrechtsdenkens teilweise neu kodiert. Aus unterschiedlichen Verständnissen, die sich aus unterschiedlichen Traditionen speisen, macht das Gericht hier eine einheitliche Auffassung. Diese etabliert, wie erwähnt, ein Regel-Ausnahme-Verhältnis und damit eine Art Beweislastregel: Will man Grundrechte anders als Abwehrrechte gegenüber dem Staat verstehen, muss man nachweisen, warum dies ausnahmsweise berechtigt ist. Hierin liegt eine „Neukodierung der Erinnerung",[46] die nur vorgibt, Vergangenheit zu sein, welche indes so niemals existiert hat.[47]

Warum das Gericht hier die Ideengeschichte der Grundrechte *musealisiert*, verbleibt notgedrungen Spekulationen überlassen. Schließt man Unkenntnis aus, so erscheint jedenfalls folgende Deutung plausibel: Das Gericht führt im Anschluss an diese musealisierende Passage eine veritable Innovation ein, die erhebliche Folgen für die Rechtspraxis hat und die ihm weitreichende Kompetenzen sowohl im Verhältnis zum Gesetzgeber als auch zu

---

[45] Vgl. allgemein *R. Carré de Malberg*, La loi, expression de la volonté générale, 1931; *Ders.,* Confrontation de la Théorie de la formation du droit par degrés, 1933, S. 65.

[46] Vgl. *S. Schönberger*, Wandel des Verhältnisses von Staat und Gesellschaft – Folgen für die Grundrechtstheorie und Grundrechtsdogmatik, VVDStRL 2020, Bd. 79, S. 291, 300.

[47] Vgl. zu Konservatismus als „Musealisieren" oben Teil 1, E.

A. Staatsrichtung der Grundrechte

den Fachgerichten verschafft.[48] So gesehen kann man diese Musealisierung als Beschwichtigung verstehen. Zum einen knüpft der Horizontalwirkungsansatz des Gerichts an klassische Deutungsmuster an, indem es auch die Wirkung der Grundrechte zwischen Privaten staatsgerichtet begründet: Die Gerichte haben die Verantwortung, diese zu realisieren, weil sie als Teil der Staatsgewalt an sie gebunden sind. Zum anderen, so die Prämisse, soll diese Staatsrichtung sozusagen alternativlos sein, weil bereits die Ideengeschichte „ohne Zweifel" vorgebe, dass Grundrechte traditionell nur als negative Freiheiten im Bürger-Staat-Verhältnis verstanden wurden. Das besänftigt diejenigen Gemüter, die Horizontalwirkung als Verdrehung der Funktion der Grundrechte ganz ablehnen. Besänftigt wird aber ebenso, wer nicht dem Bundesverfassungsgericht, sondern dem Gesetzgeber oder den Zivil- und Arbeitsgerichten überantworten will, den Grundrechten zwischen Privaten zur Wirkung zu verhelfen.

Neben der soeben erwähnten kann man allerdings noch eine *zweite* Musealisierung in der Rechtsprechung des Gerichts zur Horizontalwirkung identifizieren. Die in „Lüth" begonnene[49] und bis heute fortgesetzte[50] Argumentationsfigur der Grundrechte als „Werte" erscheint jedenfalls aus heutiger Sicht anachronistisch. Dass „Werte" „objektiv" sind und es mithin so etwas wie eine „ob-

---

[48] Siehe dazu einerseits oben II. und andererseits unten 2.
[49] Vgl. BVerfGE 7, 198 (205) [1958]. Siehe dazu auch oben II.
[50] Vgl. aus jüngerer Zeit nur beispielsweise BVerfGE 103, 89 (100) [2001] – Unterhaltsverzichtsvertrag; BVerfGE 112, 332 (358) [2005]; BVerfGE 114, 339 (348) [2005]; BVerfGE 117, 202 (227) [2007] – Vaterschaftsfeststellung; BVerfGE 129, 78 (102) [2011] – Anwendungserweiterung; BVerfGE 142, 74 (101) [2016] – Sampling; BVerfGE 148, 267 (280) [2018] – Stadionverbot.

Zweiter Teil: Konservatives Karlsruhe

jektive Wertordnung" gibt, mag zwar 1958 dem Zeitgeist entsprochen haben, ist indes aus heutiger Perspektive kaum haltbar. Werte sind subjektiv, nicht objektiv. Sie sind relativ und kontingent.[51] Wie es *Andreas Urs Sommer* ausdrückt: „keine professionelle Ethikerin fasst [Werte] heute ohne Handschuhe an."[52] Der Rekurs auf „objektive Werte" im Lüth-Urteil lässt einen kurz schaudernd an *Max Schelers* Wertehierarchien und „objektive Vorzugsevidenz" denken,[53] die zurecht als „philosophiegeschichtlich belastet"[54] *ad acta* gelegt wurden. Der Rekurs auf „objektive Werte" verwundert umso mehr als er argumentativ entbehrlich ist, wie bereits angedeutet wurde.[55] Die Verantwortung der Gerichte zur Wahrung der Grundrechte im Privatrechtsstreit kann man allein mit der Grundrechtsbindung aller Staatsgewalt in Art. 1 Abs. 3 Grundgesetz dogmatisch untermauern. Außerdem bindet das Gericht die Wertargumentation sogleich wieder an das positive Recht, indem es betont, dass es das Grundgesetz selbst sei, das diese Werte „aufgerichtet" habe.[56] Wozu also diese Arabeske?

Grundrechte als „Werte" zu deuten, die auf „alle Bereiche des Rechts" „ausstrahlen"[57], kann, ja, muss man historisch kontextualisieren. In der Nachkriegszeit waren Antipositivismus und Naturrechtsrenaissance rechtsphi-

---

[51] Siehe dazu ausführlich *J. L. Mackie*, Ethik, 1983, S. 1 ff.
[52] *A. U. Sommer*, Werte, 2016, S. 85.
[53] Vgl. *M. Scheler*, Der Formalismus in der Ethik und die materiale Wertethik, 4. Aufl. 1954, S. 107, 110.
[54] *F. Müller/R. Christensen*, Juristische Methodik, Bd. I, 10. Aufl. 2009, S. 79.
[55] Siehe oben II.
[56] BVerfGE 7, 198 (205) [1958].
[57] Ebenda, 205 und 207.

A. Staatsrichtung der Grundrechte

losophische Mode.[58] Die ideengeschichtliche *Musealisierung* lag nun darin, den Positivismus für die Exzesse auch der Rechtswissenschaft und Rechtspraxis im Nationalsozialismus verantwortlich zu machen, obwohl nationalsozialistische Rechtslehre im Gegenteil gerade antipositivistisch argumentierte.[59] Den „Un"-Werten des Nationalsozialismus die „Werte" des Grundgesetzes entgegenzusetzen, in dieses rechtsphilosophische Horn der späten 1940er und 1950er Jahre scheint das Gericht in „Lüth" ebenfalls zu stoßen. Doch das erklärt nicht, warum es dieses „Arcanum"[60] der Werte bis heute in nahezu jeden Beschluss hineinschreibt, der sich mit der Horizontalwirkung der Grundrechte beschäftigt. Schließt man Nostalgie aus, lässt sich jedenfalls sagen: Das Arkanische oder gar Enigmatische des Wertbegriffs ermöglicht Interpretations- bzw. eben *Wert*ungsspielräume. Bei der Abwägung unterschiedlicher Grundrechte Privater und damit bei der Entscheidung darüber, wie man Autonomiesphären abgrenzt und somit letztlich wie man Freiheit gesellschaftlich denkt, gewinnt das Gericht dadurch erhebliches Flexibilitätspotential. Ob und wie es dieses

---

[58] Siehe dazu ausführlich *L. Foljanty*, Recht oder Gesetz, 2013. Stellvertretend aus der Literatur der damaligen Zeit beispielsweise *H. Coing*, Die obersten Grundsätze des Rechts, 1947; *Ders.*, Grundzüge der Rechtsphilosophie, 1950, S. 151 ff.; *H. Kipp*, Naturrecht und moderner Staat, 1950; *K. Larenz*, Methodenlehre der Rechtswissenschaft, 1. Aufl. 1960, S. 123 ff.

[59] So richtig bereits damals klarstellend *W. Flume*, Richter und Recht, in: *Ders.*, Gesammelte Schriften (hrsgg. von H.H. Jakobs/B. Knobbe-Keuk/E. Picker/J. Wilhelm), Bd. 1, 1988, S. 3, 10. Grundlegend und maßgebend auch *B. Rüthers*, Die unbegrenzte Auslegung, 8. Aufl. 2017.

[60] *H. Goerlich*, Wertordnung und Grundgesetz, 1973, S. 140 ff.

Zweiter Teil: Konservatives Karlsruhe

Potential tatsächlich auch mit politischer Tendenz nutzt, sei an dieser Stelle noch offengelassen.[61]

2. Konservierung zur Positionierung

Das Bundesverfassungsgericht ist selbst eine Innovation. Ein Äquivalent gab es zuvor in der deutschen Verfassungsgeschichte nicht. Neben diesem institutionellen Novum stellte das Verfassungsbeschwerdeverfahren in Art. 93 Abs. 1 Nr. 4a Grundgesetz sicherlich die folgenreichste Neuerung dar – als Ausfluss der ebenfalls zuvor so nicht gekannten Justiziabilität der Grundrechte.[62] Dass das Gericht aber, als es 1951 seine Arbeit aufnahm, eine neue Institution ohne Tradition und ohne Vorgänger war, hatte gravierende Auswirkungen im Verhältnis zu den Höchstgerichten der Fachgerichtsbarkeit.

So war denn auch das erste Jahrzehnt seines Bestehens von Machtkämpfen insbesondere mit dem Bundesgerichtshof (BGH), aber auch mit dem Bundesarbeitsgericht (BAG) geprägt. Der BGH, sich selbst in der Tradition und in Kontinuität des Reichsgerichts sehend, testete den Willen des Bundesverfassungsgerichts, seine Position im gerichtlichen Gefüge der frühen Bundesrepublik zu behaupten, in den 1950er Jahren gleich auf mehrfache Weise. Zum einen tobte seit 1953 ein Streit über die Bewertung der Neuausrichtung des Beamtentums nach 1945. Der BGH verweigerte dem Bundesverfassungsgericht hier bei der verfassungsgerichtlichen Bewertung des zugrundelie-

---

[61] Siehe dazu aber unten IV.
[62] Vgl. dazu *R. Wahl*, Das Bundesverfassungsgericht in der Gründungsphase. Entwicklungsgeschichte der Institution und der Rechtsprechung, in: F. Meinel (Hrsg.), Verfassungsgerichtsbarkeit in der Bonner Republik, 2019, S. 27 ff.

A. Staatsrichtung der Grundrechte

genden Gesetzes[63] ebenso die Gefolgschaft[64] wie im so genannten „Gutachtenstreit". In diesem behielt sich der BGH für konkrete Normenkontrollverfahren vor, jeder Vorlage der Instanzgerichte an das Bundesverfassungsgericht ein Gutachten zur verfassungsrechtlichen Bewertung hinzuzufügen.[65] Mit zwei Urteilen vom 19. Februar 1957, also weniger als ein Jahr vor dem Lüth-Urteil, konnte das Bundesverfassungsgericht diese Angriffe zu seinen Gunsten abwehren.[66]

BGH[67] und BAG[68] legten aber auch hinsichtlich der Horizontalwirkung der Grundrechte eigene Ansätze vor, bevor sich das Bundesverfassungsgericht damit befassen konnte. Beide Fachgerichte neigten dabei dem Anwendungsansatz und somit einer unmittelbaren Grundrechtsbeziehung zwischen Privaten zu. Insbesondere das BAG bot im Anschluss an die Schriften seines Präsidenten und Vorsitzenden des Ersten Senats, *Hans-Carl Nipperdey*,[69] eine ausdifferenzierte Dogmatik der Grundrechtsgeltung

---

[63] Gesetz zur Regelung der Rechtsverhältnisse der unter Artikel 131 des Grundgesetzes fallenden Personen, sog. G 131.

[64] Vgl. BGZ (GS) 13, 265 (296 ff.) [1954].

[65] Siehe dazu auch *M. Baldus*, Frühe Machtkämpfe – Ein Versuch über die historischen Gründe der Autorität des Bundesverfassungsgerichts, in: T. Henne/A. Riedlinger (Hrsg.), Das Lüth-Urteil aus (rechts-)historischer Sicht, 2005, S. 237, 245.

[66] Vgl. BVerfGE 6, 132 [1957] und 6, 222 [1957].

[67] Wegweisend: BGHZ 13, 334 (338) [1954] – Schacht-Leserbrief; BGHZ 26, 349 (354) [1958] – Herrenreiter.

[68] Grundlegend: BAGE 1, 185 (193) [1954]; BAGE 4, 274 (278 f.) [1957]; BAGE 10, 65 (74) [1960].

[69] Vgl. vor allem *H.C. Nipperdey*, Gleicher Lohn der Frau für gleiche Leistung – Ein Beitrag zur Auslegung der Grundrechte, Recht der Arbeit 1950, 121; *L. Enneccerus/H.C. Nipperdey*, Allgemeiner Teil des Bürgerlichen Rechts, 1. Halbbd., 15. Aufl. 1959, S. 94; *H.C. Nipperdey*, Grundrechte und Privatrecht, 1961.

Zweiter Teil: Konservatives Karlsruhe

zwischen Privaten an. In einer Entscheidung aus dem Jahr 1957 ging das BAG sogar so weit, zu behaupten, das Bundesverfassungsgericht habe sich seiner Position in einem zuvor ergangenen Urteil zur Ehegattenbesteuerung angeschlossen.[70]

Kurzum: das Bundesverfassungsgericht sah sich im Zeitpunkt des Lüth-Urteils zu einer Positionsbehauptung herausgefordert. Die Entscheidung, die es sodann vorlegte und die die Rechtsprechung des Gerichts über Jahrzehnte hin prägen sollte, kann nicht ohne diesen Kontext verstanden werden. So stellt sich die Präferenz des Gerichts für die gewählte Verantwortungskonstruktion und für eine Sichtweise, welche die Grundrechte weiterhin als staatsgerichtet betrachtete, auch als eine institutionelle Positionsbehauptung dar. Wie bereits zuvor erwähnt:[71] Gelten Grundrechte unmittelbar zwischen Privaten, werden sie als privatrechtliche Normalität zur primären Domäne der Fachgerichte. Sind sie stattdessen stets staatsgerichtet und wirken zwischen Privaten nur staatlich mediatisiert, so hat das Bundesverfassungsgericht das letzte Wort hinsichtlich ihrer Auslegung und Anwendung.

Nun ist bekannt, dass das Gericht ebenfalls seit „Lüth" betont, es sei keine „Superrevisionsinstanz"[72]. Den Fachgerichten müsse ein eigenständiger Entscheidungs- und

---

[70] Vgl. BAG, NJW 1957, 1688, 1689. Unter Bezugnahme auf die Entscheidung des BVerfG zur Ehegattenbesteuerung (BVerfGE 6, 55), das sich gerade nicht mit der Wirkung der Grundrechte im Privatrechtsstreit auseinandergesetzt hatte, behauptete das BAG unzutreffender Weise: „Auch das BVerfG vertritt in seinem Beschl. v. 17.1.1957 [...] den gleichen Standpunkt."
[71] Siehe oben II.
[72] BVerfGE 7, 198 (207) [1958].

A. Staatsrichtung der Grundrechte

somit Kompetenzbereich verbleiben. Etwas später hat es versucht, dies mit dem *topos* vom „spezifischen Verfassungsrecht" zu erfassen – nur über dieses dürfe es im Rahmen einer Urteilsverfassungsbeschwerde befinden.[73] Doch auch hier gilt bei einem kritischen Blick das zuvor Gesagte: Was zunächst wie eine Kompetenzbeschränkung aussieht, ist eher das Gegenteil. Denn nicht nur bleibt die Formel vom „spezifischen Verfassungsrecht" in der Folgerechtsprechung bis heute erstaunlich konturlos und das Gericht behält sich im Einzelfall auch eine sehr weit gehende Prüfung des einfachen Rechts vor.[74] Darüber hinaus bestimmt das Gericht ferner selbst, was und was nicht zum „spezifischen Verfassungsrecht" zählt. So stellt sich diese Formel mithin als flexibles Instrument in der Hand des Gerichts dar, mit dem es Fragen des einfachen Rechts weitgehend nach Belieben an sich ziehen oder auch von einer genaueren Prüfung absehen kann. Die Kompetenz-Kompetenz, also die Entscheidung über den Kompetenzumfang im Verhältnis zur Fachgerichtsbarkeit, verbleibt somit beim Bundesverfassungsgericht.

Auf den ersten Blick erscheint die Rechtsprechung der späten 1950er und frühen 1960er Jahre jedenfalls aus diesem Blickwinkel durchaus innovativ, nämlich als Selbstbehauptung eines jungen Gerichts, das dadurch gegenüber BGH und BAG sein Revier markierte. Doch spricht Folgendes für eine Deutung, nach der sich die Lüth-Rechtsprechung über die Jahrzehnte hin betrachtet auch mit Blick auf die institutionell-machtpolitische Dimension

---

[73] Grundlegend BVerfGE 18, 85 (92f.) [1964].
[74] Vgl. nur bespielhaft aus den folgenden Jahrzehnten: BVerfGE 30, 173 (188) [1971]; BVerfGE 66, 116 (131) [1984]; BVerfGE 81, 242 (253) [1990]; BVerfGE 112, 332 (358) [2005]; BVerfGE 142, 74 (101) [2016].

Zweiter Teil: Konservatives Karlsruhe

weniger als eine bahnbrechende Innovation als vielmehr konservierend darstellt: Das Bundesverfassungsgericht reagiert in „Lüth" – und auch in der Folge – auf kraftvoll vorgetragene Lösungsansätze in der höchstrichterlichen Rechtsprechung der Zivil- und Arbeitsgerichtsbarkeit. Diese wagten mit der unmittelbaren Grundrechtsgeltung zwischen Privaten einen größeren Traditionsbruch als die Entscheidung des Bundesverfassungsgerichts für lediglich staatlich vermittelte Wirkung der Grundrechte zwischen Privaten. Karlsruhe positionierte sich also dogmatisch konservativer als BGH und BAG zur gleichen Zeit. Dogmatischer Konservatismus war für das Bundesverfassungsgericht das Instrument zur Machtsicherung im intra-judiziellen Dialog mit der Fachgerichtsbarkeit. So gesehen kann man die Präferenz für die Staatsrichtung der Grundrechte und den Erhalt der Kontrolle darüber, wie weit es hinsichtlich des einfachen Rechts *in medias res* gehen kann, als ein *Beharren* lesen: Das Festhalten am etatistischen Paradigma ist hier auch erheblich institutionell-machtpolitischer Selbstzweck.[75]

3. Konsequente Redundanz

Wie eingangs dargestellt, lässt sich die Verantwortung des Staates, namentlich der staatlichen Gerichte, die Grundrechte im Privatrechtsverhältnis nicht unverhältnismäßig zu beschränken, unterschiedlich konstruieren. Das Bundesverfassungsgericht tut dies seit „Lüth" im Wege der grundrechtskonformen Auslegung des einfachen Rechts. Ein großer Teil der Literatur im Anschluss an *Canaris* sieht insbesondere in den grundrechtlichen Schutzpflich-

---

[75] Vgl. zu Konservatismus als „Beharren" oben Teil 1, E.

A. Staatsrichtung der Grundrechte

ten die maßgebliche dogmatische Basis.[76] Diese Schutzpflichten waren in den 1970er Jahren eine vom Gericht vor allem in der ersten Abtreibungsentscheidung maßgeblich geprägte dogmatische Innovation. Auch insoweit stellte das Gericht auf die staatliche Verantwortung für den Grundrechtsschutz ab. Ebenfalls verstand es Grundrechte als „Werte", die als „Wertsystem" dem Staat aufgeben, für ihren Schutz zu sorgen.[77] Die Schutzpflichtendogmatik erachtet die Grundrechte somit in gleicher Weise als ausschließlich gegen den Staat gerichtet. Grundrechtsschutz realisiert sich dabei ganz ähnlich im und durch den Staat. Er ist es, der dafür zu sorgen hat, dass das Individuum keine erheblichen Grundrechtsbeeinträchtigungen treffen – einschließlich von Seiten Dritter.

Seit den frühen 1990er Jahren, also eineinhalb Jahrzehnte nach dieser grundrechtsdogmatischen Innovation aus dem Jahr 1975, zieht das Gericht die Schutzpflichten auch als zusätzliche Begründung für die Horizontalwirkung der Grundrechte heran. So zum Beispiel in seiner Entscheidung zum Unterhaltsverzicht in einem Ehever-

---

[76] Siehe dazu oben II.
[77] Vgl. grundlegend BVerfGE 39, 1 (42 ff.) [1975] – Schwangerschaftsabbruch I, insbesondere S. 42: „Die Schutzpflicht des Staates ist umfassend. Sie verbietet nicht nur – selbstverständlich – unmittelbare staatliche Eingriffe in das sich entwickelnde Leben, *sondern gebietet dem Staat auch, sich schützend und fördernd vor dieses Leben zu stellen, das heißt vor allem, es auch vor rechtswidrigen Eingriffen von seiten anderer zu bewahren.* An diesem Gebot haben sich die einzelnen Bereiche der Rechtsordnung, je nach ihrer besonderen Aufgabenstellung, auszurichten. Die Schutzverpflichtung des Staates muß um so ernster genommen werden, je höher der Rang des in Frage stehenden Rechtsgutes innerhalb der *Wertordnung des Grundgesetzes* anzusetzen ist." (unsere Hervorhebungen).

Zweiter Teil: Konservatives Karlsruhe

trag aus dem Jahr 2001 hinsichtlich des Schutzauftrags der Judikative:

„Enthält ein Ehevertrag eine erkennbar einseitige Lastenverteilung zu Ungunsten der Frau und ist er vor der Ehe und im Zusammenhang mit ihrer Schwangerschaft geschlossen worden, gebietet es auch der Anspruch auf Schutz und Fürsorge der werdenden Mutter aus Art. 6 Abs. 4 GG, die ehevertragliche Vereinbarung einer besonderen richterlichen Inhaltskontrolle zu unterziehen. […] in diesem Fall *obliegt es vornehmlich den Gerichten, bei der Inhaltskontrolle den verfassungsrechtlichen Schutzauftrag umzusetzen* und der Schwangeren Schutz vor Druck und Bedrängung aus ihrem sozialen Umfeld oder seitens des Kindesvaters zu gewähren […], insbesondere wenn sie dadurch zu Vertragsvereinbarungen gedrängt wird, die ihren Interessen massiv zuwiderlaufen."[78]

Eine Vielzahl von Entscheidungen des Gerichts bis in die Gegenwart verweist zusätzlich zu den seit „Lüth" etablierten Begründungen auch auf den staatlichen Schutzauftrag von Gerichten und Gesetzgeber.[79]

Viel gewonnen scheint dadurch gegenüber der früheren Rechtsprechung jedoch nicht. Auch die Schutzpflichtenargumentation bewegt sich innerhalb des Paradigmas staatlicher Verantwortung für den Grundrechtsschutz im Privatrechtsverhältnis. Hier wie dort beruft sich das Gericht (auch) auf die „Wertordnung" des Grundgesetzes. Wozu also diese Redundanz? Sicherlich kann man diese als bundesverfassungsgerichtliches Zugeständnis oder je-

---

[78] BVerfGE 103, 89 (102) [2001] (unsere Hervorhebung).
[79] Z.B. BVerfGE 81, 242 (255 f.) [1990]; BVerfGE 89, 214 (234) [1993] – Angehörigenbürgschaft; BVerfGE 96, 56 (64) [1997]; BVerfGE 114, 73 (89, 97) [2006] – Lebensversicherung; BVerfG(K), Beschl. v. 15.2.2006, Rs. BvR 1317/96, Rn. 53; BVerfGE 117, 202 (227) [2007]; BVerfGE 134, 204 (224) [2013] – Werkverwertungsverträge; BVerfG(K), Beschl. v. 30.1.2020, 2 BvR 1005/18, Rn. 37.

A. Staatsrichtung der Grundrechte

denfalls Eingehen auf eine starke Strömung in der Literatur, insbesondere der zivilrechtlichen, verstehen. Sie kostet das Gericht nicht viel, nimmt aber dadurch die (Zivil-) Rechtslehre für sich ein.

Das ist eine plausible Interpretation. Wir schlagen aber ergänzend noch eine weitere Lesart vor. Die Schutzpflichten zusätzlich im Rahmen der Horizontalwirkungsprüfung heranzuziehen ist redundant. „Wertordnung" ist hier wie dort zentrale dogmatische Basis der Argumentation des Gerichts. Es ist eine Redundanz, aber es ist eine im Sinne der Staatsrichtung der Grundrechte konsequente Redundanz: Das Gericht unterstreicht seine Auffassung, dass Grundrechte nur unmittelbar zwischen Bürger und Staat bestehen, auch bei der Lösung von Fragen der grundrechtlichen Privatwirkung. Dabei stellt es auf eine damals (frühe 1990er) bereits seit einiger Zeit etablierte Argumentationsfigur aus anderem Zusammenhang – nämlich in der Staat-Bürger-Relation – verstärkend für die hiesige Problematik ab. Hierin kann man ein weiteres *Beharrungs*element sehen: Die Staatsrichtung der Grundrechte wird in Horizontalwirkungsfragen dadurch vertieft, dass das Gericht zusätzlich eine dogmatische Figur heranzieht, die aus einem Kontext bekannt ist, der zweifelsohne zunächst ausschließlich auf das Verhältnis zwischen Bürger und Staat bezogen war.

4. Staatsanalogie

Grundrechte schützen gegen staatliche Beeinträchtigungen ihrer Gewährleistungsgehalte, nicht zuletzt, weil sich der Einzelne gegenüber dem Staat regelmäßig in einer Position der Schwäche befindet. Der Einzelne bedarf des Schutzes gegenüber der Staatsmacht. Grundrechte verlei-

Zweiter Teil: Konservatives Karlsruhe

hen ihm Individualrechte mit Verfassungsrang, d. h. mit höherem Rang als das einfache Recht – sowohl höherrangig als das parlamentarisch geschaffene Gesetzesrecht als auch das exekutiv geschaffene, untergesetzliche Recht, insbesondere in Form von Rechtsverordnungen.[80]

Doch Machtasymmetrien gibt es nicht nur zwischen Bürger und Staat. Nichtstaatliche Akteure, natürliche und juristische Personen, können in einem erheblichen Gefälle sozialer, wirtschaftlicher oder auch politischer Macht stehen. Ein solches Machtgefälle kann dazu führen, dass grundsätzlich privatautonome Entscheidungen im Privatrechtsverhältnis derart vermachtet werden, dass eine Seite nicht mehr selbst-, sondern fremdbestimmt handelt.[81] Eine Rechtsordnung, die derartige Konstellationen ausblendet und ohne Weiteres von dem Idealbild der Freiheit und Gleichheit aller im Privatrechtsverkehr ausgeht, produziert ein Zerrbild und muss sich fragen lassen, was grundrechtliche Garantien wert sind, die es nicht vermögen, den Schwächeren vor dem Stärkeren zu schützen. Nicht zuletzt darauf soll die Horizontalwirkung der Grundrechte eine adäquate Antwort geben.

Zugleich stellt sich insoweit ein ganz wesentliches Problem: Wie gewährleistet man, dass private Rechtsbeziehungen dem Grunde nach frei und damit auch staatsfrei bleiben? Wie verhindert man, dass Private der gleichen Grundrechtsbindung unterliegen wie der Staat? Wo zieht man die Grenze zwischen unfreiwilliger Ungleichheit als Folge autonomieverkürzender Machtasymmetrie und

---

[80] Siehe dazu oben Teil 1, D.
[81] Maßgeblich und einflussreich dazu *W. Flume*, Rechtsgeschäft und Privatautonomie, in: E. v. Caemmerer et al. (Hrsg.), Festschrift zum hundertjährigen Bestehen des Deutschen Juristentages, 1960, Bd. 1, S. 135, 143f.

A. Staatsrichtung der Grundrechte

freiwilliger Ungleichbehandlung gerade als Ausfluss selbstverantwortlichen Verhaltens?

Diese Fragen beschäftigen Zivil- wie Öffentlichrechtler seit Jahrzehnten.[82] Auch und gerade das Bundesverfassungsgericht sah und sieht sich bis heute mit ihnen in seiner Rechtsprechung konfrontiert: Kann ein Handelsvertreter für ein Konkurrenzunternehmen trotz eines Wettbewerbsverbotes in seinem Beschäftigungsvertrag tätig werden?[83] Ist ein Bürgschaftsvertrag auch dann gültig, wenn er mit der mittellosen Tochter des Schuldners der Hauptforderung geschlossen wird?[84] Kann man einen vollständigen Unterhaltsverzicht zwischen Ehegatten vereinbaren, wenn der Ehemann über erhebliches Einkommen und Vermögen verfügt, während die schwangere Ehefrau keinerlei finanzielle Ressourcen hat?[85] Ist die Vertragsparität zwischen Versicherungsunternehmen

---

[82] Eine nur kleine Auswahl aus zivil- und öffentlich-rechtlicher Literatur: W. *Flume*, Rechtsgeschäft und Privatautonomie, in: E. v. Caemmerer et al. (Hrsg.), Festschrift zum hundertjährigen Bestehen des Deutschen Juristentages, 1960, Bd. 1, S. 135; L. *Raiser*, Vertragsfreiheit heute, JZ 1958, 1 ff.; R. *Singer*, Selbstbestimmung und Verkehrsschutz im Recht der Willenserklärungen, 1995; M. *Grünberger*, Personale Gleichheit, 2013; A. *Hellgardt*, Regulierung und Privatrecht, 2016; W. *Höfling*, Vertragsfreiheit, 1991; J. *Isensee*, Vertragsfreiheit im Griff der Grundrechte – Inhaltskontrolle von Verträgen am Maßstab der Verfassung, in: U. Hübner/W.F. Ebke (Hrsg.), Festschrift für Bernhard Großfeld, 1999, S. 485; jüngst im Rahmen der Marburger Staatsrechtslehrertagung 2019 auch S. *Muckel*, Wandel des Verhältnisses von Staat und Gesellschaft – Folgen für Grundrechtstheorie und Grundrechtsdogmatik, VVDStRL 2020, Bd. 79, S. 245; S. *Schönberger*, Wandel des Verhältnisses von Staat und Gesellschaft – Folgen für Grundrechtstheorie und Grundrechtsdogmatik, VVDStRL 2020, Bd. 79, S. 291.
[83] BVerfGE 81, 242 [1990].
[84] BVerfGE 89, 214 [1993].
[85] BVerfGE 103, 89 [2001].

Zweiter Teil: Konservatives Karlsruhe

und Versicherungsnehmer gestört?[86] Darf ein Fußballverein einem Fußballfan ein Stadionverbot erteilen?[87] Die Liste ließe sich nahezu unbegrenzt fortführen.

Bereits in seiner Rechtsprechung aus den 1960er und 1970er Jahren deutet das Bundesverfassungsgericht an, dass es Machtasymmetrien zwischen Privaten nicht unberücksichtigt lassen will. Beispielsweise im Blinkfüer-Beschluss aus dem Jahr 1969 – es ging um einen Boykottaufruf des Springer-Verlags gegen die Wochenzeitung „Blinkfüer", weil diese in ihrer Beilage das Fernsehprogramm sowohl westdeutscher Sender als auch des DDR-Fernsehens abdruckte – unterstrich das Gericht, der Springer-Verlag habe Zeitschriftenhändler „unter Ausnutzung [seiner] monopolartigen Stellung" dazu aufgerufen, „Blinkfüer" aus dem Sortiment zu nehmen.[88] Dies sei unzulässig, da damit gerade kein freier Meinungskampf möglich sei. Vielmehr habe Springer unter Androhung einer Liefersperre gegenüber Händlern, die weiterhin „Blinkfüer" anbieten wollten, seine „marktbeherrschende Stellung" im Zeitschriftenmarkt unzulässig ausgenutzt, um seine Meinung zu oktroyieren.[89] Ähnlich berücksichtigte das Gericht vier Jahre später in der Lebach-Entscheidung die „soziale Machtposition" eines Fernsehsenders angesichts seiner „Monopolstellung" bei der Abwägung, ob es mit dem Persönlichkeitsrecht des Beschwerdeführers vereinbar war, ein Fernsehspiel über seine Beteiligung an einem medial viel beachteten Mordfall auszustrahlen.[90]

---

[86] BVerfGE 114, 73 [2004].
[87] BVerfGE 148, 267 [2018].
[88] BVerfGE 25, 256 (266) [1969].
[89] Ebenda, 267.
[90] BVerfGE 35, 202 (233) [1973] – Lebach.

A. Staatsrichtung der Grundrechte

Vor allem aber ab den 1990er Jahren beginnt das Bundesverfassungsgericht darauf abzustellen, ob zwischen den Parteien der Privatrechtsbeziehung ein Verhältnis „struktureller Unter- bzw. Überlegenheit" besteht.[91] „Hat ein Vertragspartner ein so starkes Übergewicht, daß er die vertragliche Regelung faktisch einseitig bestimmen kann"[92], „so dürfen sich die Gerichte nicht mit der Feststellung begnügen: ,Vertrag ist Vertrag'."[93] Im Falle einer solchen „auf ungleichen Verhandlungspositionen basierende[n] einseitige[n] Dominanz"[94] dürfe, so das Gericht, „nicht nur das Recht des Stärkeren gelten."[95]

Zur Erinnerung: Das Gericht konstruiert die Wirkung der Grundrechte zwischen Privaten nur im Wege staatlicher Mediatisierung. Das Abstellen auf strukturelle Machtungleichgewichte in der Privatrechtsbeziehung scheint dazu jedenfalls quer zu liegen, wenn doch eigentlich nur die Verantwortung der Gerichte zur Berücksichtigung der Grundrechte in Frage steht. Insbesondere bedeutet die Staatsrichtung der Grundrechte, dass Grundrechte nur dort überhaupt eine Rolle spielen können, wo der Staat involviert ist. Jenseits des dogmatischen Enigmas, dass somit Grundrechte plötzlich und nur dann wie aus dem Nichts auftauchen, wenn der Rechtsstreit vor Gericht gelangt, obwohl das Machtgefälle doch ganz unabhängig davon stets existierte, führt das staatsgerichtete

---

[91] Vgl. z. B. BVerfGE 81, 242 (255) [1990]; BVerfGE 89, 214 (234) [1993]; BVerfGE 103, 89 (101) [2001]; BVerfGE 114, 73 (90) [2004]; BVerfG(K), Beschl. v. 27.7.2005, Rs. 1 BvR 2501/04, Rn. 27; BVerfGE 134, 204 (225) [2013]; BVerfGE 148, 267 (282) [2018].
[92] BVerfGE 81, 242 (255) [1990].
[93] BVerfGE 89, 214 (234) [1993].
[94] BVerfGE 103, 89 (101) [2001].
[95] BVerfGE 89, 214 (232) [1993].

Zweiter Teil: Konservatives Karlsruhe

Verständnis des Bundesverfassungsgerichts zu einem Anwendungsproblem: Wie sind Fälle sozialer, wirtschaftlicher oder politischer Machtasymmetrien zwischen Privaten zu behandeln, die nicht vor Gericht kommen? Das Beispiel von Twitter, Facebook & Co.[96] ist hier symptomatisch: Internet-Intermediäre treffen tagtäglich millionenfach Entscheidungen, die Grundrechtspositionen Privater, insbesondere deren Meinungsäußerungsfreiheit, betreffen. Die Spannungslage zwischen dem Festhalten des Gerichts an der Staatsrichtung der Grundrechte und der Vermachtung sozialer Beziehungen zwischen Privaten, die inzwischen auch Konstellationen einschließt, in denen Private faktisch eine Regulierungsfunktion übernehmen – man denke nur an die *community guidelines* von Facebook, oder Twitters *terms of service*, die den öffentlichen Diskurs auf ihren Plattformen regeln –, tritt somit immer deutlicher hervor.

Seit ungefähr einem Jahrzehnt sucht das Bundesverfassungsgericht dieser Spannungslage durch folgende ergänzende Rechtsprechungslinie Herr zu werden. Es verschränkt die Figur der „strukturellen Überlegenheit" mit dem Gedanken der Staatsanalogie. Im Fraport-Urteil aus dem Jahr 2011 findet sich eine Argumentationsfigur, dort zunächst nur als *obiter dictum*, die sich als folgenreich erweisen wird. Ging es in dieser Entscheidung um die Versammlungsfreiheit auf dem Gelände eines privatrechtlich organisierten Flughafenbetreibers teilweise in öffentlicher Hand – und somit gerade nicht um eine Horizontalwirkungskonstellation –, trifft das Gericht doch hier die

---

[96] Siehe dazu BVerfG(K), Beschl. v. 22.5.2019, 1 BvQ 42/19 – III. Weg/Facebook. Die Entscheidung in der Hauptsache stand zum Zeitpunkt der Drucklegung noch aus.

A. Staatsrichtung der Grundrechte

Äußerung, dass Private „unbeschadet ihrer eigenen Grundrechte ähnlich oder auch genauso weit [wie der Staat] durch die Grundrechte in Pflicht genommen werden [können], insbesondere wenn sie in tatsächlicher Hinsicht in eine vergleichbare Pflichten- oder Garantenstellung hineinwachsen wie traditionell der Staat."[97] Dabei kann „[j]e nach Gewährleistungsinhalt und Fallgestaltung […] die mittelbare Grundrechtsbindung Privater einer Grundrechtsbindung des Staates vielmehr nahe oder auch gleich kommen."[98] Das Gericht übernimmt diese Formulierung wörtlich vier Jahre später in einem Verfahren zum vorläufigen Rechtsschutz in einem ähnlich gelagerten Fall, in dem allerdings der Betreiber des Platzes, auf dem die Versammlung stattfand, zu 100 Prozent in privater Hand war.[99] Dieses Argument besagt also, dass Private, wenn sie in einer staatsähnlichen Position im Verhältnis zu anderen Privaten stehen, auch wie der Staat behandelt werden können.

Im Stadionverbotsbeschluss vom 11. April 2018[100] verklammert das Gericht diesen Gedanken mit dem Argument der „strukturellen Überlegenheit". In dem der Verfassungsbeschwerde vorausgegangenen Zivilrechtsstreit hielt letztinstanzlich der BGH ein bundesweites Stadionverbot für einen Fußballfan durch einen Stadionbetreiber für rechtmäßig.[101] Das Bundesverfassungsgericht schloss sich im Ergebnis der Bewertung des Gerichtshofs weitgehend an. Zugunsten des Stadionbetreibers sei die Eigen-

---

[97] BVerfGE 128, 226 (248) [2011] – Fraport.
[98] BVerfGE 128, 226 (249) [2011].
[99] BVerfG, Beschl. v. 18.7.2015, 1 BvQ 25/15, Rn. 6 – Bierdosenflashmob.
[100] BVerfGE 148, 267 [2018].
[101] Vgl. BGH, Urt. v. 30.10.2009, V ZR 253/08, Rn. 12 ff.

Zweiter Teil: Konservatives Karlsruhe

tumsgarantie des Art. 14 Abs. 1 Grundgesetz, zugunsten des Fußballfans der Gleichheitssatz aus Art. 3 Abs. 1 Grundgesetz zu beachten.[102] Bei der Abwägung der unterschiedlichen grundrechtlichen Interessen sei es insbesondere zu berücksichtigen, wenn das Privatrechtsverhältnis durch die „Ungleichheit zwischen sich gegenüberstehenden Parteien" und somit durch die „soziale Mächtigkeit einer Seite" gekennzeichnet sei.[103] Allerdings gälte, so das Gericht, kein allgemeines Gleichbehandlungsgebot im Vertragsrecht. Jedoch könnten die Vertragspartner in „spezifischen Konstellationen" Gleichbehandlung verlangen. Eine solche sei zu bejahen bei Veranstaltungen, die aufgrund eigener Entscheidung der Veranstalter einem großen Publikum ohne Ansehen der Person geöffnet werden und die für die Betroffenen in erheblichem Umfang über die Teilnahme am gesellschaftlichen Leben entscheidet.[104] Denn:

„Indem ein Privater eine solche Veranstaltung ins Werk setzt, erwächst ihm von Verfassungs wegen auch eine besondere rechtliche Verantwortung. Er darf seine hier aus dem Hausrecht – so wie in anderen Fällen möglicherweise aus einem *Monopol oder aus struktureller Überlegenheit* – resultierende *Entscheidungsmacht* nicht dazu nutzen, bestimmte Personen ohne sachlichen Grund von einem solchen Ereignis auszuschließen."[105]

Nur eine „spezifische Konstellation" vermag danach, die Anwendung des Gleichheitssatzes im Vertragsrecht aus-

---

[102] BVerfGE 148, 267 (281 ff.) [2018]: Das allgemeine Persönlichkeitsrecht sei auf Seiten des letzteren indessen nicht einschlägig, denn es ginge im Wesentlichen um dessen Ungleichbehandlung gegenüber anderen Stadionbesuchern, vgl. 282.
[103] Ebenda, 281.
[104] Ebenda, 284.
[105] Ebenda (unsere Hervorhebungen).

A. Staatsrichtung der Grundrechte

nahmsweise zu rechtfertigen. Dabei ist eine derartige „spezifische Konstellation" also eine solche „struktureller Über-/Unterlegenheit" zwischen den privaten Parteien. Erwächst einer Seite eine solche besondere Machtposition, soll laut Bundesverfassungsgericht mithin eine grundrechtliche Norm auch im Privatrechtsverhältnis ausnahmsweise Wirkung entfalten, die sonst nur für das Staat-Bürger-Verhältnis vorgesehen sei.[106]

Lässt man beiseite, ob ein derartiger grundsätzlicher Tatbestandsausschluss des Gleichheitssatzes in Art. 3 Abs. 1 Grundgesetz dogmatisch haltbar ist,[107] bedeutet diese Argumentation des Gerichts doch in jedem Fall, dass dahinter wiederum der Gedanke der Staatsanalogie steht. Ausnahmsweise, „situativ"[108], nämlich in „spezifischen Konstellationen" eines Machtgefälles zwischen Privaten, das demjenigen typischen Machtgefälle zwischen Bürger und Staat gleicht, sind Private wie der Staat zu behandeln. Anders als von Anderen behauptet,[109] hat das Gericht damit nicht den Übergang zu einer Geltung der Grundrechte zwischen Privaten gewagt. Zu eindeutig hält das Gericht auch im Stadionverbotsbeschluss an seiner traditionellen Konstruktion fest, dass es in die Verantwortung der Gerichte falle, die Grundrechtspositionen Privater in verhältnismäßiger Weise in Einklang zu bringen.[110] Vielmehr fügt sich diese Staatsanalogie nahtlos in

---

[106] Vgl. BVerfGE 148, 267 (283) [2018].
[107] Vgl. dazu *M. Grünberger*, Personale Gleichheit, 2013, S. 812 ff., 824 ff.
[108] Ähnlich auch *F. Michl*, Situativ staatsgleiche Grundrechtsbindung privater Akteure. Zugleich Besprechung von BVerfG, Beschluss vom 11.4.2018, 1 BvR 3080/09, JZ 2018, 910, 916 f.
[109] Vgl. z. B. ebenda.
[110] Vgl. BVerfGE 148, 267 (280 ff., 285 ff.) [2018].

Zweiter Teil: Konservatives Karlsruhe

das Paradigma der Staatsrichtung der Grundrechte ein. Denn die Mächtigkeit Privater wird in traditionellem Deutungsmuster verarbeitet: Auf Schutzbereichs- und Rechtfertigungsebene. Bei Staatsanalogie ist ausnahmsweise der Gleichheitssatz ebenso wie im Staat-Bürger-Verhältnis anwendbar. Und bei Staatsanalogie erhöht bei der Abwägung in „spezifischen Konstellationen" die „strukturelle Überlegenheit" einer Seite die Anforderungen an ihr Verhalten gegenüber der unterlegenen Seite.

Dass dies nicht nur eine singuläre Erscheinung des Stadionverbotsbeschlusses ist, offenbart die Folgerechtsprechung. Hinsichtlich des Gleichheitssatzes verneinte eine Kammer des ersten Senats beispielsweise im Sommer 2019 dessen Anwendbarkeit in einem Rechtsstreit zwischen dem ehemaligen NPD-Vorsitzenden Udo Voigt und einem Hotel, das diesem ein Hausverbot erteilt hatte. Hier handele es sich mangels „struktureller Überlegenheit" einer Seite gerade nicht um eine „spezifische Konstellation", die die Eröffnung des Schutzbereichs von Art. 3 Abs. 1 Grundgesetz im Privatrechtsverhältnis ausnahmsweise rechtfertigen würde.[111] Noch deutlicher ist allerdings hinsichtlich des Einflusses der Staatsanalogie auf die Rechtfertigungsebene der Senatsbeschluss in der Entscheidung „Recht auf Vergessen I" vom 6. November 2019:

„Je nach Umständen, insbesondere wenn private Unternehmen in eine *staatsähnlich dominante Position* rücken oder etwa die Bereitstellung schon der Rahmenbedingungen öffentlicher Kommunikation selbst übernehmen, *kann die Grundrechtsbindung Privater einer Grundrechtsbindung des Staates im Ergeb-*

---
[111] Vgl. BVerfG(K), Beschl. v. 27.8.2019, 1 BvR 879/12, Rn. 57 f.

A. Staatsrichtung der Grundrechte

nis vielmehr nahe- oder auch gleichkommen (vgl. BVerfGE 128, 226 <249 f.>)."[112]

Das Gericht zitiert dabei das Fraport-Urteil. Auf das Adjektiv „mittelbar" vor „Grundrechtsbindung Privater" verzichtet das Bundesverfassungsgericht hier jedoch im Vergleich zu „Fraport". Und ebenso wie im Stadionverbotsbeschluss[113] verweist das Gericht auf Anforderungen, die dem Privaten unter diesen Umständen einer „staatsähnlich dominanten Position" auferlegt werden könnten, welche sonst regelmäßig nur vom Staat verlangt würden:

„Insoweit können auch hier strenge Strukturierungsanforderungen an die Datenverarbeitung und die Anknüpfung an Zweck und Zweckbindungen – insbesondere etwa in Wechselwirkung mit Einwilligungserfordernissen – geeignete und möglicherweise verfassungsrechtlich gebotene Mittel zum Schutz der informationellen Selbstbestimmung sein."[114]

Staatsanalogie ist dabei auch deshalb keine Entscheidung für eine Anwendungskonstruktion, weil letztere bedeutete, dass sich unmittelbar wechselseitige Grundrechtspositionen gegenüberstünden. Egal wie mächtig eine Seite ist, die unmittelbare Grundrechtsbeziehung zwischen den Privaten ist damit reflexiv. Mit anderen Worten: Die Mächtigere verliert durch ihre Mächtigkeit nicht ihre Grundrechtspositionen. Sie sind lediglich wechselseitig mit den Grundrechtspositionen der Gegenseite in Ausgleich zu bringen. Dagegen deutet die Argumentationsfigur der Staatsanalogie auf das Gegenteil: Wenn ihre Grundrechtsbindung die gleiche ist wie diejenige des

---

[112] BVerfG, Beschl. v. 6.11.2019, 1 BvR 16/13, Rn. 88 – Recht auf Vergessen I (unsere Hervorhebungen).
[113] Vgl. BVerfGE 148, 267 (284 ff.) [2018].
[114] BVerfG, Beschl. v. 6.11.2019, 1 BvR 16/13, Rn. 88.

Zweiter Teil: Konservatives Karlsruhe

Staates, so kann die mächtige Private keine Grundrechte haben – denn der Staat ist nur grundrechtsverpflichtet, nicht grundrechtsberechtigt.

Wir wollen hier nicht auf die dogmatischen Verwerfungen dieser Staatsanalogie eingehen.[115] Vielmehr gilt es an dieser Stelle Folgendes festzuhalten: Die staatsanaloge Behandlung bestimmter Privater in bestimmten Konstellationen bewegt sich gänzlich innerhalb des vom Staat her und auf den Staat bezogen gedachten Paradigmas der herrschenden Auffassung. Denn die Staatsanalogie führt einen zentralen Wesenszug der Verantwortungsposition des Bundesverfassungsgerichts seit „Lüth" konsequent weiter: Ihre Staatsrichtung, ihre Etatisierung autonomer Rechtsbeziehungen zwischen Privaten. Hierin liegt ein dogmatischer Konservatismus in Form von *Beharren*, wenn nicht gar mit *brems*enden Anklängen.[116] Zunehmend wird die Problematik der Staatsrichtung der Grundrechte deutlich, wenn die formale Gleichheit der Privatrechtsbeziehung ins Wanken gerät, vor allem durch sozio-ökonomische Machtasymmetrien und durch soziale Phänomene wie etwa der Regulierung privater Rechtsbeziehungen durch mächtige Private, beispielsweise Digitalkonzerne. Diese Problematik löst das Gericht mit hergebrachten Gedankenmustern. Oder anders gewendet: Durch das Beharren auf der Staatsrichtung der Grundrechte muss das Gericht private Rechtsbeziehungen etatisieren, indem es in „spezifischen Konstellationen" Private wie den Staat behandelt.

---

[115] Vgl. dazu ausführlich *A. Kulick*, Weniger Staat wagen – Zur Geltung der Grundrechte zwischen Privaten, AöR 2020, 649, 696 f.
[116] Vgl. zum „Beharren" und „Bremsen" oben Teil 1, E.

A. Staatsrichtung der Grundrechte

IV. Fazit: Konservation in der Innovation

Das Bundesverfassungsgericht beginnt seine Rechtsprechung zur Horizontalwirkung mit einer Innovation. Indes ist diese Neuerung, dass Grundrechte zwischen Privaten Wirkung entfalten, keine *creatio ex nihilo*. Sie ist sowohl durch frühere Vorschläge in der Literatur als auch in der Rechtsprechung von BGH und BAG vorbereitet. Auch bereits das Reichsgericht hatte sich in der Weimarer Zeit zu der Frage eingelassen. Das Bundesverfassungsgericht konstruiert die Privatrechtswirkung der Grundrechte allerdings nicht als unmittelbares Grundrechtsverhältnis zwischen Privaten, sondern über den Staat. Der Staat – insbesondere durch die Gerichte bei ihrer Entscheidung über das Privatrechtsverhältnis – trägt die Verantwortung, dass die Grundrechte beider Seiten nicht unverhältnismäßig beeinträchtigt werden.[117]

Zunächst lässt sich in der auf „Lüth" folgenden ständigen Rechtsprechung des Gerichts bis in die heutige Zeit ein Element des *Bewahrens* erkennen. Das Bundesverfassungsgericht verpflichtet sich selbst und alle anderen Gerichte zur Wahrung der Grundrechte auch im Privatrechtsstreit und schützt damit Schützbedürftiges,[118] nämlich Grundrechtspositionen Privater auch in privaten Rechtsbeziehungen – insbesondere in Fällen einer Machtasymmetrie, die der formalen Gleichheit im Privatrechtsverkehr Hohn spricht.[119] Das Gericht ist damit also im besten Sinne konservativ: es konserviert schutzbedürftige Rechtspositionen.

---

[117] Siehe zu alledem oben I. und II.
[118] Vgl. zum „Bewahren" oben Teil 1, E.
[119] Siehe dazu insbesondere oben III.4.

Zweiter Teil: Konservatives Karlsruhe

Zum zweiten muss man den Konservatismus des Gerichts mit Blick auf die „objektive Wertordnung" präzisieren und damit von dem Vorwurf politischen Konservatismus freisprechen. Ja, die „objektive Wertordnung" scheint aus der Zeit gefallen und philosophisch und ideengeschichtlich prekär,[120] sodass der fortgesetzte Rekurs auf sie einer *Musealisierung* gleichkommt.[121] Ebenfalls muss man sich vergegenwärtigen, dass dem Werttopos neben dem Argument aus Art. 1 Abs. 3 Grundgesetz keine eigenständige dogmatische Bedeutung hinsichtlich der Begründung des Verantwortungsansatzes des Gerichts zukommt. Damit ist er jedenfalls funktional ein Instrument, das Spielräume eröffnet, bestimmte soziale, ökonomische und vor allem politische „Werte" in die Abwägung der Grundrechtspositionen Privater einfließen zu lassen.[122]

Aber: wenn auch auf den ersten Blick der Verdacht entstehen könnte, hier bestünde eine „Einbruchstelle"[123] (*no pun intended*) für eine politisch-konservative Agenda, bestätigt sich dies bei einem genaueren Blick auf die in der Rechtsprechung vorgenommenen konkreten Wertungen im Einzelfall keineswegs. Im Gegenteil: Der Schutz des sozio-ökonomisch Schwächeren vor dem Stärkeren entspricht gerade nicht politisch-konservativem Denken, das konkrete Ordnungen präferiert und dabei deren Existenz, vor allem auch einschließlich ihrer gesellschaftlichen und wirtschaftlichen Hierarchien und Ungleichheiten, als na-

---

[120] Vgl. dazu ausführlich *J.L. Mackie*, Ethik, 1983, S. 1 ff.; *A.U. Sommer*, Werte, 2016, S. 85; *F. Müller/R. Christensen*, Juristische Methodik, Bd. I, 10. Aufl. 2009, S. 79.
[121] Siehe oben III.1.
[122] Vgl. ebenda.
[123] BVerfGE 7, 198 (206) [1958].

A. Staatsrichtung der Grundrechte

türlich und damit legitim erachtet.[124] Um es an einem Beispiel zu illustrieren: Mit der exakt gleichen Dogmatik, nämlich dem Verantwortungsansatz des Bundesverfassungsgerichts unter ausdrücklichem Zitat seiner Rechtsprechung, hat der BGH in den Handelsvertreter- und Bürgschaftsfällen[125] genau das gegenteilige Ergebnis begründet: „Vertrag ist Vertrag"[126], soziale Machtgefälle seien nicht maßgeblich für die Entscheidung.[127] Dagegen das Bundesverfassungsgericht im Bürgschaftsbeschluss ganz anders: „Ist aber der Inhalt des Vertrages für eine Seite ungewöhnlich belastend und als Interessenausgleich offensichtlich unangemessen, so dürfen sich die Gerichte nicht mit der Feststellung begnügen: ‚Vertrag ist Vertrag'."[128] Wenn man dem Gericht also eine *politische* Agenda nachweisen wollte, dann spricht insoweit mehr für eine progressive als für eine konservative Tendenz. Die theoretische und dogmatische *Musealisierung* der Grundrechte als „Werte" ist mithin nicht erkennbar ein Vehikel für politischen Konservatismus – wenn überhaupt, dann eher für sein Gegenteil.

---

[124] Vgl. *O. Depenheuer*, Grundrechte und Konservatismus, in: D. Merten/H.-J. Papier (Hrsg.), Handbuch der Grundrechte, Bd. 1, 2004, S. 441, 462 ff. Siehe dazu auch oben Teil 1, B.

[125] Siehe dazu oben III.4.

[126] Vgl. dazu BVerfGE 89, 214 (234) [1993].

[127] Vgl. nur BGH, Urt. v. 6.10.1983, I ZR 127/81 – Handelsvertreter, Rn. 29; BGH, Urt. v. 16.3.1989, IX ZR 171/88 – Angehörigenbürgschaft. Siehe auch z. B. BGHZ 158, 81 (88 ff.) [2004] – Inhaltskontrolle von Eheverträgen, wo der Gerichtshof im Rückverweisungsverfahren im Anschluss an BVerfGE 103, 89 (100 ff.) [2001] wiederum zu einer anderen Bewertung im Einzelfall kam als das Bundesverfassungsgericht.

[128] BVerfGE 89, 214 (234) [1993].

Zweiter Teil: Konservatives Karlsruhe

Das zentrale konservative Element der Rechtsprechung des Gerichts zeigt sich daher drittens stattdessen am *Beharren* auf der Staatsrichtung der Grundrechte. Nicht nur durch die Ergänzung der Lüth-Rechtsprechung, indem die Schutzpflichten den Verantwortungsansatz nochmals verstärkten,[129] sondern insbesondere in der Staatsanalogie der neueren und neuesten Judikate[130] hält das Gericht an dem Paradigma fest: Grundrechte richten sich nur an den Staat, Private sind allein grundrechtsberechtigt und können nicht grundrechtliche Pflichten haben. Was ist die Konsequenz? Anstatt dem privaten Bereich eine Freiheitssphäre zu bewahren, wie es die ursprüngliche Intention sowohl in *Dürigs* vorbereitenden Schriften als auch in „Lüth" war,[131] werden Privatrechtsbeziehungen etatisiert. Anstelle die Schlussfolgerung aus der Vermachtung auch innerhalb der Gesellschaft und aus der privaten Regulierung ganzer Lebensbereiche zu ziehen, indem man sich von der Staatsbezogenheit verabschiedet, bleibt der Staat nicht nur Bezugspunkt, er ist allumfassendes Denk- und Erklärungsmuster. Man ist fast versucht, liberalismuskritisch zu rufen: Hier wird der „imperiale Staat […] zum

---

[129] Vgl. oben III.3.
[130] Vgl. oben III.4.
[131] Siehe *G. Dürig*, Grundrechte und Zivilrechtsprechung, in: T. Maunz (Hrsg.), Festschrift für Hans Nawiasky, 1956, S. 157, 184 (Warnung vor der „Verstaatlichung" ganzer Lebensbereiche durch die unmittelbare Grundrechtsgeltung zwischen Privaten); BVerfGE 7, 198 (204 f.) [1958] (Grundrechte primär Abwehrrechte gegen den Staat). In diese Richtung auch BVerfGE 148, 267 (282) [2018] („Ausdruck der rechtsstaatlichen Asymmetrie, nach der Bürgerinnen und Bürger prinzipiell frei sind, der Staat ihnen gegenüber bei Eingriffen in ihre Freiheit jedoch gebunden und damit rechenschaftspflichtig ist").

A. Staatsrichtung der Grundrechte

funktionalen Erfordernis."[132] In jedem Fall haben wir es mit einem „Denken vom Staat her"[133] zu tun, bei dem *Hegel* nicht ganz unmaßgeblich gedanklicher Vater zu sein scheint.

Der Staat als omnipräsent, als Garant individueller Freiheit,[134] das findet sich auch in der Rechtsprechung des Gerichts zur Horizontalwirkung wieder: Verantwortung, Staatsrichtung, Staatsanalogie. Der Staat trägt die alleinige Verantwortung für den Grundrechtsschutz im Privatrechtsverhältnis. Nur er kann diesen Schutz realisieren – nicht aber die schutzbedürftigen und doch eigentlich selbstbestimmt handelnden Privaten selbst. Die rechtliche Behandlung mächtiger Privater erfolgt im Wege der Staatsanalogie. Kurzum: Alles wird über den Staat und von ihm her gedacht. Grundrechtsschutz gibt es nur durch ihn und mit ihm und in ihm. Mit *Hegel*: „Der Staat ist die Wirklichkeit der konkreten Freiheit"[135]. Das staatliche Denkmuster scheint für das Bundesverfassungsgericht alternativlos.

Die geistige Nähe zu *Hegel* ist dabei kein Zufall. Die in der Staatsanalogie kulminierende Etatisierung privater Rechtsbeziehung stellt keinen Freiheitsgewinn dar. Wie soll sie auch? Sie droht stattdessen, trotz offenbar weiterhin gegenteiliger Intention des Gerichts,[136] freiheitsverkürzend zu wirken. Denn wenn Freiheit, auch im Privat-

---

[132] *D. Loick*, Juridismus, 2017, S. 141.
[133] Entlehnt aus *F. Günther*, Denken vom Staat her, 2004.
[134] Vgl. dazu oben Teil 1, B.
[135] *G.W.F. Hegel*, Grundlinien der Philosophie des Rechts, 14. Aufl. 2015, § 260, S. 406.
[136] Vgl. z. B. BVerfGE 128, 226 (244) [2011]: „Während der Bürger prinzipiell frei ist, ist der Staat prinzipiell gebunden." Das Gericht nennt dies eine „elementare Unterscheidung"; siehe auch ähnlich BVerfGE 148, 267 (282, 283) [2018].

rechtsverhältnis, nur über den Staat zu haben ist, dann scheidet sie aus, wo es an staatlicher Involvierung fehlt. Oder der Staat muss überall involviert werden. Beides ist wenig wünschenswert, denn wer möchte schon Freiheit nur im Rahmen gebundener Ordnung[137] und damit stets nur staatlich kuratiert erlangen? Jedenfalls bedeutete es die Umkehrung des ursprünglichen liberalen Gedankens: Autonomie durch Staatsnähe. Dagegen gilt, dass auch die allermächtigste Private ihre Freiheitsrechte, d.h. ihren Status (!) als nicht-staatliche Akteurin, nicht durch ihre Machtfülle verliert. Sie muss deshalb notwendig grundrechtlich anders behandelt werden als der Staat.[138]

B. Staat, Kirchen und transzendente Arbeitgeber

I. Verschlungene Wege

Staat und Kirche haben eine jahrtausendealte, konflikthafte gemeinsame Geschichte.[139] Die Trennung beider und die Neutralität des Staates in Religionsangelegenheiten sind hart erkämpft und, wie sich zeigen wird, trotz allem in der aktuellen Verfassungsrealität nicht vollends

---

[137] Siehe dazu oben Teil 1, B.
[138] Siehe dazu *A. Kulick*, Horizontalwirkung im Vergleich, 2020, S. 394 ff., 418 ff., 422 ff. sowie *ders.*, Weniger Staat wagen – Zur Geltung der Grundrechte zwischen Privaten, AöR 2020, 649, 663 ff., 696 ff.
[139] Vgl. dazu stellvertretend nur die ausführliche Darstellung zur Geschichte des deutschen Staatskirchenrechts bei *M. Heckel*, Vom Religionskonflikt zur Ausgleichsordnung, 2007 sowie bei *D. Pirson*, Geschichtliche Grundlagen des Staatskirchenrechts in Deutschland, in: Ders./W. Rüfner/M. Germann/S. Muckel (Hrsg.), HdbStKirchR, Bd. 1, 3. Aufl. 2020, § 1, S. 3 ff.

B. Staat, Kirchen und transzendente Arbeitgeber

eingelöst. Auch heute ist das Verhältnis von Kirche und Staat, von Staat und Kirche in Deutschland nicht ein solches strenger Laizität, vielmehr ein ständiges Ringen mit einem singulären System aus Trennung und Nähe, von progressiven und konservativen Tendenzen. Letzterem Konservatismus nachzuspüren, ob und wie er in der Rechtsprechung des Bundesverfassungsgerichts zum Staatskirchenrecht Ausdruck findet, ist Gegenstand dieses Abschnitts.

Das deutsche Staatskirchenrecht steht in einer langen Tradition historischer Spannung zwischen transzendenter und weltlicher Macht. Über mehr als ein Jahrtausend deutscher Verfassungsgeschichte hin war das Verhältnis von Kirche und Staat ein solches der „Einheit", nicht der Trennung. Zuweilen dominierte die Kirche, zuweilen dominierten König und Kaiser diese Einheit.[140] Reformation und Religionskriege im 16. Jahrhundert führten zu einer nochmals engeren Verbindung von weltlicher und kirchlicher Herrschaft. Der Augsburger Religionsfriede von 1555 brachte ein System der „Glaubenszweiheit"[141]: Der

---

[140] Vgl. dazu *G. Anschütz*, Die Religionsfreiheit, in: Ders./R. Thoma (Hrsg.), Handbuch des Deutschen Staatsrechts, Bd. 2, 1. Aufl. 1932, § 106, S. 675 f. *Anschütz* meint mit „Einheit" indessen keineswegs die Freiheit von Konflikten zwischen kirchlicher und weltlicher Macht, die es im Mittelalter und der frühen Neuzeit zuhauf gab. Vielmehr wird darauf angespielt, dass die Machtsphären von Kirche und Staat nicht voneinander geschieden waren, sondern dass es stets um die Frage der Dominanz innerhalb eines als einheitlich betrachteten Einflussbereichs ging, in dem bis zur Reformation religiöse Homogenität herrschte. Siehe zu dieser Homogenität auch *D. Pirson*, Geschichtliche Grundlagen des Staatskirchenrechts in Deutschland, in: Ders./W. Rüfner/M. Germann/S. Muckel (Hrsg.), HdbStKirchR, Bd. 1, 3. Aufl. 2020, § 1, S. 3, 5 f.

[141] *G. Anschütz*, Die Religionsfreiheit, in: Ders./R. Thoma (Hrsg.),

Zweiter Teil: Konservatives Karlsruhe

Fürst wählte den Glauben für seine Untertanen (*ius reformandi*), die jeweilige Landeskirche unterlag staatlicher Hoheit.[142] *Cuius regio, eius religio* hieß das Credo.[143] Auch der Westfälische Frieden knapp einhundert Jahre später änderte wenig an diesem „landesherrliche[n] Kirchenregiment"[144], nur wurde die „Glaubenszweiheit" durch Hinzutreten des reformierten Bekenntnisses zur „Glaubensdreiheit"[145].

Bei diesem tradierten Verständnis blieb es im Wesentlichen bis zur Mitte des 19. Jahrhunderts.[146] Erst die Paulskirchenverfassung von 1849 setzte zu einem Innovationssprung an. Gemäß ihrem § 147 sollte es keine Staatskirche geben und folglich jede Religionsgesellschaft sich selbst verwalten und ihre inneren Angelegenheiten selbstständig regeln. Dies brach mit jahrhundertealter Tradition – so sehr, dass die Kernaussagen des § 147 erst siebzig Jahre später mit der Weimarer Reichsverfassung, unter teilweise wortwörtlicher Übernahme der Formulierungen, staatsrechtliche Realität wurden. Dazwischen lagen Jahrzehnte der Restauration in Preußen (Verfassung von 1850) und

---

Handbuch des Deutschen Staatsrechts, Bd. 2, 1. Aufl. 1932, § 106, S. 676.

[142] Vgl. *H. Dreier*, Staat ohne Gott, 2018, S. 68.

[143] Diese Sentenz findet sich zwar im Text des Augsburger Religionsfriedens nicht wörtlich wieder, bringt aber zweifelsohne die „Essenz des Religionsfriedens" (*A. Gotthard*, Der Augsburger Religionsfrieden, 2004, S. 292) auf einen treffenden Begriff, vgl. auch *H. Dreier*, Staat ohne Gott, 2018, S. 68.

[144] *M. Heckel*, Die Kirchen unter dem Grundgesetz, VVDStRL 1968, Bd. 26, S. 5, 7.

[145] *M. Morlok*, in: H. Dreier (Hrsg.), Grundgesetz – Kommentar, Bd. 1, 3. Aufl. 2013, Art. 4/Rn. 4.

[146] Vgl. *H. Peters*, Die Gegenwartslage des Staatskirchenrechts, VVDStRL 1953, Bd. 11, S. 177, 183.

B. Staat, Kirchen und transzendente Arbeitgeber

im Reich (Verfassung von 1871), die trotz aller Auflösungstendenzen des alten staatskirchenrechtlichen Systems die „christliche Religion" den staatlichen Einrichtungen „zugrunde" legen wollte.[147] *Friedrich Julius Stahl* war geistiger Vater dieser konterrevolutionären Reaktion, die, auch wenn nicht ganz so radikal wie in *Stahls* Werken,[148] doch die „christliche[ ] Religion als dominantes Element des staatlichen Selbstverständnisses" hervorhob.[149]

Die Weimarer Reichsverfassung setzte 1919 dann schließlich die Programmatik der Paulskirche in ihren Art. 135 ff. um: „Es besteht keine Staatskirche" (Art. 137 Abs. 1); „Jede Religionsgesellschaft ordnet und verwaltet ihre Angelegenheiten selbständig innerhalb der Schranken des für alle geltenden Gesetzes." (Art. 137 Abs. 3). Allerdings verblieb eine wichtige Reminiszenz an die enge Verbindung von Kirche und Staat in Abs. 5. Kirchen behielten den Status als Körperschaften des öffentlichen Rechts, genossen also beispielsweise hoheitliche Privilegien wie Dienstherrnfähigkeit, Rechtssetzungsgewalt und Widmungsrecht.[150] Die Weimarer Reichsverfassung unternahm also ebenfalls keine strikte, sondern nur eine „relative Trennung von Staat und Kirche" unter Beibehal-

---

[147] Vgl. Art. 14 der (revidierten) Preußischen Verfassung (1850), Verfassungsurkunde für den Preußischen Staat vom 31. Januar 1850, Preußische Gesetz-Sammlung 1850, S. 17 ff.
[148] Vgl. stellvertretend *F.J. Stahl*, Die Philosophie des Rechts nach geschichtlicher Ansicht, Bd. 2, Abt. 2, 1. Aufl. 1837, S. 275 ff. Siehe dazu auch oben Teil 1, B.
[149] *H. Dreier*, Staat ohne Gott, 2018, S. 88.
[150] Vgl. dazu ausführlich *S. Magen*, Kirchen und andere Religionsgesellschaften als Körperschaften des öffentlichen Rechts, in: D. Pirson/W. Rüfner/M. Germann/S. Muckel (Hrsg.), HdbStKirchR, Bd. 1, 3. Aufl. 2020, § 27, S. 1045 ff.

Zweiter Teil: Konservatives Karlsruhe

tung „starke[r] Verknüpfungen zwischen [...] den großen Kirchen und dem politischen Gemeinwesen"[151]. Der Rückschritt in der NS-Zeit mit dem Ziel einer „echten Ordnung" von Staat, Kirche und Volk[152] wurde unter dem Grundgesetz durch dessen normtextliche Rückkehr zu Weimar revidiert.

II. Trennung und Nähe

Das Staatskirchenrecht der Bundesrepublik nimmt seinen Anfang mit einer regulatorischen *Musealisierung*. Nach langwierigen Diskussionen im Parlamentarischen Rat inkorporierte man als Kompromiss[153] in Art. 140 Grundgesetz die Art. 136 bis 139 und 141 der Weimarer Reichsverfassung.[154] Jedoch konnte und wollte man diese nicht in der gleichen Art und Weise interpretieren wie in Weimar. Denn Art. 140 Grundgesetz macht sie zum Teil desselben

---

[151] *P. Mikat*, Kirchen und Religionsgemeinschaften, in: K.A. Bettermann/H.C. Nipperdey/U. Scheuner (Hrsg.), Die Grundrechte Bd. IV/1, S. 111, 125.

[152] Vgl. z. B. Gesetz zur Verfassung der evangelischen Kirche vom 14.7.1933. Siehe dazu auch *R. Smend*, Staat und Kirche nach dem Bonner GG, Zeitschrift für evangelisches Kirchenrecht 1951, Bd. 1, 4, 7 ff.; *P. Mikat*, Kirchen und Religionsgemeinschaften, in: K.A. Bettermann/H.C. Nipperdey, U. Scheuner (Hrsg.), Die Grundrechte, Bd. IV/1, S. 111, 134.

[153] Vgl. dazu *A. Hollerbach*, Die Kirchen unter dem Grundgesetz, VVDStRL 1968, Bd. 26, S. 57, 59; *P. Badura*, Das Staatskirchenrecht als Gegenstand des Verfassungsrechts, in: D. Pirson/W. Rüfner/M. Germann/S. Muckel (Hrsg.), HdbStKirchR, Bd. 1, 3. Aufl. 2020, § 8, S. 333, 368 ff.

[154] *Werner Weber* spricht auf der Marburger Staatsrechtslehrertagung im Jahr 1952 von der „Wiederherstellung des positivgesetzlichen Staatskirchenrechts der Weimarer Republik", vgl. *W. Weber*, Die Gegenwartslage des Staatskirchenrechts, VVDStRL 1953, Bd. 11, S. 153, 155.

B. Staat, Kirchen und transzendente Arbeitgeber

und damit zum Teil einer neuen normativen Ordnung, die sich in ihren Schwerpunktsetzungen und vor allem in ihren Wertungen von ihrer Vorgängerin abhebt. So bestand schon im Parlamentarischen Rat[155] und sodann in der Staatsrechtslehre der 1950er Jahre[156] und später auch in der Rechtsprechung[157] Einigkeit, dass die Weimarer Kirchenartikel im Lichte der normativen Ordnung des Grundgesetzes auszulegen waren, somit eine Modifikation anhand dessen „Wertsystems" (so damals *unisono* die Formulierung) erfahren haben. Im Gewande des Alten – Art. 140 Grundgesetz verweist lediglich auf Art. 136 bis 139 und 141 der Weimarer Reichsverfassung – entsteht hier etwas Neues: Die Weimarer Kirchenartikel erfahren unter den Prämissen der grundgesetzlichen Ordnung eine geänderte Deutung und damit Bedeutung als zuvor.

Die mithin grundgesetzlich modifizierten Weimarer Kirchenartikel schaffen eine im internationalen Vergleich geradezu einzigartige *Mélange* aus Trennung und Nähe.[158] Einerseits besteht keine Staatskirche und die Kir-

---

[155] Vgl. Schriftlicher Bericht zum Entwurf des Grundgesetzes für die Bundesrepublik Deutschland, Anlage zum stenographischen Bericht der 9. Sitzung des Parlamentarischen Rates am 6.5.1949, 61 ff., 72 ff.

[156] Maßgebend *R. Smend*, Staat und Kirche nach dem Bonner GG, Zeitschrift für evangelisches Kirchenrecht 1951, Bd. 1, 4, 11. Siehe auch *P. Mikat*, Kirchen und Religionsgemeinschaften, in: K.A. Bettermann/H.C. Nipperdey/U. Scheuner (Hrsg.), Die Grundrechte, Bd. IV/1, S. 111, 137. Vgl. überdies die übereinstimmende Bewertung beider Referenten zum Staatskirchenrecht auf der Marburger Staatsrechtslehrertagung 1952: *W. Weber*, Die Gegenwartslage des Staatskirchenrechts, VVDStRL 1953, Bd. 11, S. 153, 157 („grundlegende[r] Wandel") und *H. Peters*, Die Gegenwartslage des Staatskirchenrechts, VVDStRL 1953, Bd. 11, S. 177, 191.

[157] Vgl. grundlegend BVerfGE 19, 1 (7 f.) [1965] (stRspr).

[158] Vgl. stellvertretend *C. Walter*, Religionsverfassungsrecht,

Zweiter Teil: Konservatives Karlsruhe

chen genießen Selbstbestimmungsrecht im Rahmen ihrer „eigenen Angelegenheiten". Sie sind Grundrechtsträger, nicht nur individueller, sondern auch kollektiver Religionsfreiheit (Art. 4 Abs. 1 und 2 Grundgesetz). Andererseits müssen sie sich „innerhalb der Schranken des für alle geltenden Gesetzes" bewegen und genießen den Status als Körperschaft des öffentlichen Rechts. So sagen es die Absätze 3 und 5 von Art. 137 Weimarer Reichsverfassung. Bereits im Kontext der Weimarer Reichsverfassung beschrieb man das als ein System „hinkende[r] Trennung"[159]: Kirchen sind einerseits Teil der Gesellschaft, andererseits treten sie anderen gesellschaftlichen Akteuren ausgestattet mit staatlicher Hoheitsgewalt gegenüber, zum Beispiel ihren Arbeitnehmern – vor allem als Träger karitativer Einrichtungen – als Dienstherr im öffentlich-rechtlichen Sinne.[160] Das deutsche Staatskirchenrecht macht sie also zu juristischen Zwitterwesen: getrennt vom Staat und ihm doch sehr nah, Grundrechts- und gleichzeitig Hoheitsträger.[161]

2006, S. 96 ff.; siehe auch *C. Möllers*, Der vermisste Leviathan, 2008, S. 33; *M. Heckel*, Vom Religionskonflikt zur Ausgleichsordnung, 2007 („Sonderweg"). Rechtsvergleichend zu den Unterschieden in Frankreich, Großbritannien und den Vereinigten Staaten siehe auch *G. Robbers*, Staat und Religion, VVDStRL 2000, Bd. 59, S. 231 ff.

[159] Die weithin verbreitete Formulierung stammt ursprünglich von *Ulrich Stutz*, vgl. *U. Stutz*, Das Studium des Kirchenrechts an den deutschen Universitäten, Deutsche Akademische Rundschau Bd. VI, (1924), 12. Semesterfolge Nr. 5, S. 2.

[160] Vgl. dazu z. B. *P. Unruh*, Religionsverfassungsrecht, 4. Aufl. 2018, S. 192 ff.

[161] Die Charakterisierung der „hinkenden Trennung" dagegen ablehnend *M. Germann*, Das System des Staatskirchenrechts in Deutschland, in: D. Pirson/W. Rüfner/M. Germann/S. Muckel (Hrsg.), HdbStKirchR, Bd. 1, 3. Aufl. 2020, §7, S. 261, 314, der viel-

B. Staat, Kirchen und transzendente Arbeitgeber

III. Vom Bewahren zum Bremsen

Konservative Elemente – im hier zugrunde gelegten Sinne – offenbaren sich in der staatskirchenrechtlichen Rechtsprechung des Bundesverfassungsgerichts sowohl in seinen frühen Judikaten als auch in Entscheidungen neueren Datums. Ist das Gericht allerdings in den ersten Entscheidungen um die Mitte der 1960er Jahre darauf bedacht, die in Weimar im Verfassungstext erfolgte Trennung von Kirche und Staat für die bundesrepublikanische Realität zu *bewahren* und zu vollziehen (1.), erfährt dieses *Bewahren* in den 1970er und 1980er Jahren eine Umdeutung. Das Gericht ist zum einen traditionalistischen Argumenten gegenüber offener und kodiert zum anderen die normativen Aussagen früherer Judikate neu, *musealisiert* also in gewisser Weise seine eigene Rechtsprechung (2.). Dies hat auch damit zu tun, dass in späteren Verfahren nicht mehr allein das Verhältnis zwischen Kirche und Staat, sondern vielmehr die Rolle des Staates bei der Beurteilung der Beziehung zwischen der Kirche und anderen gesellschaftlichen Akteuren im Raum steht. Gerade hier zeigen jüngste Judikate des Gerichts erhebliche konservative Tendenzen, insbesondere *beharrende* und *bremsende* Elemente (3.).

1. Alte Zöpfe und junges Gericht

Die Weimarer Reichsverfassung bedeutete eine Epochenwende für das deutsche Staatskirchenrecht: Keine Staatskirche, Selbstbestimmungsrecht der Religionsgesellschaften, staatliche Neutralität in Religionsangelegenheiten,

---

mehr eine „klare, konsequente, vollkommene Trennung" ausmachen will.

Zweiter Teil: Konservatives Karlsruhe

gleiche Religionsfreiheit für alle Glaubensrichtungen.[162] In der rechtlichen Realität war diese allerdings auch dreißig Jahre später, bei Inkrafttreten des Grundgesetzes und als das Bundesverfassungsgericht zweieinhalb Jahre danach seine Arbeit aufnahm, in vielen Bereichen noch nicht angekommen. Das hatte mehrere Gründe, vor allem spielten der kurze Zeitraum von nicht einmal 14 Jahren, in denen die Weimarer Reichsverfassung galt, sowie die Tatsache eine Rolle, dass in Weimar kein der Karlsruher Institution vergleichbares Verfassungsgericht[163] im Wege individuellen Rechtsschutzes (Verfassungsbeschwerde) mit der judikativen Realisierung des neuen Verhältnisses von Kirche und Staat betraut werden konnte. Auch in der jungen Bundesrepublik dauerte es über ein Jahrzehnt, bis das Gericht mehrere Verfahren erreichten, die ihm Gelegenheit gaben, einige zentrale Grundsätze des Weimarer Paradigmenwechsels im Rechtsalltag umzusetzen. Dabei schnitt es einige alte Zöpfe noch aus der Vor-Weimarer Zeit (Preußen, Reich und z. T. auch davor) ab, an die zuvor aufgrund des kurzen Zeitraums zwischen 1919 und 1933 nicht die Schere gelegt werden konnte und die somit bis in die Mitte der 1960er Jahre wuchsen. An dieser Stelle zeigt sich das Gericht als Konservator im Sinne eines *Bewahrens*: dem Schutz der seit 1919 etablierten Ordnung vor reaktionären Reflexen und fortbestehenden Realitäten, die zu beseitigen die Weimarer Reichsverfassung nicht lange genug Geltung genoss.

---

[162] Vgl. Art. 135 ff. Weimarer Reichsverfassung. Siehe dazu auch oben I.

[163] Vgl. zu Umfang und Grenzen der Kompetenzen der Weimarer Verfassungsgerichtsbarkeit z. B. *C. Gusy*, 100 Jahre Weimarer Verfassung, 2018, S. 69 ff.; *I.J. Hueck*, Der Staatsgerichtshof zum Schutze der Republik, 1996, S. 60 ff.

B. Staat, Kirchen und transzendente Arbeitgeber

In seiner ersten richtungsweisenden Entscheidung, vom 17. Februar 1965,[164] hob das Gericht hervor, dass unter der Ordnung des Art. 140 Grundgesetz in Verbindung mit den Weimarer Kirchenartikeln rein innerkirchliche Angelegenheiten den Staat nichts anzugehen haben. Im Streit stand die Frage, ob der Staat den Beschluss der Leitung der Evangelischen Kirche in Hessen und Nassau überprüfen könne, eine Kirchengemeinde zu teilen. Dem erteilte das Gericht eine klare Absage. In dem nur wenige Seiten umfassenden Beschluss rekapituliert es die wesentlichen Aussagen des Art. 137 der Weimarer Reichsverfassung: Es bestehe keine Staatskirche. Das kirchliche Selbstbestimmungsrecht bedeute stattdessen, dass die Kirchen „ihrem Wesen nach unabhängig vom Staat" seien. Damit habe die Verfassung eine klare Entscheidung für die „religiöse und konfessionelle Neutralität des Staates" getroffen.[165] Dass den Kirchen der Status als Körperschaften des öffentlichen Rechts verliehen sei, bedeute keine „Gleichstellung mit anderen öffentlich-rechtlichen Körperschaften", sondern nur eine einseitige Ausstattung der Kirchen mit bestimmten hoheitlichen Befugnissen, ohne dass damit eine Einbindung in die Staatsorganisation einhergehe. Der Körperschaftsstatus unterwerfe die Kirchen gerade „keiner besonderen Kirchenhoheit des Staates oder gesteigerten Staatsaufsicht", sondern wahre die „Eigenständigkeit und Unabhängigkeit kirchlicher Gewalt"[166]. Große Worte, gelassen ausgesprochen. Gelassen auch deshalb, weil dies zwar in dieser Eindeutigkeit so zuvor kaum von einem deutschen Gericht gesagt worden war, der Wortlaut

---

[164] BVerfGE 18, 385 [1965].
[165] BVerfGE 18, 385 (386) [1965].
[166] Ebenda, 387.

Zweiter Teil: Konservatives Karlsruhe

und die Intention des Art. 137 der Weimarer Reichsverfassung aber insoweit unzweideutig waren. Das *Bewahren* fiel dem Gericht hier aufgrund des eindeutigen Normbestands mithin leicht.

Zugleich unterstreicht das Gericht in diesem Sinne aber auch in zwei weiteren Entscheidungen aus demselben Jahr, dass der Epochenwechsel durch Weimar und nochmals durch dessen Einbettung in die grundgesetzliche Ordnung bedeutete, dass bestimmte Traditionen bzw. bestimmte traditionsgetriebene Argumentationen enden müssten. Dass der Staat früher die Befreiung von Gerichtsgebühren manchen Religionsgesellschaften gewährt und anderen verwehrt habe, könne „schon deshalb nicht maßgebend sein, weil das Verhältnis von Staat und Kirche damals anders geordnet war als heute."[167] „Die Berufung auf die Tradition", so das Gericht weiter, „vermag die verschiedenartige Behandlung nicht zu rechtfertigen", die bis dahin, also bis in die 1960er Jahre, aus preußischer Zeit fortbestand.

Doch nicht nur die Abhängigkeit von Religionsgemeinschaften vom und ihre Ungleichbehandlung durch den Staat gegenüber anderen Religionsgemeinschaften, also die Trennung von Kirche und Staat, geht das Gericht an. Es betont ebenso, dass Art. 140 Grundgesetz i. V. m. Art. 137 Weimarer Reichsverfassung auch umgekehrt die Trennung von Staat und Kirche bedeute: Beispielsweise könnten Kirchenbausteuern nur gegenüber denjenigen Personen erhoben werden, die der Kirche auch angehörten und nicht allein aufgrund der Tatsache, dass sie sich im Gebiet der jeweiligen Landeskirche befänden[168] – eine spä-

---

[167] BVerfGE 19, 1 (7) [1965].
[168] BVerfGE 19, 206 (216) [1965].

B. Staat, Kirchen und transzendente Arbeitgeber

te Absage, im Juli 1965, an das bis 1555 zurückreichende *cuius regio, eius religio* (*et imperii*). Auch hier verwirft das Bundesverfassungsgericht, namentlich der Erste Senat, das von der Landeskirche vorgetragene Traditionsargument:

„Etwas anderes kann auch nicht daraus hergeleitet werden, daß einzelne Religionsgesellschaften nach früherem Recht als Landeskirchen eine Sonderstellung innehatten. Denn Landeskirchen im Sinne der ursprünglichen Bedeutung des Begriffs gibt es seit dem Verbot der Staatskirche (Art. 137 Abs. 1 WRV) nicht mehr."[169]

Vor allem aber hebt das Gericht hervor, hier wie auch in seinem Beschluss zu den Gerichtsgebühren vom April 1965, dass die Übernahme der Weimarer Kirchenartikel durch das Grundgesetz diese gleichsam in die grundgesetzliche normative Ordnung eingebettet habe. So sei Art. 137 Weimarer Reichsverfassung „Bestandteil des Grundgesetzes geworden, steht damit im Zusammenhang mit dieser Ordnung und muß aus ihr heraus ausgelegt werden."[170] Die „Wertordnung"[171] des Grundgesetzes überwölbe daher die Weimarer Kirchenartikel. Daraus folge, dass beispielsweise „landesrechtliche Normen auf dem Gebiete des Kirchensteuerrechts mit den übrigen Bestimmungen und Prinzipien der grundgesetzlichen Ordnung, vor allem mit dem verfassungsrechtlichen Verhältnis von Kirche und Staat, in Einklang stehen" müssten.[172] *Bewahren* und damit Umsetzen der normativen Prämisse der Art. 140 Grundgesetz i. V. m. Art. 137 Weimarer

---

[169] BVerfGE 19, 206 (216 f.) [1965].
[170] BVerfGE 19, 206 (218) [1965]; siehe auch BVerfGE 19, 1 (8) [1965].
[171] Ebenda; BVerfGE 19, 206 (220) [1965].
[172] Ebenda, 220 f.

Zweiter Teil: Konservatives Karlsruhe

Reichsverfassung erfordert folglich für das Gericht in seiner frühen Rechtsprechung eine gewisse Absage an traditionalistisches Denken und entsprechende juristische Argumentation. Keine Tradition um der Tradition willen.

Ist dieses Abschneiden alter Zöpfe durch das Gericht Mitte der 1960er Jahre nun eine das Verhältnis von Staat und Kirche erschütternde Innovation? Manchen Ultratraditionalisten mag es vielleicht damals so vorgekommen sein. Allerdings zeigt die zeitgenössische Deutung durch *Martin Heckel* auf der Staatsrechtslehrertagung in Frankfurt 1967, also nur zwei Jahre nach Erlass der zitierten Entscheidungen, in eine andere Richtung. Auch wenn vereinzelt in den Beschlüssen eine „Traditionsabsage" gesehen wurde, stellten sie indessen „wahrlich keinen Erdrutsch im staatskirchenrechtlichen Terrain" dar, sondern seien vielmehr durch „vorsichtig-verhaltene[ ] Behutsamkeit" gekennzeichnet.[173]

Für diese Sicht spricht zweierlei: Die bereits erwähnte Einigkeit in der Nachkriegsliteratur über die Neukodierung der Art. 136 ff. Weimarer Reichsverfassung durch ihre Inkorporation in die neue normative Ordnung des Grundgesetzes[174] sowie die Eindeutigkeit der durch Art. 137 vollzogenen Trennung von Kirche und Staat einschließlich dem kirchlichen Selbstbestimmungsrecht. Nein, nicht um eine Kehrtwende geht es dem Gericht, sondern vielmehr um ein *Bewahren*: dem Schutz einer

---

[173] M. Heckel, Die Kirchen unter dem Grundgesetz, VVDStRL 1968, Bd. 26, S. 5.

[174] Siehe dazu P. Mikat, Kirchen und Religionsgemeinschaften, in: K.A. Bettermann/H.C. Nipperdey/U. Scheuner (Hrsg.), Die Grundrechte, Bd. IV/1, 1966, S. 111, 136 mit vielen weiteren Nachweisen zur zeitgenössischen Mehrheitsansicht in der Literatur in Fn. 102.

B. Staat, Kirchen und transzendente Arbeitgeber

Ordnung, die 1965 eigentlich schon fast fünfzig Jahre alt, aber noch nicht in der Rechtspraxis angekommen war. Das Gericht spricht lediglich aus, was seit der Weimarer Verfassung feststeht: Selbstbestimmungsrecht der Kirchen einer- und religiös-konfessionelle Neutralität des Staates andererseits – nunmehr aber unter dem Dach des Grundgesetzes. Dabei knüpft das Gericht mit dem Werttopos an frühere Rechtsprechung an, namentlich zur Horizontalwirkung der Grundrechte.[175] Allerdings, seine frühe Rechtsprechung ist jedenfalls in einer Hinsicht ein *Bewahren* mit „Traditionsabsage". Das Gericht betont, dass der Verweis auf überkommene Rechtsprechung und Dogmatik nicht verfangen kann, soweit diese nicht in Einklang mit den Wertungsentscheidungen des Grundgesetzes stehen.

2. Umdeutung und Tradition

In der frühen Rechtsprechung des Bundesverfassungsgerichts haben das Selbstbestimmungsrecht der Kirchen und die religiös-konfessionelle Neutralität des Staates die Funktion, gegenseitige Unabhängigkeit und Trennung von Kirche und Staat zu gewährleisten. Das Gericht, zumal der Erste Senat, vor den diese frühen Verfahren in der Regel gelangen, wird dabei nicht zum Bilderstürmer, sondern eher zum „behutsamen"[176] Bewahrer und Realisator eines Staatskirchenrechts, das sich nicht durch strikte *laïcité*, sondern durch Rückbindung der Kirchen und anderer Religionsgesellschaften an den Staat auszeichnet.

---

[175] Siehe oben B.
[176] *M. Heckel*, Die Kirchen unter dem Grundgesetz, VVDStRL 1968, Bd. 26, S. 5.

Zweiter Teil: Konservatives Karlsruhe

Ab Mitte der 1970er Jahre wandert die Zuständigkeit für staatskirchenrechtliche Angelegenheiten in den Zweiten Senat. In der Rechtsprechung der späten 1970er und 1980er Jahre erfahren die genannten Prämissen sodann zweierlei Umdeutung:

Erstens wandelt sich das Selbstbestimmungsrecht der Kirchen vom Schild zum Schwert. Zunächst ist es, wie gezeigt,[177] Instrument zur Abwehr staatlicher Intervention in die „eigenen Angelegenheiten" der Kirche. In den frühen 1980er Jahren verwandelt das Gericht das Selbstbestimmungsrecht in ein schneidiges Angriffsmittel, um kirchliche Privilegien gegenüber Dritten zu erlangen oder durchzusetzen. So kippt das Gericht in einer Entscheidung aus dem Jahr 1980 zunächst ein Gesetz, das Vorgaben für die Betriebsverfassung auch in Krankenhäusern mit kirchlicher Trägerschaft vorsieht. Dem Staat obliege aufgrund des „in langer Tradition im christlichen Krankenhauswesen spezifisch geformt[en]" Selbstverständnis der Kirchen „größtmögliche Zurückhaltung" bei der Ausgestaltung des kollektiven Arbeitsrechts, so das Gericht.[178] Im Folgejahr begrenzt es, überdies unter ähnlichem Verweis auf das kirchliche Selbstbestimmungsrecht, die Gewerkschaftstätigkeit in karitativen Einrichtungen der Kirchen.[179]

Zweitens wandelt sich die Funktion des Werttopos. In den Judikaten der 1960er Jahre diente er der Einbettung der Kirchen in die normative Ordnung des Grundgesetzes.[180] Nunmehr erhält die „Wertordnung"[181] des Grund-

---

[177] Siehe oben 1.
[178] BVerfGE 53, 366 (405 f.) [1980].
[179] BVerfGE 57, 220 (244 f.) [1981].
[180] Siehe oben 1.
[181] BVerfGE 53, 366 (400) [1980].

B. Staat, Kirchen und transzendente Arbeitgeber

gesetzes eine neue Funktion. Mit derselben Argumentationsfigur wie zuvor, der „materielle[n] Wertentscheidung der Verfassung", will das Gericht „über einen für die Staatsgewalt unantastbaren Freiheitsbereich hinaus die besondere Eigenständigkeit der Kirchen und ihrer Einrichtungen gegenüber dem Staat" garantieren.[182] Im Verhältnis zu Dritten innerhalb der Gesellschaft bedeutet das Selbstbestimmungsrecht somit, dass den Kirchen durch den Staat eine Behandlung zuteilwerden muss, die dieses Selbstbestimmungsrecht besonders würdigt. Mit anderen Worten: Was zunächst als Rückkoppelung der Kirchen an die Wertungen des Grundgesetzes fungierte, wird in der Folge umgekehrt dazu genutzt, die Privilegierung der Kirchen gegenüber anderen gesellschaftlichen Akteuren zu begründen.[183]

Die zweifache Umdeutung ist mithin in gewisser Weise eine *Musealisierung* der eigenen Rechtsprechung: gleicher dogmatischer *topos*, jedoch funktionale Änderung der Stoßrichtung. Selbstbestimmungsrecht und „Wertordnung" des Grundgesetzes werden neu kodiert, während das Gericht – auch unter Zitat der alten Rechtsprechung – vorgibt, an etablierte Judikate und deren Argumentationen anzuknüpfen. Schließlich sticht insbesondere im Falle der erwähnten Entscheidung zum Krankenhausgesetz Nordrhein-Westfalen vom 25. März 1980 eine Argumen-

---

[182] BVerfGE 53, 366 (404) [1980]; Andeutungen bereits in BVerfGE 42, 312 (332, 334) [1976]; siehe auch BVerfGE 57, 220 (244 f.) [1981]; BVerfGE 70, 138 (167) [1985].

[183] Der Werttopos als Begrenzung der Tätigkeit und des Einflusses von Religionsgesellschaften taucht in der späteren Rechtsprechung zwar noch auf, allerdings vor allem, wenn es nicht um die großen Kirchen, sondern um andere Religionsgesellschaften wie z.B. die Zeugen Jehovas geht, vgl. BVerfGE 102, 370 (386 f., 390) [2000].

tationsfigur ins Auge, von der sich das Gericht im Bereich des Staatskirchenrechts eigentlich ausdrücklich verabschiedet hatte: die Tradition. Gleich zweimal betont das Gericht sie an prominenter Stelle. Zum einen die besondere, nämlich „prägende Kraft kirchlicher Tradition" im Bereich des christlichen Krankenhauswesens, die zum anderen auf das „Selbstverständnis" entsprechender kirchlicher Einrichtungen zurückwirke, das „sich in langer Tradition […] spezifisch geformt" habe.[184] Zur Musealisierung durch Neukodierung der eigenen früheren Judikatur tritt durch den Rückgriff auf Traditionsargumente in der Rechtsprechung nunmehr des Zweiten Senats ein *Bremsen* hinzu: Das Gericht unternimmt einen Rückschritt hinter eine selbst gezogene Grenze und kehrt zu zuvor bereits aufgegebenen Argumentationsfiguren zurück.

3. *Bremsung* durch zweifache Etatisierung

Doch wie kommt es zu dieser soeben beschriebenen Umdeutung der eigenen Rechtsprechung? Wie erklärt es sich, dass das Gericht stillschweigend die Stoßrichtung seiner Argumentation ändert? Die Antwort ist ebenso simpel wie komplex: weil es in den späteren Entscheidungen häufig nicht um das zweiseitige Verhältnis zwischen Kirche und Staat geht, sondern weil dieses durch das Hinzutreten dritter gesellschaftlicher Akteure zu einem dreiseitigen Verhältnis erweitert ist. Die erwähnten Beschlüsse aus den frühen 1980er Jahren[185] handeln davon, ob sich kirchliche Einrichtungen ähnlichen Vorgaben und Maßnahmen hinsichtlich kollektiver Arbeitnehmervertretung und des Arbeitskampfes beugen müssen wie andere Ar-

---

[184] BVerfGE 53, 366 (405) [1980].
[185] Vgl. BVerfGE 53, 366 [1980]; BVerfGE 57, 220 [1981].

B. Staat, Kirchen und transzendente Arbeitgeber

beitgeber aus dem privaten Sektor. Hier geht es also vornehmlich um das Verhältnis der großen Kirchen zu den Gewerkschaften. Spätere Entscheidungen betreffen insbesondere das individuelle Arbeitsverhältnis, also die Beziehung zwischen Kirchen und kirchlichen Einrichtungen als Arbeitgeberinnen auf der einen und einzelnen Arbeitnehmerinnen und Arbeitnehmern auf der anderen Seite. Können kirchliche Träger bestimmte Anforderungen an ihre Beschäftigten stellen, vor allem mit Blick auf die Loyalität hinsichtlich bestimmter Glaubens- und Verhaltensregeln, die von Mitarbeiterinnen und Mitarbeitern kirchlicher Einrichtungen unter der Sanktion der Kündigung des Arbeitsverhältnisses eingehalten werden müssen?[186]

Anders formuliert: Trennung von Staat und Kirche mag als Prämisse schön und gut sein. Aber wenn Kirchen auch Teil der Gesellschaft sind und sie es als wichtigen Teil ihres Sendungs- und Verkündigungsauftrags verstehen, in die Gesellschaft hinein zu wirken,[187] treten sie in Beziehung – und potentiell in Konflikt – zu anderen gesellschaftlichen Akteuren. *Case in point*: Den relevanten Entscheidungen des Bundesverfassungsgerichts in diesem Zusammenhang lag das Handeln karitativer Einrichtun-

---

[186] Vgl. insbesondere BVerfGE 70, 138 [1985]; BVerfGE 137, 273 [2014].

[187] Vgl. die im Grunde auch heute noch zutreffende Beschreibung bei W. *Weber*, Die Gegenwartslage des Staatskirchenrechts, VVDStRL 1953, Bd. 11, S. 153, 175: „Die Kirchen sind vielmehr Glied unserer vielschichtigen öffentlich-rechtlichen Gesamtordnung, und zwar ein tragendes und wirkendes Glied darin. Kraft der Verbindung ihres theologisch-kirchlichen Öffentlichkeitsanspruchs mit dem Status öffentlich-rechtlicher Institutionen hohen Ranges sind sie in verantwortlicher Gliedschaft in das politische Gemeinwesen einbezogen."

Zweiter Teil: Konservatives Karlsruhe

gen in kirchlicher Trägerschaft im Krankenhaus-, Heil- und Pflegewesen zugrunde. Andere gesellschaftliche Akteure sind ebenfalls Grundrechtsträger mit grundrechtlichen Interessen, die unter anderem von Religions- und Berufsfreiheit bis hin zum Schutz von Ehe und Familie oder vor Ungleichbehandlung reichen. Aus dem zweiseitigen wird ein dreiseitiges Verhältnis, in dem sowohl Kirchen (und ihre Einrichtungen) als auch andere Private dem Staat als Grundrechtsträger gegenüberstehen. Wie sind in diesem Fall die Gebote kirchlicher Selbstbestimmung und staatlicher Neutralität zu gestalten?

Der Staat vermag auf die Beziehungen zwischen Kirchen und anderen Privatpersonen regulatorisch Einfluss zu nehmen, sei es in gesetzgeberischer Form[188] oder im Wege der Rechtsprechung.[189] Jeweils muss er beantworten, wie Grundrechte im Verhältnis zwischen nicht-staatlichen Akteuren zum Ausgleich zu bringen – oder anders ausgedrückt: wie Sphären individueller Autonomie voneinander abzugrenzen – sind.[190] Doch auch wenn es hierbei um den Ausgleich grundrechtlicher Interessen geht, geht es zugleich um mehr. In Frage steht ebenso das Verhältnis zwischen Staat und Kirche.[191] Jedenfalls dann, wenn der Staat regulatorisch tätig wird, um widerstreitende Interessen zwischen den Kirchen und anderen Teilen der Gesellschaft in Einklang zu bringen. Die Problematik und besondere Spannungslage ergibt sich dabei aus der doppelten Etatisierung, die das Bundesverfassungsgericht in

---

[188] Vgl. z. B. BVerfGE 53, 366 [1980].
[189] Vgl. z. B. BVerfGE 70, 138 [1985]; BVerfGE 137, 273 [2014].
[190] Siehe dazu auch oben A.
[191] Vgl. dazu stellvertretend nur *R. Ricardi*, Arbeitsrecht in der Kirche, 8. Aufl. 2020, S. 99; *B. Weller*, Kirchliches Arbeitsrecht, 1. Aufl. 2021, S. 30 ff.

B. Staat, Kirchen und transzendente Arbeitgeber

zwei Rechtsprechungslinien entwickelt hat und die an dieser Stelle zusammenfließen.

Zum einen etatisiert das Gericht die Wirkung der Grundrechte zwischen Privaten, indem es allein dem Staat auferlegt, deren Grundrechte in Ausgleich zu bringen.[192] Hinzu tritt zum anderen die Etatisierung, die sich in der besonderen Ausgestaltung der staatlichen Neutralität und des kirchlichen Selbstbestimmungsrechts – Trennung vom und zugleich Nähe zum Staat[193] – manifestiert. Kirchen sind als Körperschaften des öffentlichen Rechts zwar nicht Teil der Staatsorganisation, sind also staatlichem Einfluss entzogen.[194] Sie erhalten diesen Status aber, mit all seinen Privilegien,[195] vom Staat. Genauso verhält es sich mit dem kirchlichen Selbstbestimmungsrecht. Als Abgrenzung vom Staat ist es durch das Bundesverfassungsgericht eben auch wesentlich vom Staat her gedacht: Der Staat hat es zu beachten und zu wahren, es ist mithin stets der Staat, der es realisiert.

Im zweiseitigen Verhältnis Kirche-Staat ist dies noch vergleichsweise einfach. Es erfolgt durch Unterlassen von Eingriffen, also durch staatliche Zurückhaltung. Tritt ein weiterer Akteur hinzu, werden die Rechtsbeziehungen mithin zum Dreieck, ist es allerdings mit dieser Zurückhaltung nicht mehr so einfach. Denn bei widerstreitenden Interessen versteht sich die Zurückhaltung auf der einen als ein Eingriff auf der anderen Seite. Hierin liegt das Dilemma der doppelten Etatisierung: Entscheidungen staat-

---

[192] Vgl. grundlegend BVerfGE 7, 198 (204 ff.) [1958] (stRspr). Siehe dazu oben B., insbesondere IV.
[193] Siehe oben II.
[194] Vgl. grundlegend BVerfGE 18, 385 (387) [1965]. Siehe dazu auch oben 1.
[195] Siehe dazu oben I. und II.

Zweiter Teil: Konservatives Karlsruhe

licher Gerichte, die Handlungen von Kirchen oder Einrichtungen in kirchlicher Trägerschaft zum Gegenstand haben, beeinträchtigen nach der Rechtsprechung des Bundesverfassungsgerichts das kirchliche Selbstbestimmungsrecht jedenfalls dann, wenn sie die „eigenen Angelegenheiten" der Kirchen im Sinne des Art. 137 Abs. 3 der Weimarer Reichsverfassung betreffen. Staatliche Gerichte können also danach über „eigene Angelegenheiten" der Kirchen nicht oder nur in sehr begrenztem Maße urteilen.[196] Andernfalls wäre das kirchliche Selbstbestimmungsrecht durch den Staat in Frage gestellt. Zugleich kann jedoch nach der Rechtsprechung des Gerichts nur der Staat – durch staatliche Gerichte – Grundrechtspositionen nicht-staatlicher Akteure ausgleichen. Wenn einer dieser nicht-staatlichen Akteure die Kirche oder eine Einrichtung in ihrer Trägerschaft ist, ist dieser Weg indes mit dem Hindernis versehen, dass staatliche Gerichte die „eigenen Angelegenheiten" der Kirche unangetastet lassen sollen.

Wie geht das Bundesverfassungsgericht mit diesem Dilemma um? Aus rechtsdogmatischer Sicht zentral ist die Auslegung des Art. 137 Abs. 3 Weimarer Reichsverfassung: der „eigenen Angelegenheiten" der Kirche einerseits und der „Schranken des für alle geltenden Gesetzes" andererseits. Insbesondere: Wer bestimmt, was zu den „eigenen Angelegenheiten" gehört und inwieweit gerichtlich überprüft werden kann, ob hinsichtlich der in Frage stehenden Tätigkeit ein hinreichender Nexus zu diesen Angelegenheiten besteht? Wie sich zeigen wird, verfestigen und vertiefen sich an dieser Stelle die konservativen Elemente bundesverfassungsgerichtlicher Judikatur.

---

[196] Siehe oben 2.

B. Staat, Kirchen und transzendente Arbeitgeber

In seiner frühen Rechtsprechung hält das Gericht noch solche für „eigene Angelegenheiten" der Kirche, die „materiell, der Natur der Sache oder Zweckbeziehung nach als eigene Angelegenheiten der Kirche anzusehen" seien.[197] Doch das Problem eines solchen rein objektiven Tests ist offensichtlich. Es besteht die Gefahr, dass nicht viel Selbstbestimmung bleibt, wenn staatliche Gerichte „objektiv" beurteilen können, was zur Sphäre der Selbstbestimmung gehört. Das andere Extrem legt der Zweite Senat in seinem Beschluss vom Juni 1985 zu Loyalitätspflichten eines an einem Krankenhaus in kirchlicher Trägerschaft beschäftigten Assistenzarztes vor.[198] Was zum „kirchlichen Proprium" zähle, „richtet sich nach den von der verfaßten Kirche anerkannten Maßstäben," bleibe somit „den verfaßten Kirchen überlassen."[199] Die Kirchen erhalten ein Selbsteinschätzungsrecht, was den „eigenen Angelegenheiten" unterfällt und dadurch staatlichem Einfluss, folglich gerichtlicher Kontrolle entzogen ist. Im Ergebnis bedeutet diese rein subjektive Perspektive eine einseitige Privilegierung der Kirchen gegenüber anderen Mitgliedern der Gesellschaft, namentlich der kirchlichen Arbeitgeberinnen gegenüber ihren Beschäftigten. Zwar erwähnt das Gericht durchaus die Notwendigkeit einer „Güterabwägung" mit den Interessen Dritter, betont aber im selben Atemzug, dass dabei „dem Selbstverständnis der Kirchen ein besonderes Gewicht beizumessen" und dass der Umfang desselben von ihnen selbst zu umschreiben sei.[200] Wenig bleibt also übrig von den gegenläufigen Interessen Dritter. Sie finden kaum Erwähnung. Man ist

---

[197] BVerfGE 18, 385 (387) [1965].
[198] Vgl. BVerfGE 70, 138 [1985].
[199] Ebenda, 165 ff.
[200] Ebenda, 167.

Zweiter Teil: Konservatives Karlsruhe

fast geneigt zu sagen: Der Herr hat's gegeben und der Herr hat's genommen.

In seinem Urteil aus dem Jahr 2014 knüpft das Gericht an diese Rechtsprechungslinie an. Der Chefarzt eines katholischen Krankenhauses hatte sich entgegen der Grundordnung der katholischen Kirche scheiden lassen und erneut geheiratet. Gegen die daraufhin erfolgte Kündigung wandte er sich erfolgreich vor den Arbeitsgerichten, sodass der kirchliche Träger Verfassungsbeschwerde beim Bundesverfassungsgericht gegen die Entscheidung des BAG einlegte.[201] Die Antwort des Zweiten Senats fällt dogmatisch differenzierter aus als drei Jahrzehnte zuvor. Den staatlichen Gerichten falle die Aufgabe zu, „die Grundrechte des einzelnen zu schützen und vor Verletzungen durch andere zu bewahren."[202] Den grundrechtlichen Interessen der Kirchen stünden die grundrechtlichen Interessen der Arbeitnehmerinnen und Arbeitnehmer kirchlicher Einrichtungen gegenüber. Das kirchliche Selbstbestimmungsrecht dürfe „nicht dazu führen, dass Schutzpflichten des Staates gegenüber den Arbeitnehmern (Art. 12 Abs. 1 Grundgesetz) und die Sicherheit des Rechtsverkehrs vernachlässigt werden."[203]

Daher bietet das Gericht hier eine zweistufige Prüfung an: Auf der ersten Stufe eine „Plausibilitätskontrolle auf der Grundlage des glaubensdefinierten Selbstverständnisses der verfassten Kirche [dahingehend], ob eine Organisation oder Einrichtung an der Verwirklichung des kirchlichen Grundauftrags teilhat, ob eine bestimmte Loyalitätsobliegenheit Ausdruck eines kirchlichen Glau-

---

[201] Vgl. BVerfGE 137, 273 [2014].
[202] Ebenda, 313.
[203] Ebenda, 314.

B. Staat, Kirchen und transzendente Arbeitgeber

benssatzes ist und welches Gewicht dieser Loyalitätsobliegenheit und einem Verstoß hiergegen nach dem kirchlichen Selbstverständnis zukommt."[204] Auf der zweiten Stufe eine „Gesamtabwägung" von kirchlicher Selbstbestimmung und Arbeitnehmerrechten.[205]

Das ist konzilianter ausgedrückt als noch drei Jahrzehnte zuvor und erweckt den Eindruck einer differenzierten Prüfung. Allein: es ändert wenig am Resultat. Im Ergebnis perpetuiert das Gericht die einseitige Privilegierung der kirchlichen Interessen. Denn auch hier bevorzugt das Bundesverfassungsgericht letztlich die kirchliche Seite derart, dass das Ergebnis vorprogrammiert ist. Die „Plausibilitätskontrolle" bedeutet ebenso ein Selbsteinschätzungsrecht der Kirchen: „Die Formulierung des kirchlichen Proprium obliegt allein und ausschließlich den verfassten Kirchen [...]."[206] „Über die entsprechenden Vorgaben der verfassten Kirche dürfen sich die staatlichen Gerichte nicht hinwegsetzen." Sie sind „lediglich berechtigt, die Darlegungen des kirchlichen Arbeitgebers auf ihre Plausibilität hin zu prüfen."[207] Dies umfasst auch die Bewertung, wie bedeutsam die in Frage stehende Loyalitätsobliegenheit ist – in Bezug auf den kirchlichen Sendungs- und Verkündigungsauftrag einer- und die Tätigkeit und den Aufgabenbereich des insoweit verpflichteten Arbeitnehmers andererseits.[208]

Hinzu tritt, dass auf der zweiten Stufe der Prüfung, der „Gesamtabwägung", das kirchliche Selbstverständnis ein

---

[204] BVerfGE 137, 302 (302, 315) [2014].
[205] Ebenda, 302, 317.
[206] Ebenda, 315.
[207] Ebenda.
[208] Vgl. ebenda, 302.

Zweiter Teil: Konservatives Karlsruhe

weiteres Mal maßgeblich Berücksichtigung findet.[209] Denn ihm ist insoweit „ein besonderes Gewicht beizumessen."[210] Zwar bemüht sich das Bundesverfassungsgericht zu betonen, dass dies nicht heißen solle, dass die kirchlichen Belange „prinzipiell überwögen."[211] Aber die Marschrichtung ist mit dieser zweifachen besonderen Berücksichtigung des Interesses der Kirchen klar vorgegeben. Das zeigt sich auch im Ergebnis: Das Bundesverfassungsgericht hob das zugunsten des Chefarztes ausgegangene Urteil des BAG auf.[212]

Das Vorgesagte macht deutlich, dass trotz neuer dogmatischer Einkleidung der inhaltliche Kern, ja auch die zentralen dogmatischen Prämissen, sich nicht verändern. Das Gericht hält an der prinzipiellen Privilegierung der Kirchen und kirchlichen Einrichtungen durch den Staat fest. Das mag auf den ersten Blick angesichts der Kernaussagen von Art. 137 Abs. 3 Weimarer Reichsverfassung zunächst wenig überraschen, der hinsichtlich der bilateralen Beziehung Staat–Kirche wohl auch nicht anders interpretierbar ist. Allerdings insistiert das Bundesverfassungsgericht auf der Privilegierung der Kirchen, auch wenn dies im Verhältnis zu anderen gesellschaftlichen Akteuren bedeutet, dass deren Interessen, einschließlich ihrer Grundrechte, empfindlichen Einschränkungen unterworfen sind.

Die neue Prüfungsstruktur, die das Gericht im Chefarzt-Fall 2014 gegenüber seiner früheren Entscheidung aus dem Jahr 1985 einzieht, bringt somit letztlich nichts Neues. Sie ist keine Innovation, sondern bestenfalls eine

---

[209] So auch bereits ähnlich BVerfGE 53, 366 (405 f.) [1985].
[210] BVerfGE 137, 273 (319) [2014].
[211] Ebenda.
[212] Ebenda, 341.

B. Staat, Kirchen und transzendente Arbeitgeber

Modifikation, die den Modus, nicht aber den Inhalt ändert. Damit ist ihr ein *Beharrung*selement zu eigen: Der Senat konserviert den inhaltlichen Kern seiner früheren Rechtsprechung. Über die gesamte Judikatur hin betrachtet stellt sich diese Konservation gar insgesamt als ein *Bremsen* dar. Die doppelte Etatisierung, in die sich das Gericht seit der Umdeutung von Selbstbestimmungsrecht und Neutralität von einem Schild gegen den Staat in ein Schwert gegen Dritte manövriert hat, erscheint mit Blick auf Grundrechts- und Rechtsschutz kaum noch zeitgemäß. Kirchliche Selbstbestimmung in staatlicher Obhut, aber durch Zurückhaltung staatlicher Gerichte, zugleich Grundrechtswirkung zwischen Privaten durch staatliche, d. h. gerichtliche Realisierung – das geht nicht zusammen, sondern macht den vorgegebenen Ausgleich grundrechtlicher Interessen zur Makulatur mit einseitigem Ausgang. Die normative Ordnung des Grundgesetzes muss grundrechtliche Interessen auch innerhalb der Gesellschaft zur Wirkung bringen. Auf die Herausforderung, wie die in die Gesellschaft hineinwirkenden karitativen Tätigkeiten der Kirchen hiermit in Einklang zu bringen sind, scheint das Bundesverfassungsgericht nur eine antiquierte Antwort parat zu haben, die nicht Ausgleich, sondern einseitige Privilegierung bedeutet.

Wie es auch anders gehen kann,[213] führte das BAG vor, das den Fall des katholischen Chefarztes sowie eine ande-

---

[213] Vorsichtig in diese Richtung auch *J. Joussen*, Die Anwendung des staatlichen Arbeitsrechts auf Arbeitsverhältnisse zu Kirchen und anderen Religionsgemeinschaften, in: D. Pirson/W. Rüfner/M. Germann/S. Muckel (Hrsg.), HdbStKirchR, Bd. 3, 3. Aufl. 2020, § 57, S. 2375, 2423 („[…] wird man für richtig halten können und müssen, dass auf diese Weise die Rechtspositionen auch der Beschäf-

Zweiter Teil: Konservatives Karlsruhe

re ähnlich gelagerte Frage dem EuGH vorlegte.[214] Europarechtliche Relevanz gewinnt diese Problematik über die im deutschen Allgemeinen Gleichbehandlungsgesetz umgesetzten Vorgaben europäischen Rechts[215] aus der Antidiskriminierungsrichtlinie[216] und dem Gleichbehandlungsgrundsatz der Grundrechtecharta der Europäischen Union.[217] Auf der Basis dieser Normen fordert der Gerichtshof, der Nexus zwischen Loyalitätsobliegenheit und kirchlichem Selbstbestimmungsrecht mit Blick auf die in Frage stehende Tätigkeit müsse „Gegenstand einer wirksamen gerichtlichen Kontrolle" und entsprechend grundsätzlich überprüfbar sein.[218]

An dieser Stelle[219] lassen wir die kompetenzrechtliche Problematik beiseite,[220] die zurzeit (Stand: März 2021) das

---

tigten stärker in den Blick genommen werden (können), als dies bislang der Fall war.").

[214] Vgl. EuGH, Urt. v. 17.4.2018, Rs. C-414/16 – Egenberger; EuGH, Urt. v. 11.9.2018, Rs. C-68/17– IR.

[215] Vgl. zu den Auswirkungen des Unionsrechts auf das Staatskirchenrechts bereits ausführlich und weitsichtig *H.M. Heinig*, Öffentlich-rechtliche Religionsgesellschaften, 2003, S. 375 ff. Siehe auch *S. Mückl*, Europäisierung des Staatskirchenrechts, 2005; *C. Walter*, Religionsverfassungsrecht, 2006, S. 332 ff.; *C.D. Classen*, Europarecht und Staatskirchenrecht, in: D. Pirson/W. Rüfner/M. Germann/S. Muckel (Hrsg.), HdbStKirchR, Bd. 1, 3. Aufl. 2020, § 11, S. 483 ff.

[216] Vgl. Art. 4 Abs. 2 der Richtlinie 2000/78.

[217] Vgl. Art. 21 der Charta der Grundrechte der Europäischen Union.

[218] EuGH, Urt. v. 17.4.2018, Rs. C-414/16 – Egenberger, Rn. 59; EuGH, Urt. v. 11.9.2018, Rs. C-68/17– IR, Rn. 61.

[219] Siehe zu dieser Frage aber unten E., vor allem zur vergleichbaren Problematik im PSPP-Urteil (BVerfG, Urt. v. 5.5.2020, Rs. 2 BvR 859/15, 2 BvR 980/16, 2 BvR 2006/15, 2 BvR 1651/15).

[220] Siehe dazu auch *A. Tischbirek*, Ein europäisches Staatskirchenrecht?, Der Staat 2019, 621, 626 ff.

B. Staat, Kirchen und transzendente Arbeitgeber

Bundesverfassungsgericht in dem ihm nach dem Luxemburger Urteil erneut vorgelegten Chefarzt-Fall beschäftigt.[221] Angesichts der drohenden erheblichen Diskriminierung der Arbeitnehmerinnen und Arbeitnehmer kirchlicher Einrichtungen scheut der Gerichtshof nicht, das staatskirchenrechtliche Dogma staatlich realisierter Staatsferne des Bundesverfassungsgerichts zu hinterfragen. Das europäische Antidiskriminierungsrecht bezwecke erstens „die Herstellung eines angemessenen Ausgleichs zwischen einerseits dem Recht auf Autonomie der Kirchen [...] und andererseits dem Recht der Arbeitnehmer"[222]. Komme es zu einem Rechtsstreit über diesen Ausgleich, müsse „eine solche Abwägung aber gegebenenfalls von einer unabhängigen Stelle und letztlich von einem innerstaatlichen Gericht überprüft werden können."[223] Deshalb müssten staatliche Gerichte überprüfen können, ob die in Frage stehende Tätigkeit „eine wesentliche, rechtmäßige und gerechtfertigte berufliche Anforderung angesichts des Ethos dieser Kirche" sei.[224] Die Kirche kann also ihren Sendungs- und Verkündigungsauftrag selbst definieren. Wenn sie aber ihren Arbeitnehmern gegenübertritt, muss sie sich die Überprüfung gefallen lassen, ob die fragliche Tätigkeit entsprechende Loyalitätsobliegenheiten im Sinne ihres durch sie selbst bestimmten Ethos erfordert oder nicht.[225]

---

[221] Rechtssache 2 BvR 934/19.
[222] EuGH, Urt. v. 17.4.2018, Rs. C-414/16 – Egenberger, Rn. 51.
[223] Ebenda, Rn. 53.
[224] Ebenda, Rn. 55. Ebenso EuGH, Urt. v. 11.9.2018, Rs. C-68/17–IR, Rn. 45.
[225] Kritisch dazu z. B. kürzlich *H.M. Heinig*, Muss Kirche drin sein, wo Kirche draufsteht?, in: Die Zeit, 22.11.2019: „Theologisch verantwortete Differenzierungen in den Anforderungen für die Wahrnehmung eines kirchlichen Dienstes müssen deshalb komple-

Zweiter Teil: Konservatives Karlsruhe

IV. Fazit: Die Kirchen als Staat im Staate?

Mit Art. 140 *musealisiert* das Grundgesetz die Kirchenartikel der Weimarer Reichsverfassung. Durch ihre Inkorporation in das Grundgesetz erhalten folgende Vorgaben aus Art. 137 Abs. 3 und 5 Weimarer Reichsverfassung neue normative Prägung: Kirchen genießen einerseits als Körperschaften des öffentlichen Rechts teilweise denselben Status wie der Staat. Andererseits sind die Kirchen in „ihren eigenen Angelegenheiten" selbstbestimmt, sie sind Grundrechtsträger der Religionsfreiheit und damit Teil der Gesellschaft. Garantiert wird diese Selbstbestimmung indessen wiederum durch den Staat.[226]

Das funktioniert einigermaßen friktionslos im Verhältnis Kirche-Staat. Zurückhaltung des Staates genügt hier

---

xer gezeichnet werden als die bloße Unterscheidung zwischen ‚verkündigungsnah' und ‚verkündigungsfern'. Auch das lineare Denken in hierarchischer Leitung passt nicht zum Selbstverständnis einer evangelischen ‚Dienstgemeinschaft'. Kirchliches und diakonisches Handeln wird nicht annähernd in seiner freiheitlichen Entfaltung erfasst, wenn man es, wie Europäischer Gerichtshof und Bundesarbeitsgericht, nur auf seine konkrete Funktionalität im Einzelfall, seine ökonomische Relevanz, seine medizinisch-pflegerische Fachlichkeit reduziert." Anders im Ergebnis auch *M. Friehe*, Dienstherrnfähigkeit der Kirchen, 2019, S. 204 ff., der in Anlehnung an das internationale Privatrecht die Dienstherrnfähigkeit der Kirchen als Kollisionsnorm deuten und entsprechend zu einer weitgehenden Verdrängung des staatlichen Rechts gelangen will. Bestätigend dagegen, jedenfalls dem Grunde nach, *C.D. Classen*, Das kirchliche Arbeitsrecht unter europäischem Druck – Anmerkungen zu den Urteilen des EuGH (jeweils GK) vom 17.4.2018 in der Rs. C-414/16 (Egenberger) und vom 11.9.2018 in der Rs. C-68/17 (IR), EuR 2018, 752, 761 f. Kritisch bereits *ders.*, Anm. zu BVerfG, Beschl. v. 22.10.2014, 2 BvR 661/12, JZ 2015, 199, 200 ff. zum Chefarzt-Urteil des BVerfG.

[226] Vgl. oben I. und II.

B. Staat, Kirchen und transzendente Arbeitgeber

zumeist. Aber problematisch und spannungsreich wird es, wenn die Kirchen als Teil der Gesellschaft in diese hineinwirken und mit anderen gesellschaftlichen Akteuren in Konflikt geraten. Betrachtet man bereits jede gerichtliche Entscheidung über selbst definierte kirchliche Angelegenheiten als unzulässige Beeinträchtigung des kirchlichen Selbstbestimmungsrechts, will aber auf der anderen Seite Autonomiesphären Privater im Wesentlichen durch die staatlichen Gerichte abgegrenzt sehen, gelangt man in ein Dilemma. Das Bundesverfassungsgericht durchbricht dieses Dilemma nicht, sondern verbleibt in der Weichenstellung, die es in den 1970er und 1980er Jahren vorgenommen hat.[227]

Sein Chefarzt-Beschluss aus dem Jahr 2014 unternimmt nur scheinbar den Versuch, dieses Dilemma aufzulösen.[228] Tatsächlich hält er an beiden Lemmata fest: der staatlichen Realisierung der kirchlichen Trennung vom Staat und der staatlichen Realisierung der Grundrechtswirkung zwischen Privaten, also hier zwischen Kirchen und ihren Arbeitnehmerinnen und Arbeitnehmern.[229] Dies bedeutet im Ergebnis, wie auch bereits in der früheren Rechtsprechung,[230] eine im Wesentlichen einseitige Privilegierung der Kirchen gegenüber anderen gesellschaftlichen Akteuren. Es zeichnet sich somit ein Konservatismus ab, der einen Rückschritt hinter die Errungenschaft bedeutet, dass die Grundrechte auch Machtasymmetrien im privaten Bereich zu adressieren vermögen. Dies verwundert umso mehr, als das Gericht an anderer Stelle, nämlich als

---

[227] Vgl. oben III.2.
[228] Vgl. oben III.3.
[229] Vgl. BVerfGE 137, 273 (313 ff.) [2014].
[230] Vgl. BVerfGE 53, 366 (400 ff.) [1980]; BVerfGE 57, 220 (244 ff.) [1981]; BVerfGE 70, 138 (165 ff.) [1985].

Zweiter Teil: Konservatives Karlsruhe

es um die Verfassungstreue der Zeugen Jehovas ging, dieses Machtungleichgewicht zwischen Religionsgesellschaften und Individuen durchaus erkannt hat:[231]

„Korporierte Religionsgemeinschaften haben einen öffentlich-rechtlichen Status und sind mit bestimmten hoheitlichen Befugnissen ausgestattet. Sie verfügen damit über *besondere Machtmittel und einen erhöhten Einfluss in Staat und Gesellschaft.* Ihnen *liegen deshalb die besonderen Pflichten des Grundgesetzes zum Schutz der Rechte Dritter näher* als anderen Religionsgemeinschaften."[232]

Vor diesem Hintergrund erstaunt es, dass die Karlsruher Richterinnen und Richter ausgerechnet im Falle der zweifelsohne mächtigsten Religionsgesellschaften in Deutschland diese Machtasymmetrie zu ignorieren – wenn nicht gar: zu konservieren – scheinen. Wenn, wie das Gericht bereits 1976 erkannt hat, „die Kirche *ähnlich dem Staat* den Menschen als Ganzes in allen Feldern seiner Betätigung und seines Verhaltens anspricht"[233], warum nicht die Konsequenzen daraus ziehen und die Grundrechtsprüfung hier verschärfen, anstelle sie quasi zum Lippenbekenntnis zu degradieren? Dies gilt umso mehr im Bereich des kirchlichen Arbeitsrechts, das durch die einseitige pri-

---

[231] In ähnliche Richtung steuern auch die neueren Judikate zur Horizontalwirkung der Grundrechte, vgl. dazu oben B.III.4. sowie aus der Rechtsprechung beispielhaft: BVerfGE 81, 242 (255) [1990] – Handelsvertreter; BVerfGE 89, 214 (234) [1993] – Angehörigenbürgschaft; BVerfGE 103, 89 (101) [2001] – Unterhaltsverzicht zwischen Ehegatten; BVerfGE 114, 73 (90) [2004] – Lebensversicherung; BVerfGE 134, 204 (225) [2013] – Werkverwertungsverträge; BVerfGE 148, 267 (282, 284) [2018] – Stadionverbot; BVerfG, Beschl. v. 6.11.2019, 1 BvR 16/13, Rn. 88 – Recht auf Vergessen I.
[232] BVerfGE 102, 370 (393) [2000] (unsere Hervorhebungen). In ähnliche Richtung auch BVerfGE 105, 279 (394) [2002] – Osho.
[233] BVerfGE 42, 213 (333) [1976] (unsere Hervorhebung).

B. Staat, Kirchen und transzendente Arbeitgeber

vate Regulierung des Rechtsverhältnisses der Kirchen zu ihren Beschäftigten durch deren Bindung an die kirchlichen Grundordnungen gekennzeichnet ist.

Mit dem letzten Zitat, das Kirchen mit dem Staat vergleicht, ist indessen das zentrale Problem angesprochen. Im Staatskirchenrecht wie auch hinsichtlich der Wirkung der Grundrechte im Privatrechtsverhältnis charakterisiert die Rechtsprechung des Bundesverfassungsgerichts ein staatszentriertes Denken. Der Staat realisiert die Grundrechte zwischen Privaten. Der Staat realisiert das kirchliche Selbstbestimmungsrecht. Der Staat ist die Bezugsgröße, wenn es um die Einordnung sozialer Machtunterschiede geht. Analogie zum Staat ist die Lösung, um derartiges Gefälle rechtsdogmatisch zu handhaben. Jeweils will das Gericht Staatsferne durch Staatsnähe erreichen. Hier scheint wieder *Hegel* durch: Alles wird in Bezug auf den Staat gedacht und nur durch den Staat wirksam.[234] Passend dazu, so will man meinen, ist die zeitliche Koinzidenz, wonach die staatskirchenrechtliche Zuständigkeit vom Ersten in den Zweiten Senat wandert. Denn der Staatsorganisationsrechts-Senat wird anstelle des Grundrechts-Senats gerade in dem Zeitpunkt zuständig, als das Gericht beginnt, sich mit solchen Fragen des Staatskirchenrechts zu beschäftigen, die auch die Grundrechte Dritter betreffen.[235]

---

[234] Vgl. oben Teil 1, B. Was allerdings natürlich nicht bedeutet, dass das Gericht *Hegels* (oder gar *Stahls*) Verständnis zur untrennbaren Verbindung von Kirche, Christentum und Staat teilen würde, vgl. dazu ebendort sowie auch *E.-W. Böckenförde*, Bemerkungen zum Verhältnis von Staat und Religion bei Hegel, in: *Ders.*: Recht, Staat, Freiheit, 5. Aufl. 2013, S. 115, 139 ff.
[235] Siehe dazu bereits oben III.2.

Zweiter Teil: Konservatives Karlsruhe

Paradoxerweise läuft dieser Etatismus im Staatskirchenrecht Gefahr – in den Worten *Joachim Rottmanns* in seinem Sondervotum im Beschluss zum nordrhein-westfälischen Krankenhausgesetz aus dem Jahr 1980 – faktisch einen „Staat im Staate"[236] zu schaffen. Denn wenn Kirchen ihre „eigenen Angelegenheiten" „ordnen und verwalten" und dabei durch ihre Grundordnungen regulatorisch tätig werden, indem sie ihren Arbeitnehmerinnen und Arbeitnehmern Loyalitätspflichten auferlegen, und wenn diese regulatorische Tätigkeit keiner adäquaten gerichtlichen Kontrolle unterzogen werden kann, dann ist es mit der Einbettung in die normative Ordnung des Grundgesetzes nicht weit her, die das Gericht noch in seiner frühen Rechtsprechung betont hatte.[237] Zu letzterer gehören auch, so nochmals das Zitat aus dem Zeugen Jehovas-Urteil, „die besonderen Pflichten des Grundgesetzes zum Schutz der Rechte Dritter"[238]. Für die Kirchen scheint das nicht in gleichem Maße zu gelten – jedenfalls effektuiert es das Gericht nicht gleichermaßen, sondern räumt ihnen im Ergebnis eine erhebliche Privilegierung gegenüber diesen „Rechte[n] Dritter" ein. *Quod licet Iovi non licet bovi*. In dieser Differenzierung kommt ein erhebliches Maß an Konservatismus zum Ausdruck. Karlsruhe hält jedenfalls im Bereich des kirchlichen Arbeitsrechts im Ergebnis an einer Einstellung zu Kirche und Staat fest, die spätestens seit Weimar nicht mehr ganz zu einem „Staat ohne Gott"[239], somit auch ohne den christli-

---

[236] BVerfGE 53, 366 (408) [1980], Sondervotum Rottmann.
[237] Vgl. BVerfGE 19, 206 (218) [1965]; BVerfGE 19, 1 (8) [1965]; siehe auch oben III.1.
[238] BVerfGE 102, 370 (393) [2000]; siehe auch ebenda, 396 („die staatlichem Schutz anvertrauten Grundrechte Dritter").
[239] *H. Dreier*, Staat ohne Gott, 2018.

chen, passen will. Wie man es anders machen könnte, zeigt wie erwähnt der EuGH.[240]

C. Zur Kontrolle der Gubernative: Regieren – lassen

I. Regent und Regierung

Das deutsche „regieren" und die davon abgeleitete „Regierung" wurzeln im lateinischen *regere*, haben also den gleichen etymologischen Ursprung wie *rex*, König. Diese sprachliche Genealogie deutet auf die historische: Das Konzept der Gewaltenteilung oder -gliederung[241] entwickelte sich allmählich, zumal in Deutschland, erst ab dem 18. Jahrhundert – und dies stets durch schrittweise Emanzipation vom Regenten (Fürst, König, etc.).[242] Denn bis dahin war Regierung synonym mit jeglicher Form von Staatstätigkeit, ob exekutiver, legislativer oder judikativer Couleur.[243] Dies zeigt sich auch noch in *Hegels* Staatsphilosophie, der im Monarchen oder Fürsten („die fürstliche Gewalt") die Verkörperung des Staates und der Staats-

---

[240] Vgl. dazu EuGH, Urt. v. 17.4.2018, Rs. C-414/16 – Egenberger, Rn. 55, 59; EuGH, Urt. v. 11.9.2018, Rs. C-68/17– IR, Rn. 45, 61.

[241] *C. Möllers*, Gewaltengliederung, 2005, insbesondere S. 66 ff.

[242] Vgl. *A. v. Bogdandy*, Gubernative Rechtsetzung, 2000, S. 108 ff.

[243] *K. Stern*, Das Staatsrecht der Bundesrepublik Deutschland, Bd. II, 1. Aufl. 1980, § 39, S. 675; *G. Kassimatis*, Der Bereich der Regierung, 1967, S. 23. Das heißt natürlich nicht, dass vor dem 18. Jahrhundert, insbesondere im Heiligen Römischen Reich, alle Staatstätigkeit notwendig in einer Hand vereint war. Verteilung von Macht und Einfluss gab es im Reich vor allem zwischen Kaiser und Kurfürsten, Streitigkeiten über diese Verteilung wurden vor dem Reichskammergericht ausgetragen. Vgl. dazu *K. Stern*, Das Staatsrecht der Bundesrepublik Deutschland, Bd. V, 1. Aufl. 2000, § 124, S. 27 ff.

Zweiter Teil: Konservatives Karlsruhe

macht in ihrer Gesamtheit sah („Die Persönlichkeit des Staates ist nur als eine Person, der Monarch, wirklich.").[244]

Ideengeschichtlich ist für weite Teile der konservativen deutschen Staatstheorie der Begriff der Entscheidung zentral. Sie betont die Entscheidungsgewalt der Gubernative (als „Organ der Entscheidung"[245] – in Abgrenzung zur Verwaltung als „Organ der Ausführung einer fremden Entscheidung"[246]), und somit ihrer Funktion als staatsleitendes Organ, das traditionell das letzte Wort innehatte. Dies gilt für viele Vertreter dieser im ersten Teil dargestellten Denkschule[247] dem Grunde nach bis heute, auch nach der Unterscheidung und Kompetenzabgrenzung der drei Gewalten. Aus ihrer Sicht ist es nur konsequent: Unterstreicht man die Bedeutung konkreter Ordnung, gilt das *Pro* und *Prä* derjenigen Gewalt, die am besten positioniert ist, diese Ordnung konkret umzusetzen, vor allem wenn es sich um hochpolitische Fragen, zumal solche der Staatsleitung, handelt. Das ist die Regierung, welche im Wesentlichen (als Spitze der Verwaltung) die konkreten Mittel zur Realisierung der Staatsmacht in den Händen hält. Der Fokus auf die zielgerichtete Realisierung konkreter Ordnung wird so notwendig zum Fokus auf die gubernative

---

[244] *G.W.F. Hegel*, Grundlinien der Philosophie des Rechts, 14. Aufl. 2015, § 279, S. 445. Vgl. zur Verkörperung der Staatseinheit durch den Monarchen auch *W. Leisner*, Regierung als Macht kombinierten Ermessens. Zur Theorie der Exekutivgewalt, JZ 1968, 727, 728. Allerdings unterscheidet *Hegel* bereits zwischen fürstlicher Entscheidung und ihrer Ausführung durch eine personell vom Fürsten unterschiedene Regierung, vgl. *G.W.F. Hegel*, a.a.O, § 287 ff., S. 457 ff.

[245] Zum Begriff siehe *A. v. Bogdandy*, Gubernative Rechtsetzung, 2000, S. 113.

[246] Ebenda.

[247] Siehe oben Teil 1, B.

C. Zur Kontrolle der Gubernative: Regieren – lassen

Funktion – und umgekehrt. Das ist schon bei *Hobbes* so (*auctoritas*), findet sich in *Hegels* „Moment letzter Entscheidung"[248] und kulminiert in *Carl Schmitts* Dezisionismus,[249] der auch unter dem Grundgesetz wirkmächtig blieb.[250]

II. Gubernative, Gericht und Grundgesetz

In Deutschland hat eine gewisse Regierungslastigkeit[251] eine lange Tradition. Regierung als Gewalteneinheit war die historische Regel, Gewaltenunterscheidung, -teilung und -gliederung sind gegenüber Regent und Regierung über viele Jahrhunderte nach und nach erstritten. Das Grundgesetz bezieht nunmehr klar Stellung: Die allein vom Volk ausgehende Staatsgewalt wird ausgeübt von den drei Gewalten der Gesetzgebung, der vollziehenden Gewalt und der Rechtsprechung, Art. 20 Abs. 2 Grundgesetz. Art. 38 ff. beschreiben ihre Kompetenzen und ihr Verhältnis zueinander in jeweils einzelnen Abschnitten. Die Gewalten sind im Grundgesetz zwar nicht streng voneinander geschieden. Eine Usurpation im Ausnahmefall, wie sie im Wege der Notstandskompetenzen des Reichspräsidenten in Weimar die Regel wurde (vgl. Art. 48 Weimarer Reichsverfassung), ist allerdings aufgrund

---

[248] *G.W.F. Hegel*, Grundlinien der Philosophie des Rechts, 14. Aufl. 2015, § 275, S. 441.
[249] Grundlegend *C. Schmitt*, Politische Theologie, 11. Aufl. 2021, S. 34 ff., 57 ff.
[250] Siehe dazu ausführlich *F. Günther*, Denken vom Staat her, 2004, S. 112 ff.
[251] Vgl. *P.M. Huber*, Regierung und Opposition, in: J. Isensee/P. Kirchhof (Hrsg.), HdbStR, Bd. III, 3. Aufl. 2005, § 47, Rn. 13. Huber spricht zwar wörtlich von „Exekutivlastigkeit", meint in diesem Zusammenhang aber die „Regierung" im engeren Sinne.

Zweiter Teil: Konservatives Karlsruhe

schmerzvoller historischer Erfahrung nicht mehr vorgesehen.

Unser Augenmerk in diesem Themengebiet konservativer Karlsruher Judikatur gilt der Gubernative, also der Regierung im engeren Sinne, der „Oberleitung des Ganzen" (*Otto Mayer*)[252]. Das meint primär die Bundesregierung, erfasst aber auch Entscheidungen des Gerichts v.a. Landesregierungen betreffend, sofern und soweit es gemäß Art. 99 Grundgesetz zur Entscheidung über entsprechende landesrechtliche Organstreite berufen ist. Im Mittelpunkt stehen Kompetenzfragen. Zum einen: Wie zieht das Gericht die Grenzen der Machtverteilung zwischen Parlament und Regierung? Zum anderen aber auch: Wie sieht und gestaltet es seine eigene Beziehung zur Gubernative?

Zentral hinsichtlich des Verhältnisses zwischen der Volksvertretung und der Spitze der vollziehenden Gewalt ist vor allem, wie man die Verantwortung und Wahrnehmung der politischen Staatsleitung zwischen ihnen aufteilt.[253] Darüber hinaus ist im parlamentarischen Regierungssystem auf Bundes- und auf Länderebene ebenfalls höchst bedeutsam, wie die von der Mehrheit des Parlaments getragene Regierung den politischen Gegner (inner- und außerparlamentarisch) behandelt. Ist wesentliches Merkmal der Demokratie, dass die politische

---

[252] *O. Mayer*, Deutsches Verwaltungsrecht, Bd. I, 3. Aufl. 1924, S. 3.
[253] Vgl. *P.M. Huber*, Regierung und Opposition, in: J. Isensee/P. Kirchhof (Hrsg.), HdbStR, Bd. III, 3. Aufl. 2005, § 47, Rn. 14 f.; *W. Leisner*, Regierung als Macht kombinierten Ermessens. Zur Theorie der Exekutivgewalt, JZ 1968, 727, 728.

C. Zur Kontrolle der Gubernative: Regieren – lassen

Minderheit zur Mehrheit werden kann und umgekehrt,[254] dann rückt in den Fokus, ob und inwieweit Oppositionsrechte, aber auch die Chancengleichheit politischer Parteien, Beachtung finden.

Das Verhältnis Regierung–Bundesverfassungsgericht erlangt auf zwei unterschiedlichen Ebenen Relevanz. Auf einer ersten Ebene trifft bereits die Art und Weise, wie das Gericht die Kompetenzen zwischen Regierung und Parlament durch grundgesetzliche Interpretation ausgestaltet, notwendig auch eine Aussage über seine Beziehung zu beiden Organen.[255] Auf der zweiten Ebene geht es darum, wie das Gericht seinen eigenen Einflussbereich gegenüber der Regierung bemisst. Beide Ebenen werden im Folgenden in den Blick genommen, nicht zuletzt, weil sie sich notwendig überlappen und somit nicht vollends voneinander trennen lassen. Hinsichtlich der zweiten Ebene steht die Frage der Kontrolldichte im Vordergrund. Gesteht das Gericht der Regierung einen Entscheidungs-, Beurteilungs-, Prognose- bzw. Ermessensspielraum bei *political questions* und ähnlich gelagerten Fragestellungen zu? Anders als im angelsächsischen Raum, insbesondere in der Rechtsprechung des U.S. Supreme Court,[256] ist man

---

[254] *F. Cheneval*, Demokratietheorien, 2015, S. 77; siehe auch *W. Heun*, Das Mehrheitsprinzip in der Demokratie, 1983, S. 261.

[255] Siehe dazu z. B. *M. Schröder*, Bildung, Bestand und parlamentarische Verantwortung der Bundesregierung, in: J. Isensee/ P. Kirchhof (Hrsg.), HdbStR, Bd. III, 3. Aufl. 2005, § 65, Rn. 51 ff.

[256] Vgl. dazu bereits *R. Smend*, Die politische Gewalt im Verfassungsstaat und das Problem der Staatsform, in: *Ders.*, Staatsrechtliche Abhandlungen und andere Aufsätze, 2. Aufl. 1968, S. 68, 75 ff.; *U. Scheuner*, Der Bereich der Regierung, in: E. Kaufmann/ U. Scheuner/W. Weber (Hrsg.), Festschrift für Rudolf Smend, 1952, S. 253, 299; *W. Brugger*, Einführung in das öffentliche Recht der USA, 2. Aufl. 2001, S. 19 ff. Grundlegend aus der US-amerikani-

sich in Deutschland zwar in Literatur und Praxis einig,[257] einen grundsätzlichen *carve out* zugunsten des Politischen abzulehnen. Wenn mit *Triepel* gesprochen „Verfassungsstreitigkeiten […] immer politische Streitigkeiten [sind]",[258] dann kann auch bei *political questions* verringerte gerichtliche Kontrolle mit Blick auf den Justizgewährleistungsanspruch nach Art. 19 Abs. 4 Grundgesetz nur die Ausnahme sein. Indes, dies mag das grundsätzliche Verhältnis von Regel und Ausnahme bestimmen. Das Problem, wie weit der Prüfungsumfang im konkreten Fall reicht, bleibt hingegen bestehen – womit auch die übergreifende Thematik dieses Gebiets offenbar wird: Die Reichweite des Rechts im Bereich des Politischen.

III. Begrenzte Bescheidenheit

An welchen Stellen offenbaren sich konservative Elemente bundesverfassungsgerichtlicher Judikate mit Blick auf das Verhältnis zur Gubernative? Hierzu kommen wir auf die soeben abgeschichteten Kompetenzfragen zurück: Das Verhältnis von Regierung und Parlament sowie von Regierung und Gericht wird im Folgenden thematisiert, wobei der Schwerpunkt in den Abschnitten 1 und 2 auf der ersteren, in 3 und 4 auf der letzteren Beziehung liegen wird. Dabei zeigen sich in der Rechtsprechung des Gerichts sowohl Tendenzen dogmatischen als auch Ansätze politischen Konservatismus. Abschnitt 1 betrachtet aus-

---

schen Literatur: *L. Henkin*, Is There a „Political Question" Doctrine?, Yale Law Journal 1976, Bd. 85, 597 ff.

[257] Vgl. stellvertretend *C. Rau*, Selbst entwickelte Grenzen in der Rechtsprechung des United States Supreme Court und des Bundesverfassungsgerichts, 1996, S. 228 ff.

[258] *H. Triepel*, Wesen und Entwicklung der Staatsgerichtsbarkeit, VVDStRL 1929, Bd. 5, S. 2, 28.

C. Zur Kontrolle der Gubernative: Regieren – lassen

gewählte Entscheidungen Karlsruhes zum Umgang der Regierung mit dem politischen Gegner. Sodann nehmen wir die Argumentationsfigur des „Kernbereichs exekutiver Eigenverantwortung" genauer in den Blick (2.). Abschnitt 3 widmet sich den Judikaten zur so genannten auflösungsgerichteten Vertrauensfrage der Bundeskanzlerin. Schließlich ist der – bisherige (Stand: März 2021) – Umgang des Gerichts mit der Verordnungspolitik der Bundes- und Landesregierungen im Zuge der Covid-19-Pandemie Gegenstand von Abschnitt 4.

1. Der politische Gegner

Es sagt viel über ein politisches System aus, wie es den Umgang der Regierung mit dem politischen Gegner gestaltet. Dies ist in der parlamentarischen, parteienstaatlichen Demokratie des Grundgesetzes (vgl. Art. 20, 21, 38 ff., 62 ff. Grundgesetz) vor allem eine Frage des Demokratieprinzips und der Chancengleichheit der politischen Parteien. Denn der politische Gegner ist sowohl die parlamentarische Opposition, die Mehrheit werden will, als auch jenseits der Auseinandersetzung im Parlament jede politische Partei, die nicht die Regierung trägt, unabhängig davon, ob sie Sitze im Bundestag oder den Landtagen innehat. Da sich die Chancengleichheit nicht von selbst einstellt, bedurfte und bedarf es immer wieder verfassungsgerichtlicher Kontrolle und Intervention.

Insbesondere im Grundsatz der Chancengleichheit der Parteien im politischen Wettbewerb (Art. 21 Abs. 1 i.V.m. Art. 3 Abs. 1 Grundgesetz)[259] und damit in der Neutralität

---

[259] Vgl. BVerfGE 44, 125 (145) [1977]; BVerfGE 138, 102 (110) [2014]; BVerfGE 148, 11 (23) [2018].

Zweiter Teil: Konservatives Karlsruhe

der amtlichen Funktion[260] sieht das Bundesverfassungsgericht eine zentrale Voraussetzung für die parteienstaatliche Demokratie.[261] Dies hat das Gericht in mehreren Entscheidungen auch gegenüber der Bundesregierung zur Wirkung gebracht. Zwei Beispiele sollen genügen: Während des Wahlkampfs für die Bundestagswahlen 1976 warb die sozialliberale Koalition mit großformatigen Anzeigen in Tageszeitungen und Zeitschriften für die Erfolge der „Bundesregierung" „seit 1969".[262] In seinem Urteil vom 2. März 1977 betrachtete der Zweite Senat diese Imagekampagne, für die die Bundesregierung über 10 Millionen D-Mark öffentlicher Mittel aufgewendet hatte, als Verstoß gegen Art. 20 Abs. 1 und Abs. 2 Satz 2 sowie gegen Art. 21 Abs. 1 Grundgesetz. Es sei

„Staatsorganen in amtlicher Funktion verwehrt, durch besondere Maßnahmen […] auf die Willensbildung des Volkes bei Wahlen einzuwirken, um dadurch Herrschaftsmacht in Staatsorganen zu erhalten oder zu verändern. Es ist ihnen *von Verfassungs wegen versagt, sich als Staatsorgane im Hinblick auf Wahlen mit politischen Parteien oder Wahlbewerbern zu identifizieren und sie unter Einsatz staatlicher Mittel zu unterstützen oder zu bekämpfen*, insbesondere durch Werbung die Entscheidung des Wählers zu beeinflussen."[263]

Die Bundesregierung dürfe nicht unter Verwendung ihres offiziellen Labels „durch Parteinahme im Wahlkampf auf die Wettbewerbsverhältnisse zwischen den politischen Kräften Einfluß […] nehmen."[264] Genau das sei aber hier

---

[260] Vgl. BVerfGE 63, 230 (230 f.) [1983]; BVerfGE 148, 11 (23) [2018].
[261] Grundlegend BVerfGE 44, 125 (138 ff., 144 ff.) [1977].
[262] Ebenda.
[263] Ebenda, 141 (unsere Hervorhebungen).
[264] Ebenda, 144.

C. Zur Kontrolle der Gubernative: Regieren – lassen

durch die Anzeigenkampagne der Bundesregierung geschehen.[265]

In seiner Entscheidung vom 27. Februar 2018 rügte das Bundesverfassungsgericht überdies die Bundesbildungsministerin für eine auf der Homepage des Ministeriums veröffentlichte Pressemitteilung. Unter Verwendung des Bundeswappens und der offiziellen Aufschrift „Bundesministerium für Bildung und Forschung" war dort im November 2015 dazu aufgerufen worden, der AfD die „Rote Karte" zu zeigen.[266] Der Senat sah darin einen Verstoß gegen Art. 21 Abs. 1 i.V.m. Art. 3 Abs. 1 Grundgesetz. Zwar sei die Öffentlichkeitsarbeit zentrale „Aufgabe der Staatsleitung", die der Bundesregierung und damit auch einzelnen Bundesministerien gemeinsam mit anderen Verfassungsorganen „obliegt".[267] Jedoch müsse die Bundesregierung dabei stets „Sachlichkeits"- und „Neutralitätsgebot" wahren.[268] Dies habe sie mit der Veröffentlichung der Pressemitteilung unter der Überschrift „Rote Karte für die AfD" versäumt.[269]

In diesen Entscheidungen liegt ein Element des *Bewahrens*: Das Gericht unterbindet in ständiger Rechtsprechung gubernative Beeinträchtigungen des Demokratieprinzips und des Grundsatzes der Chancengleichheit der Parteien, sofern und soweit die Bundesregierung dazu offizielle Ressourcen – öffentliche Mittel, aber auch die amtliche Autorität des Dienstwappens oder die offizielle Homepage von Bundesministerien – einsetzt. Der parteipolitische Meinungskampf darf und soll geführt werden,

---

[265] BVerfGE 44, 125 (155) [1977].
[266] BVerfGE 148, 11 ff. [2018].
[267] Ebenda, 27.
[268] Ebenda, 30.
[269] BVerfGE 148, 11 (35 ff.) [2018].

Zweiter Teil: Konservatives Karlsruhe

aber nur mit fairen Mitteln. Gibt sich Parteipolitik den Anstrich des Offiziösen, nutzt die Regierung also ihre Amtsautorität für Parteipolitik, müssen die anderen politischen Wettbewerber vor diesem unlauteren Verhalten geschützt werden. Der Schutz von Schutzbedürftigem[270] betrifft hier die Integrität der politischen Willensbildung und damit das Herzstück der Demokratie. Diese konserviert das Gericht in seiner Rechtsprechung.

Doch zu bewahren gilt es nicht nur das Interesse der anderen Parteien, die nicht die Regierung stellen. Die parteienstaatliche Demokratie geht davon aus, dass politische Willensbildung durch die Parteien in den öffentlichen Diskurs und darüber in den demokratischen Prozess hineinwirkt.[271] Das setzt aber notwendig voraus, dass Parteipolitik nicht mit der Regierungsübernahme endet. Dies wäre lebensfern und letztlich auch nicht wünschenswert. Denn Parteien und Parteipolitiker werden gewählt, weil sie für bestimmte politische Positionen stehen (oder nicht stehen). Ihr Handeln in Regierungskoalition und Regierungsamt beeinflusst ihrerseits wiederum die politische Willensbildung.[272] Es ist somit Merkmal parteienstaatlicher Demokratie, dass Regierungsmitglieder stets zwei Rollen innehaben, die der Ministerin oder Kanzlerin und die der Parteipolitikerin. Notwendige Folge: Man kann von ihr nicht verlangen, dass sie die eine Rolle zugunsten der anderen vollends aufgibt.

---

[270] Siehe dazu oben Teil 1, E.
[271] Vgl. dazu stellvertretend *M. Morlok*, Demokratie und Wahlen, in: P. Badura/H. Dreier (Hrsg.), Festschrift 50 Jahre Bundesverfassungsgericht, Bd. 2, 2001, S. 559, 562 ff.; *E. Towfigh*, Das Parteien-Paradox, 2015, S. 78 f.
[272] So z. B. BVerfGE 85, 264 (284) [1992].

C. Zur Kontrolle der Gubernative: Regieren – lassen

Deshalb hat das Bundesverfassungsgericht in seiner Rechtsprechung ebenso erkannt, dass vollkommene und jederzeitige parteipolitische Neutralität von einem Regierungsmitglied nicht gefordert werden darf. Dies kommt beispielsweise in seinem Urteil vom 16. Dezember 2014 zum Ausdruck.[273] Die damalige Bundesministerin und SPD-Vizeparteivorsitzende Manuela Schwesig hatte ein Zeitungsinterview anlässlich der Verleihung des Thüringer Demokratiepreises gegeben. Darin äußerte sie sich sowohl in ihrer Funktion als Ministerin zu einer Bandbreite von Themen (u. a. Frauenquote, Elterngeld, Bekämpfung des Rechtsextremismus) als auch parteipolitisch zum bevorstehenden Landtagswahlkampf in Thüringen. Zu letzterem, namentlich zu einem etwaigen Einzug der NPD in den Landtag, sagte sie wörtlich: „Aber ich werde im Thüringer Wahlkampf mithelfen, alles dafür zu tun, dass es gar nicht erst so weit kommt bei der Wahl im September. Ziel Nummer 1 muss sein, dass die NPD nicht in den Landtag kommt."[274] Die NPD argumentierte, dies sei eine unzulässige Nutzung der Amtsautorität im Dienst von Parteipolitik und bedeute somit einen Verstoß gegen Art. 21 Abs. 1 i. V. m. Art. 3 Abs. 1 Grundgesetz. Dem trat das Gericht entschieden entgegen. Paradigma der parteienstaatlichen Demokratie sei die „Doppelrolle" von Parteipolitikerin und Regierungsmitglied.[275] Es bedeutete nicht Gleichheit, sondern Ungleichheit von Chancen, wenn es Regierungsmitgliedern untersagte wäre, sich parteipolitisch einzulassen.[276] Eine strikte Trennung von Parteipolitik und Regierungshandeln sei „nicht möglich",

---

[273] BVerfGE 138, 102 ff. [2014].
[274] Ebenda, 104.
[275] Ebenda, 118.
[276] Ebenda, 117.

Zweiter Teil: Konservatives Karlsruhe

Regierungsmitglieder könnten ihren „Doppelhut" nicht abnehmen.[277] Erst wenn sie „spezifisch [...] auf die mit [ihrem] Regierungsamt verbundene Autorität" zurückgriffen, überschreite dies die Grenze des verfassungsrechtlich Zulässigen.[278]

Insoweit *bewahrt* das Gericht ebenfalls, indessen in die umgekehrte Richtung. Es schützt Schutzbedürftiges hier in Form des politischen Elements der Regierungstätigkeit, die immer auch Parteipolitik sein muss, wenn sie von Parteipolitikern betrieben wird, die sich als solche zur Wahl stellen. Es konserviert hier also zum einen die Möglichkeit effektiver Regierungs- und Parteitätigkeit. Zum anderen erhält es den notwendig politischen Ursprung von Regierungstätigkeit, die nach dem Grundgesetz eben nicht von Technokraten, sondern von Parteipolitikern gestaltet werden soll, woraus sich die politische Willensbildung gerade speist.

Dem Muster nach ähnlich verfährt das Bundesverfassungsgericht auch beim Verhältnis von Regierung und Opposition. Das Urteil zu Oppositionsrechten angesichts einer Supermajorität der Regierungskoalition im Bundestag vom 3. Mai 2016 ist hier exemplarisch.[279] Einerseits leitet das Gericht aus dem Demokratieprinzip einen „allgemeinen Grundsatz effektiver Opposition" ab.[280] Andererseits, so der Zweite Senat, ließen sich daraus „explizit spezifische Oppositions(fraktions)rechte" oder gar ein „Gebot der Schaffung solcher Rechte" nicht ableiten.[281]

---

[277] BVerfGE 138, 102 (118) [2014].
[278] Ebenda, 118 ff. Bestätigt in BVerfGE 148, 11 (32 f.) [2018].
[279] BVerfGE 142, 25 [2016].
[280] Ebenda, 55 ff.
[281] BVerfGE 142, 25 (58) [2016].

C. Zur Kontrolle der Gubernative: Regieren – lassen

Konkret bedeutete dies, dass in der Legislaturperiode 2013–2017 die parlamentarische Opposition, die weniger als ein Viertel der Abgeordneten stellte, insbesondere nicht von denjenigen Oppositionsrechten profitieren konnte, die eine qualifizierte Minderheit von 25% der Abgeordneten erforderte (z.B. Art. 44 oder Art. 93 Abs. 1 Nr. 2 Grundgesetz). Alles andere, so das Gericht, führte zu einer mit Art. 38 Abs. 1 Satz 2 Grundgesetz nicht vereinbaren Privilegierung der Oppositionsabgeordneten gegenüber den die Regierung tragenden Abgeordneten.[282]

Auch wenn man einwenden mag, dass in derartigen Konstellationen vom vollmundigen „Grundsatz effektiver Opposition" sodann nicht viel mehr bleibt als ein Lippenbekenntnis, lässt sich doch konstatieren: Das Gericht bleibt sich argumentativ treu. Schutz demokratischer und parteienstaatlicher Grundsätze, ja. Jedoch in Form vorsichtiger, ausgleichender Rechtsprechung. Aber: keine Experimente! Konkrete effektive Oppositionsrechte allein aus einem ungeschriebenen Verfassungsprinzip zu entwickeln, das geht den Karlsruher Richterinnen und Richtern dann doch zu weit.

2. Kernbereiche

Ein weiterer uns interessierender Themenbereich betrifft die Abgrenzung der Kompetenzen von Regierung und Parlament durch das Gericht. Die Staatsleitung ist beiden übertragen,[283] aber es bleibt die Frage, wie konkrete Zuständigkeits- und Einflussbereiche zwischen ihnen zu

---

[282] BVerfGE 142, 25 (60 ff.) [2016].
[283] Vgl. stellvertretend *R. Scholz*, Staatsleitung im parlamentarischen Regierungssystem, in: P. Badura/H. Dreier (Hrsg.), Festschrift 50 Jahre Bundesverfassungsgericht, Bd. 2, 2001, S. 663 ff.

Zweiter Teil: Konservatives Karlsruhe

verteilen sind. Hier treffen zwei gegenläufige Faktoren aufeinander: Auf der einen Seite die organisatorische und faktische Ausstattung der Gubernative mit den Mitteln, schnell und effizient wesentliche Staatsleitungsentscheidungen zu treffen und auszuführen. Auf der anderen Seite, dass nach dem Grundgesetz alle Staatsgewalt vom Volk ausgeht und die Regierung ihre demokratische Legitimation von der Volksvertretung ableitet, vgl. Art. 20 Abs. 2, Art. 63 Abs. 1 und Art. 64. Das Grundgesetz gestaltet diese legitimatorische Abhängigkeit nicht als ein nur alle vier Jahre wiederkehrendes *one off*-Ereignis aus. Es verleiht vielmehr dem Parlament auch während der Legislaturperiode eine Vielzahl an Kontrollinstrumenten, z. B. durch Einrichtung von Untersuchungsausschüssen (Art. 44)[284] oder durch das aus Art. 38 Abs. 1 Satz 2 und Art. 20 Abs. 2 abgeleitete Fragerecht der Abgeordneten.[285] Kurzum: „Das parlamentarische Regierungssystem wird grundlegend auch durch die Kontrollfunktion des Parlaments ge-

---

[284] Vgl. dazu ausführlich *P.J. Glauben/L. Brocker*, Das Recht der parlamentarischen Untersuchungsausschüsse in Bund und Ländern, 3. Aufl. 2016; *B. Peters*, Untersuchungsausschussrecht, 2. Aufl. 2020. Rechtsvergleichend *S. Bräcklein*, Investigativer Parlamentarismus, 2005.

[285] Dazu z. B. bereits grundlegend *J. Hatschek*, Das Interpellationsrecht, 1909; vergleichend *S. Morscher*, Die parlamentarische Interpellation in der Bundesrepublik Deutschland, in Frankreich, Großbritannien, Österreich und der Schweiz, JöR 1976, Bd. 25, 53 ff.; *M. Brenner*, Reichweite und Grenzen des parlamentarischen Fragerechts, 2009, mit Ausführungen auch zu landesrechtlichen Vorschriften, S. 20 ff.; *D. Mundil*, Die Opposition, 2013, S. 173 ff.; *A. Deutelmoser/J. Pieper*, Das parlamentarische Fragerecht – eine hypertrophe Entwicklung?, NVwZ 2020, 839 ff. Vgl. aus der Rspr. des Gerichts nur BVerfGE 124, 161 (188) [2009]; BVerfGE 137, 185 (230 f.) [2014]; BVerfGE 147, 50 (126) [2017].

C. Zur Kontrolle der Gubernative: Regieren – lassen

prägt."[286] Inwieweit verbleibt der Regierung vor diesem Hintergrund ein kompetenzieller Eigenbehalt gegenüber dem Parlament?

In der Rechtsprechung des Bundesverfassungsgerichts, das derartige Fragen in Organstreitverfahren auf Bundes- und bei landesrechtlicher Zuweisung nach Art. 99 Grundgesetz auch auf Länderebene adressiert, kristallisiert sich diese Frage in der Argumentationsfigur des „Kernbereichs".[287] Bereits in frühen Entscheidungen zu landesrechtlichen Streitigkeiten findet sich der Topos des „Kernbereichs der Exekutive"[288] oder allgemein der Verweis auf den „Kernbereich der verschiedenen Gewalten"[289]. Seit seiner Entscheidung zum Flick-Untersuchungsausschuss aus dem Jahr 1984 spricht das Gericht sodann kontinuierlich vom „Kernbereich exekutiver Eigenverantwortung"[290] – eine Formulierung, die es wörtlich aus einem Beitrag von *Rupert Scholz* übernommen hat.[291] Thematisch geht es in den Entscheidungen zunächst um landesrechtliche Zuständigkeiten im Bereich von Personalange-

---

[286] BVerfGE 67, 100 (130) [1984]. Siehe dazu auch ausführlich und rechtsvergleichend F. *Meinel*, Selbstorganisation des parlamentarischen Regierungssystems, 2019, S. 236 ff.

[287] Zur Problematik derartiger Raummetaphern vgl. P. *Cancik*, Der „Kernbereich exekutiver Eigenverantwortung" – zur Relativität eines suggestiven Topos, ZParl 2014, 885, 890. Generell zu Metaphern in der juristischen Argumentation L. *Münkler*, Metaphern im Recht. Zur Bedeutung organischer Vorstellungen von Staat und Recht, Der Staat 2016, 181 ff.

[288] BVerfGE 9, 268 (280) [1959].

[289] BVerfGE 34, 52 (59) [1972].

[290] BVerfGE 67, 100 (139) [1984]; BVerfGE 110, 199 (214) [2004]; BVerfGE 124, 78 (120) [2009]; BVerfGE 137, 185 (234) [2014].

[291] BVerfGE 67, 100 (139) [1984] unter Zitat von R. *Scholz*, Parlamentarischer Untersuchungsausschuß und Steuergeheimnis, AöR 1980, 564, 598.

legenheiten und Berufsqualifikation,[292] seit den 1980er Jahren schwerpunktmäßig um Tätigkeit und Kompetenzen parlamentarischer Ausschüsse, vor allem von Untersuchungsausschüssen des Bundestages.[293] Das Gericht perpetuiert seit den späten 1950er Jahren eine im Wesentlichen ähnliche Argumentationsfolge: Aus dem Grundsatz der Gewaltenteilung (Art. 20 Abs. 2 Satz 2 Grundgesetz) folgten typischerweise von Verfassungs wegen zugeschriebene Funktionsbereiche der einzelnen Gewalten. Dies bedeute in der Konsequenz, dass ihnen jeweils ein Proprium, also eine Kompetenzsphäre zustehen müsse, in die die anderen Gewalten nicht vordringen dürften. Deshalb müsse im Falle der Regierung ein „Kernbereich exekutiver Eigenverantwortung" gewahrt bleiben.[294] Beispielhaft sei aus dem Urteil vom 21. Oktober 2014 zur Rüstungsexportkontrolle zitiert:

> „Begrenzt wird der Informationsanspruch des Bundestages und der einzelnen Abgeordneten auch durch das *Gewaltenteilungsprinzip* […]. In seiner grundgesetzlichen Ausformung als Gebot der Unterscheidung zwischen gesetzgebender, vollziehender und rechtsprechender Gewalt (Art. 20 Abs. 2 Satz 2 GG) dient dieses Prinzip zugleich einer *funktionsgerechten* Zuordnung hoheitlicher Befugnisse zu unterschiedlichen, jeweils aufgabenspezifisch ausgeformten Trägern öffentlicher Gewalt und sichert die rechtliche Bindung aller Staatsgewalt […]. Das Gewaltenteilungsprinzip ist damit zugleich Grund und Grenze des Informationsanspruchs des Parlaments gegenüber der Regierung. Je

---

[292] BVerfGE 9, 268 (280) [1959]; BVerfGE 34, 52 (59) [1972].
[293] Z. B. BVerfGE 67, 100 (139) [1984]; BVerfGE 110, 199 (214) [2004]; BVerfGE 124, 78 (120) [2009].
[294] Vgl. beispielsweise BVerfGE 9, 268 (280 ff.) [1959]; BVerfGE 34, 52 (59 ff.) [1972]; BVerfGE 67, 100 (130, 139) [1984]; BVerfGE 110, 199 (214 ff.) [2004]; BVerfGE 124, 78 (120 ff.) [2009]; BVerfGE 137, 185 (233 ff.) [2014].

C. Zur Kontrolle der Gubernative: Regieren – lassen

weiter ein parlamentarisches Informationsbegehren in den inneren Bereich der Willensbildung der Regierung eindringt, desto gewichtiger muss es sein, um sich gegen ein von der Regierung geltend gemachtes Interesse an Vertraulichkeit durchsetzen zu können. [...] Die Verantwortung der Regierung gegenüber Parlament und Volk setzt notwendigerweise einen *Kernbereich exekutiver Eigenverantwortung* voraus, der einen grundsätzlich nicht ausforschbaren Initiativ-, Beratungs- und Handlungsbereich einschließt."[295]

Es lohnt sich, diese letztgenannte Entscheidung etwas genauer anzusehen. Denn sie steht *pars pro toto* für das *Beharren* des Gerichts auf einer tradierten Argumentationsfigur und Rechtsprechungslinie, die sich in diesem Urteil nochmals verhärtet. Jenseits dogmatischer Konservation lässt sie Ansätze konservativer Staatstheorie aufscheinen.

Gegenstand des Verfahrens waren Auskunftsersuchen von Bundestagsabgeordneten gegenüber der Bundesregierung in der Legislaturperiode 2009–2013. Die Grünen-Abgeordneten Keul, Roth und Ströbele erfragten Informationen zu Entscheidungen, Entscheidungsstand und Entscheidungsprozessen von Genehmigungsanfragen für Rüstungsexporte außerhalb der Europäischen Union, namentlich zu Lieferungen deutscher Panzer nach Saudi-Arabien.[296] Derartige Entscheidungen trifft ein Kabinettsausschuss der Bundesregierung, der Bundessicherheitsrat.[297] Dieser besteht aus der Bundeskanzlerin und den Ministerinnen und Ministern des Äußeren, des Inneren, der Justiz, der Finanzen, der Wirtschaft, der Verteidi-

---

[295] BVerfGE 137, 185 (233 f.) [2014] (unsere Hervorhebungen).
[296] Vgl. ebenda, 194 ff.
[297] Zu den historischen Vorläufern siehe *K. Zähle*, Der Bundessicherheitsrat, Der Staat 2005, 462 ff.

Zweiter Teil: Konservatives Karlsruhe

gung und der wirtschaftlichen Zusammenarbeit sowie dem Chef des Bundeskanzleramts.[298] Die genannten Anfragen wurden durch die Bundesregierung im Wesentlichen abgewiesen.[299]

Das Gericht bestätigte eine langjährige Regierungspraxis, nach der solche Auskünfte über Vorgänge abgelehnt werden, hinsichtlich derer die Willensbildung der Regierung noch nicht abgeschlossen ist. Denn dies beträfe den „Kernbereich exekutiver Eigenverantwortung" ebenso wie Informationen über „Inhalt und Verlauf der Beratungen" sowie die Entscheidungsgründe bei bereits abgeschlossenen Vorgängen.[300] Auch entsprechende Auskünfte an ausgewählte Parlamentsgremien, die einen umfassenden Geheimhaltungsschutz versprächen, kämen aus diesen Gründen nicht in Frage.[301] Im Ergebnis bedeutet dies einen erheblichen Eigenbehalt gubernativer Staatsleitung, hinsichtlich dessen Transparenz und parlamentarische Kontrolle, geschweige denn öffentliche Deliberation, in weiten Teilen ausgeschlossen sind.

Die wesentliche argumentative Basis hierfür ist ein primär funktionelles Verständnis des Gewaltenteilungsprinzips, das die klassischen Funktionen der drei Gewalten fokussiert und daraus weitreichende Schlüsse ableitet.[302] Dieser Zugang ist dem Bundesverfassungsgericht auch zur Kompetenzabgrenzung zwischen Legislative und Ju-

---

[298] Vgl. BVerfGE 137, 185 (191 f.) [2014]. Siehe dazu auch *K. Zähle*, Der Bundessicherheitsrat, Der Staat 2005, 462, 469.
[299] Vgl. BVerfGE 137, 185 (194 ff.) [2014].
[300] Vgl. BVerfGE 137, 185 (250) [2014].
[301] Vgl. ebenda, 241.
[302] In diese Richtung auch *J. v. Achenbach*, Parlamentarische Informationsrechte und Gewaltenteilung in der neuen Rechtsprechung des Bundesverfassungsgerichts, ZParl 2017, 491, 494; *dies.*, Anm. zu BVerfG, Urt. v. 21.10.2014, 2 BvE 5/11, JZ 2015, 96, 98.

C. Zur Kontrolle der Gubernative: Regieren – lassen

dikative keineswegs fremd.[303] Zwar betont es stets, dass das Grundgesetz „nicht auf eine absolute Trennung der Funktionen der Staatsgewalt" abziele,[304] um sodann nichtsdestoweniger die typischen Funktionen und Funktionszuweisungen argumentativ stark zu machen. So unterstreicht es beispielsweise, dass das Gewaltenteilungsprinzip der „funktionsgerechten Zuordnung hoheitlicher Befugnisse zu unterschiedlichen, jeweils aufgabenspezifisch ausgeformten Trägern öffentlicher Gewalt" diene.[305] Dieses Prinzip sei konterkariert, wenn die „Regierung in [ihrer] selbständigen Funktion beeinträchtig[t]" würde.[306] „[I]n Anknüpfung an die traditionelle Staatsauffassung der Regierung" in der Außenpolitik sei der Regierung ein „weit bemessene[r] Spielraum" überlassen, womit hier die Rolle des Parlaments „schon aus Gründen der Funktionsgerechtigkeit […] beschränkt" sei.[307] Mithin müsse die parlamentarische Kontrolle insoweit mit Blick auf die „Ausübung der Regierungsfunktion" auf ein „funktionserträgliches Maß" reduziert werden.[308]

Bereits in seinen frühen Entscheidungen eröffnet sich diese funktionenfixierte Perspektive auf den Gewaltenteilungsgrundsatz, wenn das Gericht die Notwendigkeit ei-

---

[303] Vgl. z. B. BVerfGE 96, 374 (394) [1997]: Gesetzgebung habe die Funktion der Normsetzung, Rechtsprechung die Funktion der Normanwendung und -interpretation.
[304] BVerfGE 137, 185 (231) [2014]; siehe auch bereits BVerfGE 9, 268 (279) [1959]; BVerfGE 34, 52 (59) [1972].
[305] BVerfGE 137, 185 (233) [2014]; siehe auch bereits BVerfGE 124, 78 (120) [2009].
[306] BVerfGE 137, 185 (249) [2014]; siehe auch bereits BVerfGE 110, 199 (215) [2004]; BVerfGE 124, 78 (121) [2009].
[307] BVerfGE 137, 185 (235) [2014].
[308] Ebenda, 250; siehe auch bereits BVerfGE 110, 199 (219) [2004]; BVerfGE 124, 78 (122) [2009].

Zweiter Teil: Konservatives Karlsruhe

ner „funktionsfähige[n] und verantwortliche[n] Regierung" für den demokratischen Rechtsstaat betont[309] oder wenn es von den der jeweiligen Gewalt „von der Verfassung zugeschriebenen Aufgaben" spricht, die nicht preisgegeben werden dürften.[310] Für die Frage der parlamentarischen Mitwirkung an der Staatsleitung, namentlich im Bereich der Rüstungskontrolle, läuft dies auf einen *favor gubernatio* hinaus, eine Vermutung im Zweifel zugunsten der Regierung: „Eine Mitwirkung des Parlaments bei der Ausübung von Staatsfunktionen kommt nur dort in Betracht, wo sie durch das Grundgesetz ausdrücklich vorgesehen ist."[311]

Man könnte weitere Beispiele aufzählen,[312] aber der Fokus des Gerichts auf eine funktionsbezogene Argumentation ist klargeworden. Was ist ihre Konsequenz? Zunächst einmal eine „Tendenz zur Priorisierung exekutiver Effektivität und Effizienz" und somit zur Betonung „exekutive[r] Handlungsfähigkeit".[313] Staatsleitung ist Regierungsaufgabe, weil die Gubernative sie schneller und besser realisieren kann. Dies entspricht dem „traditionellen" Verständnis der Aufgabenzuweisung an die Regierung, zumal in Fragen mit außenpolitischem Bezug, wie es das Gericht selbst hervorgehoben und argumentativ eingesetzt hat.[314] Dem effektivsten Organ, dem die Mittel zum

---

[309] BVerfGE 9, 268 (280) [1959].
[310] BVerfGE 34, 52 (59) [1972].
[311] BVerfGE 137, 185 (236) [2014].
[312] Vgl. z.B. BVerfGE 9, 268 (279f.) [1959]; BVerfGE 34, 52 (59) [1972]; BVerfGE 110, 199 (214f.) [2004]; BVerfGE 124, 78 (120ff.) [2009]; BVerfGE 137, 185 (231ff.) [2014].
[313] *J. v. Achenbach*, Parlamentarische Informationsrechte und Gewaltenteilung in der neuen Rechtsprechung des Bundesverfassungsgerichts, ZParl 2017, 491, 509, 515.
[314] BVerfGE 137, 185 (235) [2014].

C. Zur Kontrolle der Gubernative: Regieren – lassen

konkreten Handeln an die Hand gegeben sind, wird die Staatsleitung anvertraut. Hier schwingt eine Grundauffassung von Gewaltenverteilung im Staat mit, die Anklänge konservativer Staatstheorie aufweist: das *Pro* und *Prä* zugunsten derjenigen Gewalt, die konkret zu handeln, die mithin die konkrete Ordnung zielgerichtet zu realisieren vermag.[315] Sie soll bzw. darf bei Realisierung der Staatsleitung nicht allzu großen parlamentarischen Fesseln, nicht allzu großer parlamentarischer Beobachtung unterworfen sein. Hinter dem dogmatischen Konservatismus – das Gericht hält am *topos* des „Kernbereichs exekutiver Eigenverantwortung" seit den späten 1950er Jahren fest – verbirgt sich also ein gewisser staatstheoretischer Konservatismus: Funktionsfixierung bedeutet hier unweigerlich „Exekutivlastigkeit".[316]

Wir sehen darin ein konservatives Element der Rechtsprechung im Sinne eines *Beharrens*: Das Gericht insistiert auf einer bestimmten dogmatischen Figur, dahinter steht aber zugleich ein bestimmtes, tendenziell staatstheoretisch konservatives Verständnis von Gewaltenteilung in der parlamentarischen Demokratie. Denn das Grundgesetz zwingt keineswegs zu einer allein oder wesentlich funktionellen Perspektive und somit im Ergebnis zu einem *Pro und Prä* der Gubernative. Gewaltenteilung ist nicht nur Funktionsaufteilung und -abgrenzung. Ganz wesentlich geht es ihr auch um wechselseitige Kontrolle und somit um Ausgleich. Keiner Gewalt darf zu viel Macht übertragen sein, ohne dass die andere zugleich ermächtigt wird, die Machtausübung zu kontrollieren:

---

[315] Siehe oben I. und auch oben Teil 1, B.
[316] *P.M. Huber*, Regierung und Opposition, in: J. Isensee/ P. Kirchhof (Hrsg.), HdbStR, Bd. III, 3. Aufl. 2005, § 47, Rn. 18.

Zweiter Teil: Konservatives Karlsruhe

„Ambition must be made to counteract ambition". „Checks and balances" stehen also dabei im Vordergrund, wie sie bereits *Hamilton* und *Madison* im Federalist No. 51 für die US-amerikanische Verfassungstheorie klassisch formuliert haben.[317]

Denn dass Art. 26 Abs. 2 Grundgesetz der Bundesregierung die Kompetenz zur Genehmigung der Ausfuhr von Kriegswaffen überträgt, heißt mit Blick auf die Gewaltenteilung noch nicht, dass sie dabei nicht parlamentarischer Kontrolle – ggf. unter Beachtung notwendiger Geheimhaltungsanforderungen – unterworfen sein kann. Dies vor allem auch deshalb, weil das Grundgesetz die Gewaltenteilung ausdrücklich nur demokratisch rückgekoppelt und eingebettet gewährleistet:[318] Alle Staatsgewalt geht vom Volk aus und *diese demokratisch legitimierte Staatsgewalt* untergliedert sich in Legislative, Exekutive und Judikative, Art. 20 Abs. 2 Sätze 1 und 2 Grundgesetz. Effektive, „funktionsgerechte"[319] Gewaltenausübung ist kein grundgesetzlich geschützter Eigenwert, sondern nur solches Handeln der einzelnen Gewalten, das deren demokratische Konstituierung berücksichtigt.[320] Dies spricht dafür, dass die Regierung auch in Fragen der Staatsleitung, einschließlich dem Export von Rüstungsgütern, ef-

---

[317] Vgl. *A. Hamilton/J. Madison*, The Structure of the Government Must Furnish the Proper Checks and Balances Between the Different Departments, Federalist No. 51, 8. Februar 1788.

[318] Siehe dazu grundlegend *E.-W. Böckenförde*, Verfassungsfragen der Richterwahl, 1. Aufl. 1974, S. 66 ff.; *ders.*, Demokratie als Verfassungsprinzip, in: J. Isensee/P. Kirchhof (Hrsg.), HdbStR, Bd. II, 3. Aufl. 2004, § 24, Rn. 87 ff.

[319] BVerfGE 137, 185 (235) [2014].

[320] In diese Richtung auch *J. v. Achenbach*, Parlamentarische Informationsrechte und Gewaltenteilung in der neuen Rechtsprechung des Bundesverfassungsgerichts, ZParl 2017, 491, 515.

C. Zur Kontrolle der Gubernative: Regieren – lassen

fektiver Kontrolle unterworfen sein muss. Der Kontrolle nämlich derjenigen anderen Gewalt, von der sie ihre demokratische Legitimation unmittelbar ableitet.[321]

3. Hohe Politik und verfassungsgerichtliche Pragmatik

Mag das Gericht, wie im vorigen Abschnitt erörtert, teilweise allzu schnell auf Staatsleitung durch effektives Regierungshandeln verweisen, ist auf der anderen Seite zu konzedieren, dass es Felder geben muss, die der Gubernative jedenfalls im Wesentlichen vorbehalten bleiben sollten. Dies betrifft vor allem solche Bereiche, die aufgrund ihres ausschließlich politischen Charakters einer vollen verfassungsgerichtlichen Kontrolle entzogen sind oder jedenfalls sein sollten, will man nicht einer Verrechtlichung des genuin Politischen und damit einem gerichtlichen *power grab* das Wort reden.

Ein Beispiel, auf das wir uns hier beschränken, behandelt mit der Frage, ob der Bundeskanzler die Vertrauensfrage nach Art. 68 Grundgesetz stellen kann, um vorgezogene Neuwahlen herbeizuführen, zugleich auch das Problem des verfassungsgerichtlichen Kontrollumfangs im Bereich des Hochpolitischen. Das Grundgesetz ist

---

[321] Im Ergebnis in diese Richtung auch *P. Cancik*, Der „Kernbereich exekutiver Eigenverantwortung" – zur Relativität eines suggestiven Topos, ZParl 2014, 885, 898 ff. Dass das Gericht dies im Ergebnis so wenig berücksichtigt, verwundert vor diesem Hintergrund umso mehr als es in ständiger Rechtsprechung die „starke Stellung der Regierung" hervorhebt, sich also dieses strukturellen Vorteils der Gubernative gegenüber dem Parlament durchaus bewusst ist (vgl. BVerfGE 137, 185 (231) [2014]; siehe auch bereits BVerfGE 67, 100 (130) [1984]; BVerfGE 124, 78 (121) [2009]).

Zweiter Teil: Konservatives Karlsruhe

nach den Wirren von Weimar[322] auf Stabilität der Regierung und der sie tragenden Mehrheit im Bundestag hin angelegt, sodass es Auflösung und Neuwahlen des Parlaments nur als *ultima ratio* ermöglicht.[323] Trotzdem hat das Gericht in beiden Fällen, in denen die Bundeskanzler Kohl 1983 und Schröder 2005 eine derartige auflösungsgerichtete Vertrauensfrage stellten, im Ergebnis grünes Licht für Neuwahlen gegeben.[324]

Um der „Stabilisierungsausrichtung des Grundgesetzes"[325] gerecht zu werden, hat das Gericht bereits 1983 mit der „instabilen Lage" ein „ungeschriebenes sachliches Tatbestandsmerkmal" in Art. 68 Grundgesetz entdeckt[326] und dies 2005 bestätigt.[327] Nicht stets und voraussetzungslos könne der Bundeskanzler (oder die Kanzlerin) die Vertrauensfrage stellen, sondern „[d]ie politischen Kräfteverhältnisse im Bundestag müssen [die] Handlungsfähigkeit [des Bundeskanzlers/der Bundeskanzlerin] so beeinträchtigen oder lähmen, daß er [oder sie] eine vom stetigen Vertrauen der Mehrheit getragene Politik nicht sinnvoll zu verfolgen vermag."[328] Allerdings – und es ist ein großes Aber – die Bewertung, ob eine solche „instabile Lage" gegeben sei, falle in den „Einschätzungsspielraum" des Bundeskanzlers.[329] Dieser Spielraum sei nur eingeschränkter gerichtlicher Kontrolle zugänglich, die

---

[322] Vgl. dazu die differenzierte Analyse bei *C. Gusy*, 100 Jahre Weimarer Verfassung, 2018, S. 156 ff.
[323] Vgl. BVerfGE 62, 1 (40 ff.) [1983]; BVerfGE 114, 121 (149 ff.) [2005].
[324] BVerfGE 62, 1 [1983]; BVerfGE 114, 121 [2005].
[325] BVerfGE 114, 121 (152) [2005].
[326] Vgl. die Passagen in BVerfGE 62, 1 (40 ff.) [1983].
[327] Siehe BVerfGE 114, 121 (156, 168) [2005].
[328] BVerfGE 62, 1 (44) [1983].
[329] Ebenda, 50 f.; BVerfGE 114, 121 (157) [2005].

C. Zur Kontrolle der Gubernative: Regieren – lassen

darauf reduziert sei, die „Plausibilität der Lagebeurteilung des Bundeskanzlers" zu überprüfen.[330] Im Ergebnis nimmt das Gericht damit das ungeschriebene Tatbestandsmerkmal der instabilen Lage weitgehend wieder zurück. Im Interesse „wirksamer politischer Handlungsfreiheit"[331] etabliert das Gericht hier letztlich eine Art *carve out* für die *political question*[332] der Vertrauensfrage. Man kann *Gertrude Lübbe-Wolff* in ihrem Sondervotum zum Urteil von 2005 nur beipflichten, dass es sich bei der gerichtlichen Plausibilitätsprüfung um nicht viel mehr als eine „Kontrollinszenierung"[333] handelt. Die politische Entscheidung, die Vertrauensfrage zu stellen, ist rechtlicher Überprüfung von voneherein kaum zugänglich.[334] Der Richtermehrheit in beiden Urteilen wird dies wohl nicht entgangen sein. Daher kann man insoweit von einer bewussten oder jedenfalls in ihren Konsequenzen bewusst in Kauf genommenen Entscheidung für einen gerichtlich nicht überprüfbaren Raum politischer Leitentscheidung ausgehen, der allein dem Regierungsoberhaupt zugewiesen ist.

Hier ist ein Element staatspolitisch konservativer Fokussierung auf die Entscheidungsgewalt der Gubernative erkennbar – wenn auch realisiert im Wege dogmatischer Kreativität. Dieser staatspolitisch konservative Anklang ist in den Urteilen von 1983 und 2005 nochmals dadurch verstärkt, dass die Richtermehrheit die Vertrauens*frage* des Bundeskanzlers zum Mittelpunkt ihrer Erörterungen

---

[330] BVerfGE 114, 121 (161) [2005]; ähnlich auch bereits BVerfGE 62, 1 (51, 62) [1983].
[331] BVerfGE 114, 121 (157) [2005].
[332] Siehe dazu oben II.
[333] BVerfGE 114, 121 (186) [2005], Sondervotum Lübbe-Wolff.
[334] Ebenda, 188 ff.

macht und die Antwort des Vertrauensgebers, des Bundestags nämlich, ganz in den Hintergrund treten lässt.[335] Indessen erscheint die jedenfalls im Ergebnis stark zurückgenommene richterliche Kontrolle letztlich politisch klug und pragmatisch unausweichlich. Das Gericht würde sich durch die Juridifizierung hochpolitischer Lageeinschätzungen wie den Bedingungen der Vertrauensfrage sowohl kompetenziell als auch politisch auf sehr dünnes Eis begeben. Es müsste hohe Politik als Recht ausgeben und liefe Gefahr, seine Autorität zu untergraben, die gerade aus der Sphäre des Rechts und der damit verbundenen Kompetenz erwächst, rechtliche – nicht aber genuin politische – Entscheidungen zu treffen. Zusammenfassend betrachtet *bewahrt* das Gericht in diesem Feld der „hohen Politik" mithin zweierlei vor einer gekünstelten Verrechtlichung: die Notwendigkeit politischer Pragmatik und die Eigenheit genuin politischer Leitentscheidungen.

4. Covid-19 und die zu lange „Stunde der Exekutive"

Noch nie in der Geschichte der Bundesrepublik sind gleichzeitig nahezu alle Grundrechte eingeschränkt worden.[336] Noch nie sind Beschränkungen der Grundrechte – zum Teil sogar deren nahezu vollständige Aufhebung[337] – von solcher Dauer und fundamentalen Tiefe gewesen, wie

---

[335] Vgl. auch BVerfGE 114, 121 (183) [2005].
[336] Unberührt bleiben lediglich jene wenigen Rechte, deren Ausübung kontakt- und damit infektionsirrelevant ist, wie etwa das Brief- und Fernmeldegeheimnis.
[337] Gegen den Begriff der rechtlichen Suspendierung, aber eine z.T. faktische konzedierend *J. Kersten/S. Rixen*, Der Verfassungsstaat in der Corona-Krise, 2020, IV. 3. Suspendierung von Grundrechten?

C. Zur Kontrolle der Gubernative: Regieren – lassen

im Zuge der Covid-19-Pandemie 2020/2021.[338] Noch nie hat das Bundesverfassungsgericht mehr eingehende Beschwerden verzeichnet.[339] Noch nie hat das Gericht wohl so wenig solch massiven Einschränkungen entgegengesetzt.[340] Kurzum: Es steht schlecht um die Resilienz der Grundrechte. So gilt für den jüngsten Abschnitt bundesrepublikanischer Geschichte der Befund: Weniger Freiheit, mehr Regierung war nie.

Dass der gestaltende Gesetz- und Verordnungsgeber als „Erstinterpret" der Verfassung in Sachen Grundrechtsschutz ganz überwiegend ausfiel und gewissermaßen eine grundrechtsinsensible „Parallelrechtsordnung" schuf, ist für sich bereits hoch problematisch.[341] Der freiheitliche (Grund-)Rechtsstaat verlangt, wie aus Art. 1 Abs. 3 Grundgesetz unmissverständlich deutlich wird, auch und gerade von Legislative und Exekutive Grundrechtsbewahrung.[342] Eine Pandemiebewältigung mittels Rechtsverordnung statt Parlamentsgesetz produziert fast

---

[338] Statt vieler *O. Lepsius*, Grundrechtsschutz in der Corona-Pandemie, RuP 2020, Bd. 56, 258.

[339] 882 Eingänge im Jahr 2020 standen im Zusammenhang mit Corona. Von den 271 eigenständigen Eilanträgen (so viele wie nie zuvor) wiesen wiederum 72 einen Konnex zur Pandemie auf, vgl. https://rsw.beck.de/aktuell/daily/meldung/detail/corona-krise-laesst-eilantraege-an-bverfg-auf-rekordwert-steigen. Siehe auch die Jahresstatistik des Gerichts, https://jahresbericht.bundesverfassungsgericht.de/pdf/#dflip-df_7/61/.

[340] Von den 72 mit Covid-19 in Verbindung stehenden Eilanträgen des Jahres 2020 sind lediglich drei positiv beschieden worden.

[341] Siehe die Analyse und den treffenden Begriff bei *O. Lepsius*, Grundrechtsschutz in der Corona-Pandemie, RuP 2020, Bd. 56, 258, 264 ff.

[342] *H.M. Heinig/T. Kingreen/O. Lepsius/C. Möllers/U. Volkmann/H. Wißmann*, Why Constitution Matters – Verfassungsrechtswissenschaft in der Corona-Krise, JZ 2020, 861, 865.

Zweiter Teil: Konservatives Karlsruhe

zwangsläufig Grundrechtsdefizite, weil diese Handlungsform ihrer Entstehung und Wirkung nach keine angemessene Grundrechtssensibilität zulässt. Die anhaltende Marginalisierung des vielfältige Interessen abbildenden und ausgleichenden Parlaments ohne die gebotene Rücksichtnahme auf die durch Art. 80 Abs. 1 S. 2 Grundgesetz aufgegebenen gesetzgeberischen Gestaltungs*verpflichtungen*[343] ist mithin erstursächlich: Grundrechtsdefizit durch Exekutiv- bzw. Gubernativdominanz. Oftmals kompensiert derartige Defizite der Entscheidungsebene jedoch das Bundesverfassungsgericht auf der nachgeordneten Kontrollebene. Indes hat sich das Karlsruher Gericht als kontrollierender „Zweitinterpret der Verfassung"[344] – jedenfalls bislang – sehr bedeckt gehalten. Haben wir es mit einem bundesverfassungsgerichtlichen *Bewahrungs*ausfall in der Pandemie zu tun?

Analysiert man die bisher ergangenen Beschlüsse, ist zunächst anzumerken, dass vieles, was zurzeit (Stand: März 2021) kritikwürdig erscheint, nicht durch das Karlsruher Gericht zu verantworten ist. Zum einen erlauben es

---

[343] Das Bundesverfassungsgericht fordert mit Blick auf die gesetzesvertretende Verordnung einen Selbstentscheidungsvorbehalt, eine Programmfestsetzungspflicht und ein Vorhersehbarkeitsgebot, wie *H.M. Heinig/T. Kingreen/O. Lepsius/C. Möllers/U. Volkmann/H. Wißmann*, Why Constitution Matters – Verfassungsrechtswissenschaft in der Corona-Krise, JZ 2020, 861, 867 f. unter Verweis auf BVerfG v. 19.9.2018 – 2 BvF 1/15, 2 BvF = BVerfGE 150, 1, 101 feststellen.

[344] *P. Kirchhof*, Rechtsphilosophische Fundierung des Richterrechts: Die Idee des Rechts, in: C. Bumke (Hrsg.), Richterrecht zwischen Gesetzesrecht und Rechtsgestaltung, 2012, S. 71, 78. Das Bild von Erst- und Zweitinterpret bei *K. Schlaich/S. Korioth*, Das Bundesverfassungsgericht, 11. Aufl. 2018, S. 397, Rn. 530. Ebenso auch das Gericht selbst, BVerfGE 101, 158 (236) [1999].

C. Zur Kontrolle der Gubernative: Regieren – lassen

die Antragsteller dem Gericht kaum, zu Wort zu kommen. Zu groß ist die Unkenntnis der Antragsteller hinsichtlich der Antragsvoraussetzungen nach § 32 BVerfGG, zu gewichtig sind die sich daraus ergebenden sowie weitere Fehler und Defizite der Anträge, insbesondere die Nichtbeachtung der Subsidiarität und des Begründungserfordernisses gemäß §§ 23 Abs. 1 S. 2, 92 BVerfGG.[345] Zum anderen ist der Rechtsschutz in der Pandemie eilig und vorläufig. Mit Ausnahme des ebenfalls zeitsensiblen Versammlungsrechts[346] wirkt sich die Kurzfristigkeit in Kombination mit gravierenden Unsicherheitsfaktoren typischerweise zugunsten des Verordnungsgebers respektive der Gubernative und zu Lasten der antragenden Grundrechtsberechtigten aus.[347]

Aber auch im Rahmen des im Eilrechtsschutz Möglichen haben sich die Karlsruher Richterinnen und Richter bisher eher zurückgehalten. Die Gründe für diese Zurückhaltung, so scheint es uns, hängen mit dem zusammen, was wir als konservativ verstehen. Schaut man sich die Beschlüsse an, so lässt sich ablesen, dass auch angesichts der größten Herausforderung des (Grund-)Rechtsstaates[348] in der bundesrepublikanischen Geschichte das Gericht geneigt ist, die Gestaltungsmacht der Exekutive

---

[345] So auch *R. Zuck/H. Zuck*, Die Rechtsprechung des BVerfG zu Corona-Fällen, NJW 2020, 2302, 2304 f. mit Blick auf die bis zum Sommer 2020 ergangenen Beschlüsse.

[346] BVerfG, Beschl. v. 17.4.2020, 1 BvQ 37/20; BVerfG, Beschl. v. 15.4.2020, BvR 828/20; BVerfG, Beschl. v. 29.4.2020, 1 BvQ 44/20, Rn. 13 f.

[347] So hellsichtig *O. Lepsius*, Grundrechtsschutz in der Corona-Pandemie, RuP 2020, Bd. 56, 258, 274 f.

[348] *H. Dreier*, Rechtsstaat, Föderalismus und Demokratie in der Corona-Pandemie, DÖV 2021, 229.

Zweiter Teil: Konservatives Karlsruhe

und insbesondere der Gubernative, deren *Prä* und *Pro*, auf unterschiedliche Art zu schützen.

Begrifflich wie auch der Sache nach kommt das *Prä* für die Regierung zunächst in der vom Gericht konzedierten Einschätzungsprärogative[349] zum Ausdruck, die sich nicht in einer rein zeitlichen Dimension zu erschöpfen scheint.[350] An der erstmals im Mitbestimmungsurteil begrifflich geprägten Figur[351] hält das Gericht fest – auch und gerade in der Pandemiebekämpfung. Auf den ersten Blick erscheint dies angesichts der vorherrschenden Ungewissheit und Wissensdynamik sinnvoll und geboten. Jedoch handelt es sich bei dem zu prüfenden Gegenstand nicht um abstrakt-generelle Regelungen der Legislative, sondern um gravierende Eingriffsmaßnahmen der Exekutive. Vor diesem Hintergrund mutet die gerichtlich flächendeckend zugebilligte Einschätzungsprärogative, mit der eine Rücknahme judikativer Kontrolldichte korrespondiert, etwas zweifelhaft an. Die *Beharrung* auf dieser staatstragenden Figur führt zu einer Begrenzung der *Bewahrung* des Grundrechtsschutzes.

---

[349] Umfassend zu dieser mit Blick auf den Gesetzgeber *C. Bickenbach*, Die Einschätzungsprärogative des Gesetzgebers, 2014; in Bezug auf die Exekutive *T. v. Danwitz*, Die Gestaltungsfreiheit des Verordnungsgebers, 1989, S. 161 ff.; *P. Badura*, Das normative Ermessen beim Erlaß von Rechtsverordnungen und Satzungen, in: P. Selmer/I. von Münch (Hrsg.), Gedächtnisschrift für Wolfgang Martens, 1987, S. 25 ff.; *C. Weitzel*, Justitiabilität des Rechtsetzungsermessen, 1998; *K. Meßerschmidt*, Gesetzgebungsermessen, 2000; *T. Schwabenbauer/M. Kling*, Gerichtliche Kontrolle administrativer Prognoseentscheidungen am Merkmal der „Zuverlässigkeit", VerwArchiv 2010, 231 ff.

[350] Zu diesem *F. Hufen*, Berufsfreiheit – Erinnerung an ein Grundrecht, NJW 1994, 2913, 2919.

[351] BVerfGE 50, 290 (332 ff.) [1979].

C. Zur Kontrolle der Gubernative: Regieren – lassen

Exemplarisch für die Dominanz eines solchen Beharrens gegenüber dem grundrechtlichen Bewahren ist ein Beschluss zulasten eines psychisch erkrankten, schwer depressiven Antragstellers, der in Folge der Pandemieschutzmaßnahmen besonders unter sozialer Isolation litt und dessen Therapie lediglich per Videositzung durchgeführt werden konnte:

„Würden die zahlreichen vom Antragsteller angegriffenen Beschränkungsmaßnahmen ausgesetzt, ist im Rahmen der Folgenabwägung *davon auszugehen, dass es entsprechend der Einschätzung des Verordnungsgebers* mit hinreichender Wahrscheinlichkeit zu einem erneuten gegebenenfalls exponentiellen Anstieg der Ausbreitungszahlen des Corona-Virus kommen könnte, der schlimmstenfalls zu einer Überlastung des Gesundheitssystems mit entsprechenden gesundheitlichen und auch zum Tod führenden Folgen für eine sehr große Zahl von Personen führen könnte."[352]

Ähnlich wird auch in anderen Beschlüssen die Geeignetheit der durch den Verordnungsgeber gewählten Maßnahme vom Gericht schlicht unterstellt und sodann der typische Verweis angefügt, dass sonst eine Gefahrerhöhung eintreten könnte, obwohl dem durch eine Beschränkung hätte entgegengewirkt werden können.[353] Das *Prä* der Ex-

---

[352] BVerfG, Beschl. v. 1.5.2020, 1 BvQ 42/20 (unsere Hervorhebungen). Angesichts der Versagung konventioneller Therapiesitzungen in diesem Fall mutet es im Übrigen irritierend an, dass das Gericht jüngst eine Abschiebung eines drogenabhängigen afghanischen Flüchtlings vorläufig untersagt hat, weil sich das Verwaltungsgericht nicht mit den Auswirkungen der Covid-Pandemie auf das afghanische Gesundheits- und Wirtschaftssystem auseinandergesetzt habe, und somit nicht sichergestellt sei, dass die Drogen- und Substitutionstherapie dort fortgesetzt werden könne, siehe BVerfG, Beschl. v. 9.2.2021, 2 BvQ 8/21, Rn. 8.

[353] Vgl. zu Ladenöffnungen etwa Beschl. v. 29.4.2020, 1 BvQ

Zweiter Teil: Konservatives Karlsruhe

ekutive ist deutlich vernehmbar. Von der sonst beschworenen Einzelfallgerechtigkeit ist keine Spur.[354] Es verbietet sich offenbar jede nicht-schematische Betrachtung. Umstände des Einzelfalls bleiben unberücksichtigt.[355]

Ganz besonders beharrt das Karlsruher Gericht auf der Einschätzungsprärogative, wenn es um die Schutzpflichtendimension geht.[356] Im Ergebnis sind deshalb etwa, ungeachtet des vom Antragsteller geltend gemachten Infektionsrisikos und der allgemeinen Ausgangssperre, gerichtliche Hauptverhandlungstermine durchzuführen – auch für Risikopatienten.[357] Bemerkenswerter noch

---

47/20, Rn. 16; ähnlich auch z. B. Beschl. v. 15.7.2020, 1 BvR 1630/20, Rn. 24. Hinsichtlich einer untersagten Versammlung mit zehn namentlich bekannten Teilnehmern, in der der Antragsteller die „plausible Einschätzung" der Behörde nicht „durchgreifend erschütter[n]" konnte, siehe Beschl. v. 9.4.2020, 1 BvQ 29/20, Rn. 8 f. Für eine lediglich oberflächliche Auseinandersetzung, vgl. auch Beschl. v. 15.7.2020, 1 BvR 1630/20, Rn. 24.

[354] Ebenfalls offenbar irritiert *O. Lepsius*, Grundrechtsschutz in der Corona-Pandemie, RuP 2020, Bd. 56, 258, 276, Fn. 38.

[355] Dass dies auch anders geht, hatte das Gericht selbst in einem Beschluss im April 2020 unter Beweis gestellt. Unter Rücksichtnahme auf die konkreten Umstände des Einzelfalls und unter strengen Auflagen erlaubten die Karlsruher Richter Freitagsgebete in einer Moschee für den Zeitraum des Ramadan, vgl. Beschl. v. 29.4.2020, 1 BvQ 44/20, Rn. 13 f.

[356] BVerfG, Beschl. v. 19.5.2020, 2 BvR 483/20, Rn. 8.

[357] BVerfG, Beschl. v. 16.11.2020, 2 BvQ 87/20 unter Verweis auf einen weiten Einschätzungsspielraum der Judikative in Rn. 52 f. sowie auf die Umsetzung der vom RKI empfohlenen Hygienemaßnahmen durch das Gericht, Rn. 61. Notabene: Die dort aufgeführten Maßnahmen müssten wohl auch zahlreiche der bundesweit seit dem 2.11.2020 geschlossenen Restaurants ohne weiteres erfüllen können. Sicherlich wird sich hören lassen, dass eine funktionstüchtige Strafrechtspflege schwerer wiegt als vergnügliche Restaurantbesuche, die indessen für die Restaurantbetreiber zweifelsohne auf der anderen Seite die Existenzgrundlage darstellen. Aber um diese Abwägung

C. Zur Kontrolle der Gubernative: Regieren – lassen

ist aber an diesem Beschluss vom März 2020 der sich anschließende Absatz:

„Dies gilt umso mehr, als ein *gewisses Infektionsrisiko* mit dem neuartigen Corona-Virus derzeit *für die Gesamtbevölkerung zum allgemeinen Lebensrisiko* gehört, von dem auch der Angeklagte in einem Strafverfahren nicht vollständig ausgenommen werden kann."[358]

Dass die Erkrankung an Covid-19 zum allgemeinen Lebensrisiko erklärt wird, ist gewiss eine plausible Feststellung. Zum einen drängt sich dann allerdings die Folgefrage auf, ob die fundamentalsten Grundrechtseinschränkungen der bundesrepublikanischen Geschichte nicht doch in weiten Teilen unverhältnismäßig sein müssten. Zum anderen ist auffällig, dass sich diese zutreffende, aber bislang singulär gebliebene Qualifikation als allgemeines Lebensrisiko in einer *zugunsten* der Exekutive und nicht *gegen* sie ausgegangenen Entscheidung findet. Gleiches gilt auch für eine weitere Argumentationsfigur, nämlich jene, dass verfassungsrechtlich kein Ausschluss jeden Risikos geboten sei. Dieses stichhaltige Argument findet sich ebenfalls ausschließlich *zugunsten* des Staates respektive der vorinstanzlichen Gerichte.[359] Zugegeben, dies war eine vergleichsweise frühe Entscheidung (Mai 2020) und das Gericht hat die Argumentation – soweit ersichtlich –

---

ging es nicht. Vielmehr werden gerichtliche Schutzkonzepte per se als ausreichend angenommen, in der privaten Sphäre hingegen der Exekutive ein *Prä* eingeräumt. Die Zweifel mit Blick auf die Hygienemaßnahmen werden vom Gericht mit Verweis darauf, dass der Ausschluss eines jeden Risikos verfassungsrechtlich nicht geboten sei, in Rn. 62 und 63 verworfen.

[358] Beschl. v. 19.5.2020, 2 BvR 483/20, Rn. 9 (unsere Hervorhebungen).

[359] Etwa Beschl. v. 16.11.2020, 2 BvQ 87/20, Rn. 62 und 63.

Zweiter Teil: Konservatives Karlsruhe

später nicht wiederholt. Und dennoch: Die Einschätzungsprärogative, so scheint es, führt in Karlsruhe dazu, dass konziliant kontrolliert wird.

Die Prärogativen der (Landes-)Regierung(en) basieren auf besonderem, oftmals berechtigtem Vertrauen. Ebenso bemerkenswert wie problematisch ist es für einen gewaltengeteilten Staat allerdings, wenn ein nahezu unkontrolliertes Durchreichen entsteht: Die Gubernative vertraut auf einen begrenzten Expertenkreis und dessen Expertise in einem wiederum begrenzten Fachgebiet, insbesondere dem Robert Koch-Institut (RKI), das als nachgeordnete Bundesoberbehörde im Sinne des Art. 87 Abs. 3 S. 1 Grundgesetz Teil der Exekutive ist. Entsprechend wird vollzogen. Der damit entstehenden Eindimensionalität haftet für sich bereits etwas Problematisches an, wie *Oliver Lepsius* eindringlich aufgezeigt hat.[360] Besonders prekär ist es allerdings, wenn auf der Kontrollebene mit zweierlei Maß gemessen wird und eine gewisse Asymmetrie erkennbar ist – je nachdem ob *pro* oder *contra* Regierung entschieden wird. Während das Gericht in einem Beschluss vom 10. April 2020 zum Verbot von öffentlichen Ostergottesdiensten auf die als „maßgeblich" bezeichneten Risikoeinschätzungen des RKI pocht und relativ pauschal auf dessen Schutzangaben verweist,[361] gestattet es selbiges nicht den Beschwerdeführern.[362] So heißt es in

---

[360] O. *Lepsius*, Grundrechtsschutz in der Corona-Pandemie, RuP 2020, Bd. 56, 258, 276.
[361] BVerfG, Beschl. v. 10.4.2020, 1 BvQ 31/20, Rn. 13. Mit der gleichen Terminologie und Bezug auf das RKI: BVerfG, Beschl. v. 10.4.2020, 1 BvQ 28/20, Rn. 13 f.
[362] Unterschiedliche Maßstäbe deuten sich auch darin an, dass wissenschaftliche Einschätzungen eine geringere Bedeutung zugewiesen bekommen, wenn die Antragsteller *gegen* Lockerungen vorgehen bzw. versuchen, die Regierung auf *mehr* Schutzmaßnahmen

C. Zur Kontrolle der Gubernative: Regieren – lassen

einem knapp eine Woche zuvor ergangenen Beschluss, in dem die Aufhebung zweier Hauptverhandlungstermine beantragt wird:

„Sie [die Antragsschrift des Beschwerdeführers] setzt sich *weder in tatsächlicher noch in rechtlicher Hinsicht* mit den vom Landgericht *durchgeführten Schutzvorkehrungen auseinander* [...], sondern behauptet *pauschal und ohne hinreichenden Beleg*, nur ein ‚absolutes Kontaktverbot' könne eine Infektion *verhindern*."[363]

Klingt einleuchtend. Aber das Karlsruher Gericht führt eben kurz darauf im erwähnten Beschluss vom 10. April 2020 unter Verweis auf das RKI seinerseits sehr pauschal an, ein Abstand von eineinhalb Metern während Gottesdiensten „vermindere" zwar, „verhindere" jedoch nicht notwendigerweise eine Ansteckung. Deshalb reichten die von der Gemeinde vorgeschlagenen Schutzvorkehrungen nicht aus, die Ostergottesdienste 2020 könnten daher nicht stattfinden.[364] Man fragt sich, ob sich das Gericht selbst mit diesen Vorschlägen in tatsächlicher und rechtlicher Hinsicht ausreichend auseinandergesetzt hat.[365] In diesem Beschluss heißt es sodann weiter: „Nach Bewertung etwa des Robert Koch-Instituts kann [...] ein Kollabieren des staatlichen Gesundheitssystems mit zahlreichen Todesfällen nur dadurch vermieden werden, dass die Ausbreitung der hoch infektiösen Viruserkrankung durch

---

zu verpflichten, vgl. BVerfG, Beschl. v. 12.5.2020, 1 BvR 1027/20, Rn. 8.
[363] BVerfG, Beschl. v. 1.4.2020, 2 BvR 571/20, Rn. 1 (unsere Hervorhebungen).
[364] BVerfG, Beschl. v. 1.4.2020, 2 BvR 571/20, Rn. 14 f.
[365] So indes das Gericht im Ramadan-Beschluss v. 29.4.2020, 1 BvQ 44/20. Rn. 13 f.

Zweiter Teil: Konservatives Karlsruhe

eine möglichst weitgehende Verhinderung von Kontakten verlangsamt wird".[366]

Dem ist, nach Auffassung des Gerichts, wohl nichts hinzuzufügen. Der Beschluss ist repräsentativ für zahlreiche weitere.[367] Statt auf Basis der Einschätzung des RKI eine eigenständige Folgenabwägung vorzunehmen, wird jener Empfehlung der Bundesoberbehörde ein nahezu imperativer Charakter beigemessen und sich dieser angeschlossen. Verfassungsgerichtsbarkeit findet gewiss eine ihrer Grenzen im „Gebot der Respektierung der Aufgaben der anderen Gewalten und der Abstimmung auf diese."[368] Respekt und Abstand finden aber ihrerseits ihre Grenzen, wo Exekutive und Experten zu einer grundrechtsinsensiblen Expertokratie[369] verschmelzen.

Schließlich kulminiert Karlsruher *judicial self-restraint*, sofern das Gericht sich mit dem Verhältnis von Gesetz- und Verordnungsgeber in der Krise beschäftigt. So hat das in Bayern verhängte Verbot, nicht mehr ohne triftigen Grund seine Wohnung zu verlassen, in einem Beschluss die Frage nach der Vereinbarkeit mit Art. 104 Abs. 1 Grundgesetz und dem Wesentlichkeitsvorbehalt aufgebracht.[370] In die gleiche Richtung zielend hatte eine Fitnessstudiobetreiberin in Baden-Württemberg Verstöße gegen das Bestimmtheitsgebot und den Gesetzes- bzw.

---

[366] BVerfG, Beschl. v. 29.4.2020, 1 BvQ 44/20, Rn. 15.
[367] BVerfG, Beschl. v. 16.5.2020, 1 BvQ 55/20, Rn. 10; BVerfG, Beschl. v. 15.7.2020, 1 BvR 1630/20, Rn. 23. Bezugnahme auf das RKI auch in BVerfG, Beschl. v. 9.6.2020, 1 BvR 1230/20, Rn. 18; ebenso BVerfG, Beschl. v. 28.9.2020, 1 BvR 1948/20.
[368] *K. Hesse*, Funktionelle Grenzen der Verfassungsgerichtsbarkeit, in: P. Badura (Hrsg.), Festschrift für Hans Huber, 1981, S. 261, 266.
[369] Grundlegend *L. Münkler*, Expertokratie, 2020.
[370] BVerfG, Beschl. v. 9.4.2020, 1 BvR 802/20, Rn. 4 ff.

C. Zur Kontrolle der Gubernative: Regieren – lassen

Parlamentsvorbehalt vorgetragen.[371] Sie blieben vom Verfassungsgericht schweigend unbeantwortet.

Dabei sind der Vorbehalt des Gesetzes und die mit ihm korrespondierende Wesentlichkeitstheorie[372] augenscheinlich mehr herausgefordert denn je.[373] Grundlegende normative Bereiche sind erheblich und flächendeckend betroffen. Wesentlichere Grundrechtswesentlichkeit ist kaum vorstellbar. Erneut sei der Vorbehalt betont: Die geringe Kontrollintensität hängt sicherlich mit dem vorläufigen, auf Folgenabwägung fixierten Eilrechtsschutz zusammen. Aber auch Eilverfahren geben mehr Raum – wenn das Gericht es will. Dieser Wille ist bisher nicht zu erkennen. Das Parlament, in einer Demokratie die wichtigste Institution, und in einer Krise die schwächste, hat das Gericht in der Pandemie bisher nicht schützend verteidigt,[374] sondern der Regierung den Rücken gestärkt. Es

---

[371] BVerfG, Beschl. v. 28.4.2020, 1 BvR 899/20, Rn. 4.

[372] Grundlegend BVerfGE 47, 46 (79) [1977] – Sexualkundeunterricht; *P. Lerche*, Vorbehalt des Gesetzes und Wesentlichkeitstheorie, in: D. Merten/H.J. Papier (Hrsg.), Handbuch der Grundrechte, Bd. 3, 2009, S. 301 ff.; *F. Ossenbühl*, Vorrang und Vorbehalt des Gesetzes, in: J. Isensee/P. Kirchhof (Hrsg.), HdbStR, Bd. V, 3. Aufl. 2007, § 101 Rn. 52 ff.; *D.C. Umbach*, Das Wesentliche an der Wesentlichkeitstheorie, in: W. Zeidler (Hrsg.), Festschrift Hans Joachim Faller, 1984, S. 111 ff.; *H.-D. Horn*, Die grundrechtsunmittelbare Verwaltung, 1999.

[373] *A. Pautsch/V.M. Haug*, Parlamentsvorbehalt und Corona-Verordnungen – ein Widerspruch, NJ 2020, 281.

[374] Zum „parlamentarischen Diskursausfall" etwa *A. Klafki*, Mehr Parlament wagen? – Die Entscheidung des Art. 80 IV GG in der Corona-Pandemie, NVwZ 2020, 1718; *L. Brocker*, Exekutive versus parlamentarische Normsetzung in der Corona-Pandemie, NVwZ 2020, 1485. In anderen Kontexten hat das Gericht das Parlament hingegen geradezu energisch auch gegenüber der Gubernative verteidigt. Am dringendsten und deutlichsten wohl in Europarechtsfragen, vgl. dazu Teil 2, D. sowie beim Einsatz von Streitkräf-

Zweiter Teil: Konservatives Karlsruhe

bleibt zu hoffen, dass sich dies in der Aufarbeitung der Vergangenheit in den ausstehenden Entscheidungen in der Hauptsache ändert. Bislang entsteht jedenfalls der Eindruck falscher gerichtlicher Bescheidenheit gegenüber gubernativer, grundrechtsinsiblier Pandemiebekämpfung. So ist mahnend daran zu erinnern, dass die dem Bundesverfassungsgericht aufgegebene Bewährung der Verfassung auch „ein entschlossenes Eingreifen des Gerichts erfordern kann."[375]

IV. Fazit: Politisches, Allzupolitisches

„Deutschland ist stets ein Land der Regierung gewesen." So hat es *Walter Leisner* 1968 formuliert.[376] Das hat sich bis heute nicht grundlegend geändert. Das Bundesverfassungsgericht hat seinen Teil dazu beigetragen. Zwar scheut es bei eklatanten Übergriffen der Regierung gelegentlich nicht zurück, diese auch deutlich zu benennen und die Gubernative in die Schranken zu weisen. Dies gilt für frühe Entscheidungen wie sein damals spektakuläres Urteil zum „Deutschland-Fernsehen" vom 28. Februar 1961[377] ebenso wie fast sechzig Jahre später in „Rote Karte für die

---

ten, BVerfGE 90, 286 [1994] – AWACS; *T.M. Wagner*, Parlamentsvorbehalt und Parlamentsbeteiligungsgesetz, 2010; *P. Scherrer*, Das Parlament und sein Heer, 2010.

[375] *K. Hesse*, Funktionelle Grenzen der Verfassungsgerichtsbarkeit, in: P. Badura (Hrsg.), Festschrift für Hans Huber, 1981, S. 261, 264.

[376] *W. Leisner*, Regierung als Macht kombinierten Ermessens. Zur Theorie der Exekutivgewalt, JZ 1968, 727.

[377] BVerfGE 12, 205 [1961]. Zum historischen Kontext, der historischen Bedeutung und den politischen Folgen der Entscheidung siehe ausführlich und anschaulich *J. Collings*, Democracy's Guardians, 2015, S. 68 ff.

C. Zur Kontrolle der Gubernative: Regieren – lassen

AfD".[378] Im Großen und Ganzen lässt sich indessen schwer von der Hand weisen, dass die Rechtsprechung des Gerichts das „strukturelle Übergewicht der Regierung"[379] in der parlamentarischen Demokratie eher befördert als begrenzt hat. Das ist nicht zuletzt auf konservative Elemente seiner Judikatur zurückzuführen, die teilweise dogmatischer, teilweise staatstheoretischer Natur sind. Insgesamt changieren die Urteile zwischen politischem Pragmatismus und kluger Zurückhaltung auf der einen und *favor gubernatio* und *laissez-faire* gegenüber Regierungshandeln auf der anderen Seite. Im Ergebnis laufen sie jedoch überwiegend auf eine Entscheidung zugunsten der Regierung hinaus.

Hinsichtlich des Umgangs der Regierung mit dem politischen Gegner *bewahrt* das Gericht den Prozess öffentlicher Willensbildung vor Parteipolitik im offiziösen Gewand. Es schützt aber auch die politische Quelle von Regierungstätigkeit in der parlamentarischen Demokratie vor übertriebener Neutralisierung des politischen Prozesses.[380] In ähnlicher Weise nimmt es seine Prüfungskompetenz im Bereich des genuin Politischen, wie der Vertrauensfrage der Bundeskanzlerin nach Art. 68 Grundgesetz, stark zurück. Das Gericht identifiziert hierbei einen Bereich politischen Handelns, der weitgehend sich selbst überlassen wird. Es erkennt, dass zu starke Verrechtlichung der Politik dieser das Blut nehmen kann, von dem die Demokratie lebt. Lediglich die Regeln, nach denen sich der Prozess der politischen Willensbildung vollzieht,

---

[378] BVerfGE 148, 11 [2018]. Siehe dazu die Ausführungen oben III.1.
[379] *P.M. Huber*, Regierung und Opposition, in: J. Isensee/P. Kirchhof (Hrsg.), HdbStR, Bd. III, 3. Aufl. 2005, § 47, Rn. 68.
[380] Siehe oben III.1.

Zweiter Teil: Konservatives Karlsruhe

sind insoweit Terrain des Gerichts, auf dem es der Regierung gelegentlich Grenzen aufzeigt. Das erscheint als eine kluge und pragmatische Zurückhaltung – nicht zuletzt um zu vermeiden, dass die parlamentarische Demokratie in einen verfassungsgerichtlichen Jurisdiktionsstaat mutiert.

Problematisch wird Zurückhaltung bei politisch bedeutsamen Themen allerdings dort, wo parlamentarische Demokratie, Gewaltenteilung und Grundrechtsschutz unter der Prämisse effektiven Regierungshandelns erheblich zurückgedrängt werden oder sogar empfindlichen Schaden zu nehmen drohen. Im Verhältnis von Parlament und Regierung umschreibt das Bundesverfassungsgericht in ständiger Rechtsprechung einen „Kernbereich exekutiver Eigenverantwortung".[381] Zwar muss es unbestritten kompetenzielle Eigenbehalte der einzelnen Gewalten geben. Das Gericht offenbart jedoch durch seinen argumentativen Zugang, der auf die traditionelle Funktion der Regierung als effektiv handlungsfähigste Gewalt fixiert ist, eine staatstheoretisch konservative Tendenz: Der Fokus liegt eindeutig auf ungehinderter politischer Entscheidungsgewalt anstelle demokratisch rückgekoppelter parlamentarischer Kontrolle.[382]

Nochmals deutlicher und problematischer wird dieser *favor gubernatio* in der seit März 2020 andauernden Covid-19-Pandemie. Sicherlich: Neue, unbekannte Krisen sind Situationen, in denen eine gewisse Einschätzungsprärogative der Regierung und eine gewisse

---

[381] Vgl. BVerfGE 9, 268 (280 ff.) [1959]; BVerfGE 34, 52 (59 ff.) [1972]; BVerfGE 67, 100 (130, 139) [1984]; BVerfGE 110, 199 (214 ff.) [2004]; BVerfGE 124, 78 (120 ff.) [2009]; BVerfGE 137, 185 (233 ff.) [2014].
[382] Siehe oben III.2.

C. Zur Kontrolle der Gubernative: Regieren – lassen

pragmatische Anpassung der Anforderungen von Parlamentsvorbehalt und Wesentlichkeitslehre erforderlich sind. Aber bis jetzt (März 2021) hat sich das Gericht in der Pandemie auch unter Berücksichtigung dieser Einschränkungen nicht als Bewahrer der Grundrechte und der parlamentarischen Demokratie hervorgetan. Zweifelsohne gewärtigen wir damit nicht das Ende der freiheitlichen Demokratie,[383] nur weil der Staat seine Samthandschuhe abstreift.[384] Lebensschutz und Freiheitsschutz werden vom Gericht durchaus abgewogen, nicht das eine zu Lasten des anderen schlechthin aufgegeben. Aber auch und gerade in der Krise zeigt sich, dass Karlsruhe seiner Linie treu bleibt – und sich damit konservativ verhält: Die Regierung hat das erste und zumeist auch das letzte, oftmals durch das Bundesverfassungsgericht lediglich bestätigte, Wort. Gewiss muss dabei berücksichtigt werden, dass gerade gegenüber der Gubernative eine gewisse Machtlosigkeit der Judikative besteht. Geschürte Konflikte und Kompensationsleistung durch die dritte Gewalt wollen gut überlegt sein. Aber wann, wenn nicht angesichts der massivsten Grundrechtsbeschränkungen seit Inkrafttreten des Grundgesetzes, wäre es Zeit für eine Innovation oder jedenfalls für ein *Bewahren* der Grundrechte und der Rechte der Parlamente gewesen?

---

[383] So aber irrend überzeichnend *G. Agamben*, An welchem Punkt stehen wir?, 2021.

[384] *P. Sloterdijk*, Der Staat streift seine Samthandschuhe ab, 2021.

Zweiter Teil: Konservatives Karlsruhe

D. Europa: Der unvollendbare Bundesstaat?

I. Verschränkung von Innovation und Konservation

Die Rechtsprechung des Bundesverfassungsgerichts in Bezug auf Europa im engeren Sinne, also jenes der Europäischen Union, ist ebenso dynamisch und erratisch wie der europäische Integrationsprozess selbst. Innovation und Konservierung sind auf das engste miteinander verschränkt. Vielfach ist das Gericht seinem Image als Innovator gerecht geworden. So begann die Karlsruher Europarechtsjudikatur mit einer europaverfassungsrechtlichen Sensation. Als *erstes* Verfassungsgericht Europas erkannte es 1971 den Vorrang des seinerzeitigen Gemeinschaftsrechts an.[385] Sodann forderte es vehement einen eigenständigen Grundrechtsschutz[386] durch die Europäische Gemeinschaft respektive Union und eine größere Demokratisierung[387] ein und innovierte Europa „von außen" her. Selbst Entscheidungen, die einst im zeitlichen Kontext als Anwürfe auf den europäischen Integrationsprozess und das ihn begleitende Narrativ qualifiziert wurden,[388] erweisen sich in der *ex post*-Bewertung – nicht

---

[385] BVerfGE 31, 145 (174) [1971] – Milchpulverbeschluss.
[386] BVerfGE 37, 271 [1974] – Solange I. Beachte nunmehr die erneute Innovation eines „europäischen Grundrechtspluralismus", der eine Wende Karlsruhes hin zu einem „komplementären Verbundschutz" bedeutet, so treffend *M. Wendel*, Das Bundesverfassungsgericht als Garant der Unionsgrundrechte – Zugleich Besprechung von BVerfG, Beschlüsse v. 6.11.2019 – 1 BvR 16/13 (Recht auf Vergessen I) und 1 BvR 276/17 (Recht auf Vergessen II), JZ 2020, 157, 159, 160 zu: BVerfG, Beschl. v. 6.11.2019 – 1 BvR 276/17 – Recht auf Vergessen II.
[387] Dies schon in BVerfGE 37, 271 (280) [1974].
[388] Vgl. zur Solange I-Entscheidung etwa *H.-P. Ipsen*, BVerfG versus EuGH re „Grundrechte", EuR 1975, 1 ff.; *H. Golsong*, Zum

D. Europa: Der unvollendbare Bundesstaat?

zuletzt wegen der angewandten Konditionalisierungs- bzw. Caveatisierungsstrategie des Gerichts[389] – oftmals als wegweisende Innovationsimpulse europäischer Integration. Gegenwartsanalyse und historische Rückschau auf Gewordenes und Gestaltetes bilden oftmals einen Widerspruch. Ob dies in den letzten Vorhaltungen im umstrittenen PSPP-Urteil[390] ebenso liegt, bleibt abzuwarten und wird erst in der Retrospektive vollends bewertbar sein. Jedenfalls reiht sich auch die PSPP-Entscheidung in die Serie innovativer Sensationen aus Karlsruhe ein.

Auch prozessual wartete das Karlsruher Gericht im europarechtlichen Kontext früh mit Innovationen auf und konstruierte zu diesem Zweck etwa in Versubjektivierung ehemals objektiver Prinzipien ein „Grundrecht auf Demokratie"[391] – das später allerdings vom Gericht relativierend mit Anführungszeichen versehen worden ist.[392]

„Solange"-Beschluß des BVerfG über den Grundrechtsschutz in der EG, EuGRZ 1974, 17, 18; *G. Meier,* Anmerkung zu BVerfG, Beschluß vom 29.5.1974 – 2 BvL 52/11, NJW 1974, 1704ff.; *M. Zuleeg,* Das Bundesverfassungsgericht als Hüter der Grundrechte gegenüber der Gemeinschaftsgewalt. Anmerkung zum Beschluß des BVerfG vom 29. Mai 1974, DÖV 1975, 44ff.

[389] Siehe dazu III.1.
[390] Siehe dazu Teil III.4.
[391] So schon in BVerfGE 89, 155 [1993] – Maastricht; noch deutlicher BVerfGE, 123, 267 [2009] – Lissabon; begrüßend *K. Gärditz/ C. Hillgruber,* Volkssouveränität und Demokratie ernst genommen – Zum Lissabon-Urteil des BVerfG, JZ 2009, 872ff.; kritisch etwa *C. Schönberger,* Die Europäische Union zwischen „Demokratiedefizit" und Bundesstaatsverbot. Anmerkungen zum Lissabon-Urteil des Bundesverfassungsgerichts, Der Staat 2009, 535, 541; auch *M. Nettesheim,* Ein Individualrecht auf Staatlichkeit? Die Lissabon-Entscheidung des BVerfG, NJW 2009, 2867ff.
[392] BVerfGE 142, 123 (219) [2016] – OMT-Programm.

Zweiter Teil: Konservatives Karlsruhe

Das Image des Karlsruher Gerichts als Innovator ist aber auch in der Materie des Europarechts nur die eine Seite der Medaille und in sich brüchig. Dem liegt zweierlei zugrunde: Zum einen ist die Rechtsprechung über ein halbes Jahrhundert verständlicherweise von erheblicher Dynamik und oftmals erfolgten Richtungswechseln gekennzeichnet. Zum anderen, und darauf soll im Folgenden der Fokus liegen, weisen die vorbezeichneten Innovationsimpulse – maßgeblich motiviert durch die Trias *Grundrechtsschutz*, *Demokratie*, *Rechtstaatlichkeit* – in ihrer Artikulation und Entfaltung durch das Bundesverfassungsgericht eine gewisse Ambivalenz auf, die auch konservierende Elemente enthält. Eingedenk dessen verbietet sich eine eindeutige Klassifikation und Zuordnung der Karlsruher Europarechtsprechung. Sie variiert je nach Integrationsperiode, Sachmaterie, Senat, prägendem Berichterstatter[393] und Besetzung des Gerichts.

Was einerseits dynamisch und erratisch, von vielen Richtungswechseln gezeitigt scheint, weist – blickt man auf die (dahinterstehenden) Begründungs- und Argumentationstopoi bzw. Motive – eine kontinuierliche, ja geradezu konservative Judikatur im hier verstandenen Sinne auf. Der vorbenannte positivrechtlich verankerte und positiv konnotierte Dreiklang aus *Grundrechtsschutz*, *Demokratie* und *Rechtstaatlichkeit* wird nämlich oftmals gemeinsam mit einem anderen Dreiklang aus *Souveränität*, *Identität* und *Staatlichkeit* angeschlagen. Beide Akkorde werden von Karlsruhe zuweilen gegen

---

[393] Vgl. *R.C. v. Ooyen*, Die Staatstheorie des Bundesverfassungsgerichts und Europa, 8. Aufl. 2020, S. 52 ff.; *U. Kranenpohl*, Herr des Verfahrens oder nur Einer unter Acht? Der Einfluss des Berichterstatters in der Rechtsprechungspraxis des Bundesverfassungsgerichts, ZFRS 2009, 135 ff.

D. Europa: Der unvollendbare Bundesstaat?

den Integrationsimperativ ausgespielt, wie ihn das Grundgesetz in seiner Integrationsfreundlichkeit gemäß dem Paradigma der offenen Staatlichkeit[394] und spiegelbildlich die Europäische Union in der seit den Römischen Verträgen in alle Vertragsreformen hindurchgereichten Präambel-Formel einer *„ever closer Union"* aussprechen. Beide Akkorde erklingen jeweils geprägt durch eigene, zuweilen eigentümliche (Vor-)Verständnisse[395] und Vorstellungen dieser verfassungsgerichtlichen Grundsätze in Sachen Europa.[396] Wenngleich sie das Bundesverfassungsgericht als *basso continuo* des *Bewahrens* anschlägt, die-

---

[394] Vgl. Präambel, Art. 1 Abs. 2, Art. 23, 24, 25, 26, 59 Abs. 2, Art. 16 Abs. 2 S. 2, 26 Abs. 1, 32 Abs. 1, 3, 87a Abs. 2, 100 Abs. 2 Grundgesetz.

[395] *J. Esser*, Vorverständnis und Methodenwahl in der Rechtsfindung, 1972.

[396] Alle drei konservativen Elemente des Dreiklangs sind dabei mit der eigentümlichen Geschichte der Bundesrepublik verkoppelt. Volle *Souveränität* erlangte die Bundesrepublik – wenn überhaupt je – erst mit der Wiedervereinigung 1989/1990, die den Kontext der Maastricht-Entscheidung prägt. Souveränität war gewissermaßen erst um den Preis ihrer Aufgabe zu haben: Deutschland erlangte nur in dem Maße Souveränität, wie es diese in Gestalt europarechtlicher Verflechtung wieder auf- und einlöste. Die *Identität* war durch die Gräueltaten des Nationalsozialismus ge- bzw. zerstört worden und musste in der jungen Bundesrepublik erst neu konstruiert werden, etwa in Gestalt eines auf dem Grundgesetz aufruhenden „Verfassungspatriotismus" (*D. Sternberger*) und ist bis heute – vielleicht vorzugswürdig – schwach ausgeprägt geblieben (vgl. *A. Assmann*, Die Wiedererfindung der Nation, 2020). *Demokratie* war insbesondere im Zeitpunkt der frühen Europaentscheidungen zwar erfahrbar, aber noch breitenwirksam zu erlernen. Es bildete im Zuge der nachkriegsdeutschen Demokratisierung wohl mehr ein Ideal als lebendige Wirklichkeit. Nicht ohne Grund fungiert in Deutschland das Rechtsstaatsprinzip oftmals als Ausgleich für demokratische Defizite.

Zweiter Teil: Konservatives Karlsruhe

nen sie in unterschiedlicher Akzentuierung als Instrumente, um über das rein Bewahrende hinaus auf dem *status quo* zu *beharren*, den Integrationsprozess zu *bremsen* oder auch gewisse Eigenheiten zu *musealisieren*. Insgesamt ergibt die Betrachtung der analysierten Grundsatzurteile ein Bild bemerkenswerter Kontinuität an Argumentationsmustern und dogmatischen Figuren. Vieles, was in späteren Urteilen in teils gewagten Variationen auskomponiert wird, ist als Thema bereits frühzeitig angelegt, wie die synoptische Betrachtung einiger Grundfesten der Karlsruher Europarechtsprechung aus Perspektive des skalierten Konservatismus zeigen wird.

II. Präludium: Die Urangst

Die das Karlsruher Gericht motivierende Urangst wird am deutlichsten und schärfsten bereits frühzeitig durch ein anderes Gericht artikuliert, das die späteren Grundsätze der kontinuierlichen, verfassungsgerichtlichen Judikatur vorzeichnet.[397] 1963 judizierte das Finanzgericht Rheinland-Pfalz[398]:

„Die Übertragung von Hoheitsrechten auf eine zwischenstaatliche Einrichtung darf nicht dazu führen, daß auf diesem Wege *von außen her* die durch das GG zur Erhaltung einer freiheitlichen Gesellschaftsordnung sorgsam ausgewogene und geschützte *Teilung der Gewalten aufgehoben wird* […].
Wichtigstes Ziel des GG ist es, eine Wiederholung der Entwicklung zu verhüten, die in der Weimarer Republik zur Aufhebung der Gewaltenteilung und damit zum Untergang des Rechtsstaa-

---

[397] Auch *U. Haltern* hebt zu seiner Integrationsgeschichte, die diesen Beitrag inspiriert hat, mit dieser Entscheidung an, *U. Haltern*, Europarecht, Bd. 2, 3. Aufl. 2017, Rn. 1073 ff.
[398] FG Rheinland-Pfalz, Beschl. v. 14.11.1963, III 77/63 (unsere Hervorhebungen).

D. Europa: Der unvollendbare Bundesstaat?

tes geführt hat. Der Weg bis zur völligen Aufgabe der Gewaltenteilung durch das Ermächtigungsgesetz vom 24.03.1933 *begann bekanntlich mit einer allzu großzügigen Auslegung* des Art. 48 Abs. 2 der Weimarer RV *zugunsten der Exekutive.* Schon damals kamen namhafte Vertreter der Rechtswissenschaft auf den verhängnisvollen Gedanken, aus einer unzulänglich abgegrenzten Verfassungsvorschrift ein Recht zur Verfassungsdurchbrechung herzuleiten [...].

Eine erneute Aushöhlung und Zerstörung des Rechtsstaats kann nur dadurch vermieden werden, daß die Gerichte jedem Versuch entgegen treten, den im Art. 79 Abs. 3 GG liegenden Schutz der Gewaltenteilung auf dem Umweg über die Auslegung anderer, unzulänglich abgegrenzter Verfassungsvorschriften aufzuweichen und die Bedeutung der Gewaltenteilung für eine rechtsstaatliche Ordnung zu bagatellisieren [...].

Der EWG-Vertrag wird der Forderung nach der Gewaltenteilung nur in Bezug auf die Gerichtsbarkeit gerecht. Eine Trennung zwischen der Legislative und der Exekutive kennt er nicht. *Soweit* daher [das Ratifikationsgesetz] es billigt, daß *der Rat der EWG als Exekutivorgan sogar befugt sein soll, Gesetze mit unmittelbarer Wirkung gegenüber Bürgern* der BR *zu erlassen, verletzt er den Art. 79 Abs. 3 GG. Was das VerfassungsGG der Exekutivbehörde des eigenen Landes verweigert, kann der an das GG gebundene Gesetzgeber nicht einer übernationalen Exekutivbehörde zugestehen.*

Deshalb darf das GG auch beim Abschluss völkerrechtlicher Verträge nicht verletzt werden [...].

Die Vereinigung der gesetzgebenden und der vollziehenden Gewalt in der Hand des Rates (und der Kommission) der EWG hat zwar die rechtsstaatliche Ordnung der BR noch nicht ernsthaft erschüttert. Aber die zur Rechtfertigung dieser Gewaltenvereinigung ins Feld geführte Auffassung, die nach Art. 24 GG zulässige Übertragung rechtsetzender Gewalt auf übernationale Gemeinschaften sei nicht an die Grenze des Art. 79 Abs. 3 GG gebunden, *beschwört die Gefahr herauf, daß eines Tages diese Auslegung des Art. 24 GG den Kräften, die den Rechtsstaat ablehnen, einen willkommenen Vorwand bietet, um die rechtset-*

Zweiter Teil: Konservatives Karlsruhe

zende Gewalt auf die Exekutivorgane einer von autoritären Staaten beherrschten übernationalen Gemeinschaft zu übertragen und auf diesem scheinlegalen Wege die rechtsstaatliche Ordnung der BR von außen her umzustoßen."

Zweifelsohne ist dieser dystopisch anmutende Beschluss im Kontext der damaligen EuGH-Rechtsprechung zu sehen: Im selben Jahr hatte der EuGH in Van Gend & Loos das Europarecht als eine eigenständige Rechtsordnung erkannt, die unmittelbare Anwendbarkeit findet und unmittelbare Rechte und Pflichten erzeugt. Kurz darauf begründete bzw. behauptete der EuGH in Costa/ENEL den Vorrang vor nationalem Recht.

Interessant für das vorliegende Unterfangen ist, dass in dem Beschluss eine Vielzahl an Elementen vorscheint, die zukünftig zum konservierenden Repertoire der Karlsruher Rechtsprechung werden. Dominant ist die Sorge um demokratische Defizite, mangelnde Gewaltenteilung und die Unterminierung des Rechtsstaates. Sorgenvoll betrachtet man die Exekutivdominanz. Von „Aushöhlung" – einem in der weiteren Europarechtsjudikatur gern bemühten Begriff – ist schon hier die Rede. Die Ewigkeitsgarantie des Art. 79 Abs. 3 Grundgesetz wird bereits prominent ins Feld geführt. Das vorherrschende Bild, dass „von außen her" etwas gerade Wohlgeordnetes „erschüttert" oder „umgestoßen" werden könne, dominiert bis heute die verfassungsgerichtliche Vorstellung. Der ausgerechnet an die Judikative adressierte Appell, den Rechtsstaat zu schützen, ist in Karlsruhe über die nächsten Dekaden auf offene Ohren gestoßen.

Nachfolgend sollen in vier Abschnitten und chronologisch-evolutiver Reihung fünf Karlsruher Grundlagenurteile aus Perspektive des skalierten Konservatismus analysiert werden. Dieser *revisited*-Ansatz bildet natur-

D. Europa: Der unvollendbare Bundesstaat?

gemäß nur einen Bruchteil des Europa-Verfassungsrechts ab, gibt aber eindringliches Zeugnis von der bisweilen konservierenden Kraft Karlsruher Europarechtsjudikatur.

III. Konservatives Karlsruhe zwischen Vorbehalt und Verfassungsidentität

1. Die bewahrende Offenheit der Caveatisierung – Solange I & II

Offenbar nicht ganz frei von der soeben skizzierten Urangst steuerte das Bundesverfassungsgericht mitunter wirkmächtig über weite Zeitachsen den europäischen Integrationsprozess mit. Ausgangspunkt bildet die Solange I-Entscheidung. Auch sie verschränkt Innovation und Konservation, ist Ursprung einer Caveatisierungsstrategie und formt die Figuren und Axiome der Karlsruher Bewahrungskunst vor. Insofern bildet das Urteil die Basis einer Kontinuität, der schon für sich etwas Konservatives anhaftet. Zugleich wird nachfolgend deutlich werden, dass entgegen verbreiteter Lesart der Solange I-Beschluss letztlich weitaus progressiver und offener ist als die scheinbar europarechtsfreundliche Solange II-Entscheidung.

a) Bewahrendes Vorprägen

Anlass der Solange I-Entscheidung bildete, wie so oft im zunächst auf wirtschaftliche Integration zielenden Europarecht, eine eher trivial-technisch anmutende Materie. Konkret ging es um Ausfuhrlizenzen von Maisgrieß für deutsche Handelsunternehmen und einer dazu erforderlichen Kaution. Abstrakt stand die Frage nach der Konfor-

Zweiter Teil: Konservatives Karlsruhe

mität einer die Ausfuhrerfordernisse statuierenden EG-Verordnung in der Interpretation durch den EuGH mit der grundrechtlich geschützten Berufsfreiheit aus Art. 12 Grundgesetz im Mittelpunkt. Beweggrund ist also zunächst eine *Bewahrung*, der aktive Schutz von Schutzbedürftigem, namentlich der deutschen Grundrechtsstandards:

„Die im Grundgesetz garantierten Grundrechte zu schützen, ist dagegen allein das Bundesverfassungsgericht im Rahmen der ihm im Grundgesetz eingeräumten Kompetenzen berufen [...]. Soweit also danach Bürger der Bundesrepublik Deutschland einen Anspruch auf gerichtlichen *Schutz ihrer im Grundgesetz garantierten Grundrechte* haben, kann ihr Status keine Beeinträchtigung erleiden nur deshalb, weil sie durch Rechtsakte von Behörden oder Gerichten der Bundesrepublik Deutschland unmittelbar betroffen werden, die sich auf Gemeinschaftsrecht stützen. *Andernfalls entstünde gerade für die elementarsten Statusrechte des Bürgers eine empfindliche Lücke des gerichtlichen Schutzes.*"[399]

Diese „elementarsten Statusrechte" werden vom Bundesverfassungsgericht noch zusätzlich aufgeladen. Auch hier schon ist die Bezugnahme auf das Ewige und Unumstößliche greifbar, indem das Gericht konstatiert: „Ein unaufgebbares, zur Verfassungsstruktur des Grundgesetzes gehörendes Essentiale der geltenden Verfassung der Bundesrepublik Deutschland ist der Grundrechtsteil des Grundgesetzes."[400] Das klingt zwar eindrucksvoll, überzeugt indes wenig. Zum einen, weil schon die eingeführte Alternativität von Aufgeben und Nichtaufgeben unplausibel ist und semantisch dramatisiert wirkt. Zum anderen, weil der Grundrechtsteil des Grundgesetzes zwar essenti-

---

[399] BVerfGE 37, 271 (282) [1974] (unsere Hervorhebungen).
[400] Ebenda, 280.

D. Europa: Der unvollendbare Bundesstaat?

ell sein mag, er aber jedenfalls in seiner Gesamtheit ausweislich des Umkehrschlusses aus Art. 79 Abs. 3 Grundgesetz wohl nicht unaufgebbar ist.[401] Die Verfassungsgeber verzichteten bewusst darauf, den Grundrechtsteil dem Verfassungsgesetzgeber zu entziehen.[402] Semantisch und inhaltlich deutete sich bereits in dieser Wendung des Gerichts eine frühzeitige Bezugnahme auf die Ewigkeitsklausel an, die erst sehr viel später ausentwickelt und gegen den weiteren Integrationsprozess in Stellung gebracht wird.

Neben diesem Anklingen von Ewigkeit und Unumstößlichkeit, um in der Terminologie des Finanzgerichts Rheinland-Pfalz zu bleiben, taucht bereits hier auch die etwas enigmatisch anmutende „Identität" der Verfassung auf, wenn das Gericht judiziert, Art. 24 Grundgesetz erlaube nicht, „die Grundstruktur der Verfassung, auf der ihre Identität beruht, ohne Verfassungsänderungen, nämlich durch die Gesetzgebung der zwischenstaatlichen Einrichtung zu ändern" und verbiete Vertragsänderungen, die „die Identität der Verfassung [...] aufheben würde[n]".[403] Der kurz aufscheinende Identitätsvorbehalt gab lediglich Anlass zur Kontrolle, bildete jedoch – anders als später – keine absolute Grenze der Integration. Zwar

---

[401] Eine Miterfassung des gesamten Grundrechtsteils über Art. 1 Abs. 3 Grundgesetz stünde im Widerspruch zum Wortlaut und Sinn des Art. 79 Abs. 3 Grundgesetz, *B.-O. Bryde*, in: v. Münch/Kunig (Hrsg.), Grundgesetz – Kommentar, 7. Aufl. 2021, Art. 79 Rn. 48. Unaufgebbar ist allenfalls der Menschenwürdegehalt der einzelnen Grundrechte, *M. Herdegen*, in: Maunz/Dürig, Grundgesetz – Kommentar, 53. Aufl. 2009, Art. 79 Rn. 115.

[402] So *M. Herdegen*, in: Maunz/Dürig, Grundgesetz – Kommentar, 53. Aufl. 2009, Art. 79 Rn. 123 mit Verweis darauf, dass Art. 1 Abs. 3 keinen Bestand begründet, sondern diesen voraussetzt.

[403] BVerfGE 37, 271 (279) [1974].

Zweiter Teil: Konservatives Karlsruhe

kommt der Verfassungsidentität somit noch eine untergeordnete Rolle zu, doch ist damit die Basis gelegt, auf der diese später zu einem prominenten „Bremsklotz" avanciert.

b) Beharrung auf Dualismus

Jenseits dieser sorgenvollen *Bewahrung* deutscher Grundrechtsstandards und dem Vorschein später auszudifferenzierender Integrationsgrenzen lässt sich dem Urteil aber auch etwas starr *Beharrendes* entnehmen. Dies liegt im eindeutigen Bekenntnis zum Dualismus, das selbst von dem sonst überaus kritischen Sondervotum nicht in Frage gestellt wird. Obgleich das Bundesverfassungsgericht unmissverständlich die *sui generis*-Natur des Gemeinschaftsrechts anerkennt, indem es dieses als „eigenständige Rechtsordnung", aus „autonomer Rechtsquelle" deutet und entschieden nicht als Völkerrecht qualifiziert,[404] wird es sogleich ebenso unmissverständlich als fremde Rechtsmasse im Selbststand unter Rückgriff auf die binäre Kategorisierung des Dualismus eingeordnet. So seien „die beiden Rechtskreise unabhängig voneinander und nebeneinander in Geltung".[405] Auch im Folgenden werden argumentativ Vergleiche mit dem Völkerrecht angestrengt.[406] Darin liegt nicht nur eine gewisse Paradoxie, sondern auch eine unnötige Festlegung auf das dualistische Modell, der etwas *Beharrendes* anhaftet. Obwohl das Grundgesetz in seinen maßgeblichen Bestimmungen, wie etwa Art. 25 und Art. 59 Abs. 2 Grundgesetz, durchaus auch

---

[404] BVerfGE 37, 271 (277) [1974].
[405] Ebenda, 278.
[406] Ebenda, 279.

D. Europa: Der unvollendbare Bundesstaat?

für eine monistische Deutung offen wäre,[407] nimmt das Bundesverfassungsgericht hier bereits eine Weichenstellung vor.

Mit dieser Entscheidung zugunsten des Dualismus wird zugleich auch das tradierte Souveränitätsdogma des Staates perpetuiert. Mit der sanften Absage[408] an eine „monistische Völkerrechtsprimatskonstruktion als fortschrittlichere Lösung"[409] sind auch die spätere Lehre vom Rechtsanwendungsbefehl und die „Brückentheorie" vorbereitet. Eine verfassungsjudikative Umdeutung auf eine monistische Ordnung mit Primat des Völkerrechts hätte indes Ernst gemacht mit dem Paradigma der offenen Staatlichkeit, der Europarechtsfreundlichkeit und der angestrebten Wiedereinfügung in die Staatengemeinschaft. Denn Monismus und Dualismus sind – bei aller „logisch-dogmatischen" Gleichwertigkeit – ideologische und rechtspolitische Unterschiede immanent: „Eine monistische Konzeption zerstört die Auffassung von der Allgewalt des staatlichen Gesetzgebers und vom Gesetzgebungsmonopol des Parlaments".[410] Das schon damals vom Bundesverfassungsgericht favorisierte dualistische Modell impliziert hingegen stets Elemente der Verweigerungsmöglichkeit, der Duldung und des Zurücknehmenkönnens. Es steht für einen etatistischen Vorbehalt,[411] um sich dem Wandel eines werdenden Europas gegebenenfalls

---

[407] Siehe *M. Schweitzer/H. Dederer*, Staatsrecht III, 12. Aufl. 2020, Rn. 60 ff.

[408] Eine dezidierte Absage und ein ebenso dezidiertes Bekenntnis zum Dualismus erfolgten sodann in BVerfGE 111, 307 (318) [2004].

[409] So *H. Wagner*, Monismus und Dualismus: eine methodenkritische Betrachtung zum Theorienstreit, AöR 1964, 212.

[410] Ebenda, 240.

[411] *H. Hofmann*, Von der Staatssoziologie zu einer Soziologie der Verfassung?, JZ 1999, 1065, 1066.

Zweiter Teil: Konservatives Karlsruhe

auch verschließen zu können. Die neue, herausfordernde europäische Integration abzuwehren und an der Statik vermittelnden Tradition und Kontinuität des Dualismus festzuhalten, ist folglich ein Element des *Beharrens*.[412]

c) Bremsendes Steuern: Die Caveatisierungsstrategie

Schon diesem *Beharren* auf *Triepelschen*[413] Traditionen haftet auch etwas *Bremsendes* an. Eine deutlich größere Bremskraft geht indes von einer Strategie aus, der sich das Gericht in der Solange I-Entscheidung ausdrücklich bedient:[414] „Ihn [den Grundrechtschutz] zu relativieren, gestattet Art. 24 GG nicht vorbehaltlos." Karlsruhe beginnt also, seine berühmten Vorbehalte zu formulieren. Funktional ist der hier formulierte *caveat* ein Bremsklotz gegenüber einem weiteren vorbehaltlosen Integrationsprozess in die europäische Gemeinschaft. Er verhindert aktiv die Anerkennung neuer, sich entfaltender Entwicklungen europäischen Grundrechtsschutzes, die das Sondervotum der Richter *Rupp*, *Hirsch* und *Wand* etwa überzeugend aufzeigt.[415]

Was aber ist nun mit dieser Caveatisierungsstrategie des Bundesverfassungsgerichts gemeint? Und wie funktioniert sie? Schon begrifflich stehen Vorbehalte dem Vorhalten, Aufhalten und Zurückhalten nahe. Sie vermögen also zu verlangsamen, zu bremsen. Zugleich bedeutet ein Vorbehalt stets grundsätzliche Zustimmung. Aber eben nur

---

[412] Dies zeigt sich auch gerade im Kontrast zum pluralistischen Ansatz in BVerfG, Beschl. v. 6.11.2019 – 1 BvR 276/17.
[413] Grundlegend *H. Triepel*, Völkerrecht und Landesrecht, 1899.
[414] BVerfGE 37, 271 (280) [1974].
[415] Ebenda, 292 f.

D. Europa: Der unvollendbare Bundesstaat?

grundsätzlich, d.h. nur begrenzt. Die Zustimmung wird demnach mit Auflagen und Konditionen verbunden. Deren Wirkmächtigkeit entspringt dem Umstand, dass man der grundsätzlichen Zustimmung nicht ihren Boden entziehen will. So werden die Einschränkungen und Konditionen vom Gegenüber meist hingenommen oder erfüllt. Die den Vorbehalt verkörpernde, salomonische Formel des „Ja, aber…" erhält dadurch eine determinierende Kraft. Zuweilen ist die Konzession, das „Ja", viel unbedeutender oder nur scheinbar bedeutsamer als der sich anschließende *caveat*. Hinter jeder Caveatisierung steht letztlich immer ein gewisses *quid pro quo*, jene Figur also, mit der in der Soziologie und der Spieltheorie kooperatives Verhalten erklärt wird – ein Verhalten, das auch für das Verhältnis zwischen EuGH und Bundesverfassungsgericht prägend ist. Die wirkmächtige, immer weiter ausgebaute Caveatisierungsstrategie, die in „Solange I" anhebt, steht auch im Einklang mit dem Selbstverständnis des Gerichts und den oben skizzierten Urängsten.

Cavere heißt schließlich nichts anderes als sich in Acht nehmen, sich vorsehen, sich hüten, und entspricht mithin der traditionsreichen Hütersemantik.[416] Das Bundesverfassungsgericht als Hüter der Verfassung sieht sich in „Solange I" aus schützender Fürsorglichkeit genötigt, Vorsichtsmaßnahmen zu Gunsten der Grundrechtsberechtigten zu treffen und über deren Sicherstellung zu wachen. Dies erfolgt über ein erhebliches Maß an besagten Vorbehalten, die unterschiedlichen Charakter tragen: zeitlich („Solange"), konditional („wenn"), Maß und Um-

---

[416] *H. Kelsen*, Wer soll der Hüter der Verfassung sein?, 2. Aufl. 2019, S. 58 ff.; *C. Schmitt*, Der Hüter der Verfassung, 4. Aufl. 1996; *O.W. Lembcke*, Hüter der Verfassung, 2007.

Zweiter Teil: Konservatives Karlsruhe

fang („soweit"). Zugleich zeugt der Solange I-Beschluss ungeachtet der unmissverständlichen Vorbehalte und ihnen innewohnenden Direktiven auch von einer vergleichsweise großen Offenheit gegenüber dem wachsenden Europa. Anders als in späteren Urteilen herrscht die Kategorie eines nahezu *Bloch'schen* „Noch Nicht"[417] vor. So spricht das Gericht zunächst von einer „Noch nicht abschließenden Bestimmung des Verhältnisses von Verfassungsrecht der Bundesrepublik Deutschland und Europäischem Gemeinschaftsrecht".[418] Zutreffend werden sodann im Sinne des „Noch Nicht" zwei Defizite der Gemeinschaft genannt. Im Grunde anlasslos und einem *obiter dictum* gleichkommend zunächst hinsichtlich des Europäischen Parlaments[419] – der Beschluss ergeht fünf Jahre vor der ersten Direktwahl zu diesem – und sodann, einschlägig, mit Blick auf die Inexistenz einer vergleichbaren Grundrechtskodifikation:

„Sie *entbehrt noch* eines unmittelbar demokratisch legitimierten, aus allgemeinen Wahlen hervorgegangenen Parlaments, das Gesetzgebungsbefugnisse besitzt und dem die zur Gesetzgebung zuständigen Gemeinschaftsorgane politisch voll verantwortlich sind; sie *entbehrt insbesondere noch* eines kodifizierten Grundrechtskatalogs, dessen Inhalt ebenso zuverlässig und für die Zukunft unzweideutig feststeht wie der des Grundgesetzes

---

[417] *E. Bloch*, Zur Ontologie des Noch-Nicht-Seins, 1961. Der zentrale Absatz in B.I.3. auf Seite 279/280 des Urteils führt gleich viermal das Adverb „noch" und die gesamte Semantik rührt von Wechselzustand und Trajektorie, wie etwa die Begriffe „gegenwärtig", „vorläufig", „solange", „im Weiteren", „erreichen", „für die Zukunft" bekunden.
[418] BVerfGE 37, 271 (277) [1994].
[419] Diese Feststellung wird entsprechend in Solange II zum bloßen „Element der Beschreibung" degradiert, BVerfGE 73, 339 (385) [1986] – Solange II.

D. Europa: Der unvollendbare Bundesstaat?

und deshalb einen Vergleich und eine Entscheidung gestattet, ob derzeit der in der Gemeinschaft allgemein verbindliche Grundrechtsstandard des Gemeinschaftsrechts auf die Dauer dem Grundrechtsstandard des Grundgesetzes, unbeschadet möglicher Modifikationen, derart adäquat ist, daß die angegebene Grenze, die Art. 24 GG zieht, nicht überschritten wird. Solange..."[420]

Dieses hoffnungsvolle „Noch Nicht" hat unter vorheriger Betonung des *status quo* ein janusköpfiges Wesen. Einerseits mutet die Entscheidung angesichts des Temporären und der erkennbaren Neigung, bei entsprechender Entwicklung zukünftig anders zu urteilen, ungemein progressiv-offen an. Andererseits liegt in dem „Noch Nicht" auch etwas *Bremsend-Bewahrendes*. Bewahrend, weil es dem Gericht mit dem Grundrechtsschutz um den Schutz von Schutzbedürftigem geht. Bremsend, weil das, was die EG und der EuGH bis zum Zeitpunkt des Urteils geleistet hatten, eben doch noch als mangelhaft-ungenügend qualifiziert wird. Ungeachtet dessen schließt das Bundesverfassungsgericht in „Solange I" geradezu mit einem „utopischen Überschuss" (*Ernst Bloch*) und einer Integrationsoffenheit, die späteren Europaentscheidungen überwiegend abgeht, an:

„Es handelt sich also um eine rechtliche Schwierigkeit, die ausschließlich aus dem noch im Fluß befindlichen fortschreitenden Integrationsprozeß der Gemeinschaft entsteht und mit der gegenwärtigen Phase des Übergangs beendet sein wird."[421]

Diese Hoffnung auf einen kurzweiligen transitorischen Status ist enttäuscht worden. Es hat, sieht man von dem

---

[420] BVerfGE 37, 271 (280) [1974] (unsere Hervorhebungen).
[421] Ebenda, 280 f.

Zweiter Teil: Konservatives Karlsruhe

Vielleicht-Beschluss[422] ab, zwölf Jahre gedauert, bis das Bundesverfassungsgericht seinen Normenkontrollanspruch für abgeleitetes Gemeinschaftsrecht deaktiviert hat. Die Antwort auf das „Noch-Nicht-Sein" aus „Solange I" erfolgte 1986 im Solange II-Beschluss. Statt Maisgrieß ging es nun um taiwanesische Champignonkonserven, die die Beschwerdeführerin unter Verweis auf Verfahrensrechtsverletzungen sowie ihre Berufs- und allgemeine Handlungsfreiheit nach Deutschland einführen wollte. Zwar erklärte sich das Gericht hinsichtlich der Grundrechtsrügen im Kontrast zu „Solange I" aufgrund eines nun für ausreichend erachteten europäischen Grundrechtsschutzes für unzuständig, doch liegt darin keine grundlegende Innovation im Verhältnis von Europarecht und Verfassungsrecht. Im Gegenteil: Das „Nun aber" der Solange II-Entscheidung enthält bei genauerer Lektüre – sieht man vom europarechtsfreundlichen Ergebnis einmal ab – mehr Konservierendes als der noch weit offene, progressive Solange I-Beschluss.

Zunächst ist auffällig, dass der nun für ausreichend befundene europäische Grundrechtsschutz maßgeblich mit einem argumentativ eher schwachen Verweis auf den Beitritt aller Mitgliedstaaten der Europäischen Gemeinschaft zur Europäischen Menschenrechtskonvention und einer gemeinsamen Erklärung vom 5. April 1977 zum Grundrechtsschutz in der Gemeinschaft abgestützt wird.[423] Jenseits von einigen Ergänzungen und Aktualisierungen der mittlerweile erfolgten EuGH-Rechtsprechung[424] reicht „Solange II" in der den Rechtsprechungs-

---

[422] BVerfGE 52, 187 (202 f.) [1979] – Vielleicht-Beschluss.
[423] BVerfGE 73, 339 (384 f.) [1986].
[424] Ebenda, 370 ff.

D. Europa: Der unvollendbare Bundesstaat?

wechsel begründenden Argumentation substanziell kaum über den schon zwölf Jahre zuvor im Sondervotum zu „Solange I" dokumentierten *status quo* der Gemeinschaft hinaus. Was aber macht die zweite Solange-Entscheidung nun so konservativ im hier verstandenen Sinne?

Von der Anerkennung der Gemeinschaft als Gebilde *sui generis* ist keine Spur mehr.[425] Hieß es in „Solange I" noch: „Der Senat *hält* [...] *an seiner Rechtsprechung fest*, daß das Gemeinschaftsrecht *weder* Bestandteil der nationalen Rechtsordnung noch *Völkerrecht* ist, sondern eine *eigenständige Rechtsordnung* bildet, die aus einer *autonomen Rechtsquelle* fließt"[426], tönt das nun gänzlich anders. Das Karlsruher Gericht fällt auf den *status quo ante* zurück und sieht darin plötzlich wieder schnödes Völkerrecht: „Völkerrechtliche Verträge – auch der hier in Rede stehenden Art [...]"[427]. In diesem aktiven Zurückgehen hinter „Solange I", indem das Gericht plötzlich die Besonderheiten des Gemeinschaftsrechts ignoriert und – widersprüchlicherweise – gleichzeitig den grundrechtlichen Fortschritt betont, zeigt sich eine Rückkehr zur Vorvergangenheit, eine reaktionäre Kreation und Verklärung, die im Grunde schon eine *Musealisierung* darstellt. Eingedenk der Entwicklung der Europäischen Gemeinschaft zwischen dem 37. und dem 73. Rechtsprechungsband, respektive 1974 und 1986, hätte man glauben können, dass diese Dynamik und Vertiefung mindestens für eine verstärkte Eigenständigkeit, wenn nicht sogar eine erhöhte Autonomie des Gemeinschaftsrechts streiten würde. Nicht so in den Augen der Karlsruher Richterinnen und

---

[425] So auch *U. Haltern*, Europarecht, Bd. 2, 3. Aufl. 2017, Rn. 1108.
[426] BVerfGE 37, 271, (277f.) [1974] (unsere Hervorhebungen).
[427] BVerfGE 73, 339 (375) [1986].

Zweiter Teil: Konservatives Karlsruhe

Richter, denen offenbar die verklärte Welt von vorgestern vorschwebte. An diese Einordnung des Gemeinschaftsrechts und einer dualistischen Rechtsmassentrennung wird sodann logisch-kohärent die Figur des Rechtsanwendungsbefehls des Zustimmungsgesetzes, der den zukünftigen Kontrollzugriff erst ermöglicht, angeschlossen und damit eine jederzeit zurücknehmbare Vorrangwirkung aus dem nationalen Verfassungsrecht begründet.

Aber auch jenseits dieser Distanzierung durch Dualismus findet sich im Solange II- Beschluss einiges an integrationsresistenter Konservation. Ohne Not werden erneut die irreversiblen Grenzen betont, wird auf dem „unverzichtbaren Essentialen" und der „Identität" sowie der Verhinderung eines „Einbruchs" in das Grundgefüge der Verfassungsordnung *beharrt*:[428]

„Die Ermächtigung auf Grund des Art. 24 Abs. 1 GG ist indessen nicht ohne verfassungsrechtliche Grenzen. Die Vorschrift ermächtigt nicht dazu, im Wege der Einräumung von Hoheitsrechten für zwischenstaatliche Einrichtungen *die Identität der geltenden Verfassungsordnung der Bundesrepublik Deutschland durch Einbruch in ihr Grundgefüge, in die sie konstituierenden Strukturen, aufzugeben* […]. Dies gilt namentlich für Rechtsetzungsakte der zwischenstaatlichen Einrichtung, die, gegebenenfalls zufolge entsprechender Auslegung oder Fortbildung des zugrundeliegenden Vertragsrechts, wesentliche Strukturen des Grundgesetzes *aushöhlten. Ein unverzichtbares, zum Grundgefüge der geltenden Verfassung gehörendes Essentiale sind jedenfalls die Rechtsprinzipien, die dem Grundrechtsteil des Grundgesetzes zugrundeliegen* […].[429]

Die Anführung der wesentlichen Strukturen und die Reduktion auf die Rechtsprinzipien der Grundrechte sind

---
[428] BVerfGE 73, 339 (375) [1986].
[429] Ebenda, 375 (unsere Hervorhebungen).

D. Europa: Der unvollendbare Bundesstaat?

insofern nur eine scheinbare Zurücknahme. Die Semantik – es ist von „Relativierung", „Einbruch", „Aufgabe" und „Aushöhlung" die Rede – weist ebenso in eine andere Richtung wie die selbstverständlich voll aufrechterhaltene Prüfungskompetenz, die lediglich nicht mehr ausgeübt wird. Schon die dissentierenden Richter *Rupp*, *Hirsch* und *Wand* im Sondervotum zu „Solange I" bemerkten zu Recht, dass „die Grundstruktur der Verfassung, auf der ihre Identität beruht", „nicht auf dem Spiel steht".[430] Das galt für die Maisgrießproblematik ebenso wie für Einfuhrrechte von Champignons. Die einzige Identität, die damals wie heute wohl immer wieder berührt ist, ist jene des Bundesverfassungsgerichts.

Im Ergebnis hat „Solange II" also nicht „Solange I" korrigiert, sondern lediglich modifiziert. Entgegen dem ersten Anschein ist „Solange II" – blendet man die Unzulässigkeitsentscheidung aus – auch wesentlich weniger europarechtsfreundlich als man gemeinhin annimmt. Es gibt durchaus konservativere Elemente als in „Solange I", indem das Karlsruher Gericht vom grundrechtlich eingefärbten *Bewahren* und einer prinzipiellen Offenheit mehr zu einem sich verschließenden *Beharren* und *Musealisieren* übergeht.

Vor allem aber sind aus der in „Solange" erprobten Caveatisierung über die Zeit eine Vielzahl ausdifferenzierter Vorbehalte erwachsen, die allesamt den Integrationsprozess *bremsend* kontrollieren: Dem ursprünglich bewahrenden Grundrechtsvorbehalt folgten der Demokratievorbehalt, der Vorbehalt deutscher Staatlichkeit, ein ausdifferenzierter Identitätsvorbehalt, der Kompetenzeinhaltungsvorbehalt und der diese absichernde Kontroll-

---

[430] BVerfGE 37, 271 (279) [1974].

Zweiter Teil: Konservatives Karlsruhe

vorbehalt durch das Bundesverfassungsgericht. Bis hin zur PSPP-Entscheidung wohnt im Grunde jedem Karlsruher Grundsatzurteil zur europäischen Integration insoweit ein *caveat* im Sinne der Solange-Saga inne. Die Rechtsprechung wurde über ein halbes Jahrhundert ungeachtet des grundlegenden Wandels ihres Gegenstandes nie aufgegeben, sondern lediglich fortgeschrieben und präzisiert,[431] damit aber auch konserviert.

2. In dubio pro etate? – Maastricht

Sah offenbar die Mehrheit der Karlsruher Richterinnen und Richter bereits die Verfassungsfundamente durch die Einfuhrrechte von Maisgrieß und Champignonkonserven tangiert, wie schwer musste eine Grundlagenänderung der Gemeinschaft wiegen? Mit dem im Februar 1992 in Maastricht unterzeichneten Vertrag über die Europäische Union wurde der bis dahin größte Integrationsschritt vollzogen: Erhebliche Kompetenz- und Zuständigkeitserweiterung, Vergemeinschaftung der Währungspolitik und Einführung der Unionsbürgschaft, um nur schlagwortartig die „neue Stufe" der Integration anzudeuten. Kurzum, es ging um Grundsätzliches und so gab es auch aus Karlsruhe Grundsätzliches zu hören.

Das Maastricht-Urteil kann insgesamt in Umkehrung der „Noch-Nicht-Formel" aus der Solange I-Entscheidung als ein „Gerade Noch" verstanden werden. Also

---

[431] In diese Richtung auch *M. Cornils*, in: J. Menzel/R. Müller-Terpitz (Hrsg.), Verfassungsrechtsprechung, 3. Aufl. 2017, S. 257. So ebenfalls *M. Wendel*, Das Bundesverfassungsgericht als Garant der Unionsgrundrechte. Zugleich Besprechung von BVerfG, Beschlüsse v. 6.11.2019 – 1 BvR 16/13 (Recht auf Vergessen I) und 1 BvR 276/17 (Recht auf Vergessen II), JZ 2020, 157, 167.

D. Europa: Der unvollendbare Bundesstaat?

ebenfalls eine Caveatisierungsstrategie, aber mit umgekehrten Vorzeichen. Gerade noch hielt sich der Integrationsschritt im Rahmen dessen, dass die hier definierten, irreversiblen Grenzen der „Entleerung" der Rechte des Bundestages noch nicht überschritten waren, dass ungeachtet der Begründung eines Staatenverbundes Aufgaben und Befugnisse von substanziellem Gewicht verblieben. Dass dem so bleibt, darüber wacht in einer etwas euphemistisch[432] als „Kooperationsverhältnis" mit dem Europäischen Gerichtshof bezeichneten Beziehung letztlich das Karlsruher Gericht.

Das Urteil ist – liest man es knapp drei Jahrzehnte später – nicht nur im Ergebnis europarechtsfreundlich, sondern durchaus offen gestaltet: „Derartige [jene der Demokratie] tatsächliche Bedingungen können sich, soweit sie noch nicht bestehen, im Verlauf der Zeit im institutionellen Rahmen der Europäischen Union entwickeln."[433] Das Temporäre wird durch oftmals in Parenthesen gesetzte Gegenwartsbefunde wie „gegenwärtig"[434], „derzeit"[435] „bisher nicht"[436] deutlich. Das merklich vernehmbare „Gerade Noch" und die definitiven Grenzen der Integration, etwa in dem Verdikt des 4. Leitsatzes, dem „Deutschen Bundestag müssen Aufgaben und Befugnisse von substantiellem Gewicht verbleiben", werden durch diesen Gegenwärtigkeitsvorbehalt einerseits relativiert, zugleich sind sie aus Makroperspektive bereits ein *Bremsen* des In-

---

[432] So kritisch W. *Kahl*, Optimierungspotenzial im „Kooperationsverhältnis" zwischen EuGH und BVerfG, NVwZ 2020, 824, 827.
[433] BVerfGE 89, 155 (185) [1993].
[434] Ebenda, 186.
[435] Ebenda, 189 f.
[436] Ebenda, 213.

Zweiter Teil: Konservatives Karlsruhe

tegrationsprozesses. Dieses Bremsen hat sich im Übrigen auch real darin niedergeschlagen, dass Deutschland einst erst mit gehöriger Verzögerung und als letzter Staat den Vertrag ratifizieren konnte. Wie aber unternahm das Bundesverfassungsgericht die Bremsung eines zuletzt zu dynamisch gewordenen Integrationsprozesses, der insbesondere durch großzügige Anwendung der *implied powers*-Lehre und die *effet utile*-basierte EuGH-Rechtsprechung[437] erheblich beschleunigt worden war? Was konnte dem EuGH als „Motor der Integration"[438] durch das Karlsruher Gericht bremsend entgegengebracht werden?

Es steckt etwas *Schmitt* und noch mehr *Kirchhof* und *Böckenförde* in dem Urteil.[439] Im Maastricht-Urteil findet einen vorläufigen Höhepunkt, was später in der Lissabon-Entscheidung kulminiert: Verfassungsgerichtliche Entscheidungen werden zunehmend zur Projektionsfläche vornehmlich professoraler Berichterstatter.[440] Diese tragen ohne Not und in prozessualer Überdehnung ihre

---

[437] BVerfGE 89, 155 (210) [1993]; siehe m.w.N. auch *U. Haltern*, Europarecht, Bd. 2, 3. Aufl. 2017, Rn. 1122.

[438] *M. Höpner*, Der Europäische Gerichtshof als Motor der Integration: Eine akteursbezogene Erklärung, BJS 2011, 203 ff.

[439] In diese Richtung *R.C. v. Ooyen*, Die Staatstheorie des Bundesverfassungsgerichts und Europa, 8. Aufl. 2020, S. 13 f., 36 ff., der dies in einer antipluralistischen, auf das Nationale fixierten Staatstheorie und der „No-Demos-These" erkennt. Die Bezüge zu *Carl Schmitt* seien etwa in der „existentiellen Gemeinsamkeit", die das Gericht der Staatszugehörigkeit zu- und der Unionsbürgerschaft abspricht sowie dem Erfordernis des Staatsvolkes, „relativ homogen" zu sein, erkennbar, ebenda m.w.N., S. 40 ff.; dazu auch *I. Pernice*, Carl Schmitt, Rudolf Smend und die Europäische Integration, in: *Ders.*, Verfassungsverbund, 2020, S. 359, 362 ff.

[440] Siehe dazu etwa *R.C. v. Ooyen*, Die Staatstheorie des Bundesverfassungsgerichts und Europa, 8. Aufl. 2020, S. 174; zur Rolle der

D. Europa: Der unvollendbare Bundesstaat?

eigenen wissenschaftlichen Vorstellungen „weit jenseits"[441] der eigentlichen Sachentscheidung in die Rechtsprechung ein. So kann man von einer doppelten Subjektivierung sprechen, die zugleich Innovation zum Zwecke der Konservation war: Einerseits wird, um überhaupt zur Vertragsänderung Stellung nehmen zu können, das Wahlrecht aus Art. 38 Grundgesetz in ein subjektives Recht, an der Legitimation der Staatsgewalt durch das Volk mitzuwirken, umgedeutet – gewissermaßen eine ebenso sensationelle wie fragliche Innovation.[442] Zugleich steht zuweilen weniger die entscheidende Rechtsfrage im Vordergrund, sondern professorale *obiter dicta*. Nicht das Entscheidungsergebnis und die entscheidungserheblichen Passagen muten konservativ an, sondern vornehmlich diese überschießenden Ausführungen von staatsphilosophischer Grundsätzlichkeit. Sie sind es, die bei aller Tiefe ein weites Feld für das *Beharren*, *Bremsen* und *Musealisieren* eröffnen und so kreist das Urteil in weiten Teilen um die Trinität von Staat, Souveränität und Demokratie.[443] Leitbild ist jenes der „offenen Staatlichkeit".[444] Ausgangs-, Bezugs- und Endpunkt verbleibt also der Staat. Dieser ist aus

---

Berichterstatter *U. Kranenpohl*, Hinter dem Schleier des Beratungsgeheimnisses, 2010, S. 133 ff.
[441] *M. Jestaedt*, Warum in die Ferne schweifen, wenn der Maßstab liegt so nah?, Der Staat 2009, 497, 501 f.
[442] Dies als streitbar qualifizierend etwa *R. Streinz*, Das Maastricht-Urteil des BVerfG, EuZW 1994, 329, 331.
[443] So *R.C. v. Ooyen*, Die Staatstheorie des Bundesverfassungsgerichts und Europa, 8. Aufl. 2020, 13; ähnlich auch schon der Diskurs im Vorfeld der Entscheidung, siehe *I. Pernice*, Maastricht, Staat und Demokratie, in: *Ders.* Verfassungsverbund, 2020, S. 147 ff.
[444] *K. Vogel*, Die Verfassungsentscheidung des Grundgesetzes für eine internationale Zusammenarbeit, 1964, S. 42.

Zweiter Teil: Konservatives Karlsruhe

Karlsruher Warte das Gravitationszentrum des europäischen Integrationsprozesses.

Bereits hinter dem innovativ-konstruierten, prozessualen Ausgangspunkt steht zugleich etwas genuin Konservatives. Wurde mit dem Thema des Grundrechtsschutzes in „Solange I" und „Solange II" noch eine „Essentiale", etwas Schutzbedürftiges bewahrt, wechselt hier das Schutzobjekt: Über den (zu) weit ausgedehnten Art. 38 Grundgesetz entsteht ein „Individualrecht auf Staatlichkeit"[445] und gewissermaßen ein korrespondierendes „Entstaatlichungsverbot". Der Staat ist offenbar nicht nur Garant der individuellen Freiheit,[446] sondern die individuelle Freiheit garantiert auch den Staat.

Insgesamt erinnert die Omnipräsenz und Bedeutung des Staates im Urteil an die Omnipräsenz und die Bedeutung des Staates bei *Hegel*[447]: „Der Unionsvertrag begründet einen Staatenverbund zur Verwirklichung einer immer engeren Union der – staatlich organisierten – Völker Europas […], keinen sich auf ein europäisches Staatsvolk stützenden Staat."[448] Viermal tritt in diesem Leitsatz der Staat in unterschiedlichem Gepräge auf. Eine andere Denkkategorie scheint es nicht zu geben.[449] Dem Staat, der offenbar ganz im Sinne *Hegels* erst allem anderen

---

[445] *M. Nettesheim,* Ein Individualrecht auf Staatlichkeit? Die Lissabon-Entscheidung des BVerfG, NJW 2009, 2867 ff.

[446] Siehe Teil 1, B. mit Verweis auf *G.W.F. Hegel*, Grundlinien der Philosophie des Rechts, 14. Aufl. 2015, Vorrede S. 24.

[447] Siehe Teil 1, B.

[448] BVerfGE 89, 155 (8. Leitsatz) [1993].

[449] Selbstverständlich bestanden und bestehen Alternativen. Statt vieler insbesondere, *I. Pernice,* Theorie und Praxis des Europäischen Verfassungsverbundes, in: *Ders.,* Verfassungsverbund, 2020, S. 625 ff.

D. Europa: Der unvollendbare Bundesstaat?

Existenz verleiht,[450] ist nicht zu entkommen. Die ganze Welt wird sodann mit einer binären Kodierung in Staat und Nicht-Staat durchmustert, aus dem auch der Neologismus des Staatenverbundes nicht ausbricht. Auch der Staatenverbund ist eben kein Staat, sondern ein Nicht-Staat. Und ein Staatswerden im Sinne der „Vereinigten Staaten von Europa" wird – wie das Urteil feststellt – „derzeit nicht beabsichtigt"[451], sodass Deutschland „die Qualität eines souveränen Staates aus eigenem Recht" weiterhin wahrt.[452]

Jenseits dieser Staatsapotheose – *Weiler* spricht nicht ganz zu Unrecht vom „Staat über alles"[453] –, der bereits eine Nähe zum Konservatismus von *Hegel* und *Stahl* eigen ist,[454] finden sich hier auch andeutungsweise die drei Charakteristika des politischen Konservativen im Sinne *Mannheims* wieder.[455] In der prominenten Bedeutung des Staates als natürliche, vorgegebene Ordnung liegt zunächst ein Denken in Kontinuität, die mit der EU als etwas noch Werdendes und daher Unsicheres kontrastiert

---

[450] Siehe Teil 1, B.
[451] BVerfGE 89, 155 (189f.) [1993]. Das war in der Literatur z.T. in Zweifel gezogen worden, s. etwa *D. Murswiek*, Maastricht und der Pouvoir Constituant. Zur Bedeutung der verfassunggebenden Gewalt im Prozeß der europäischen Integration, Der Staat 1993, 161, 179, 181 ff.; *H. Rupp*, Muß das Volk über den Vertrag von Maastricht entscheiden?, NJW 1993, 38, 40.
[452] BVerfGE 89, 155 (190) [1993].
[453] *J.H.H. Weiler*, Der Staat „über alles". Demos, Telos und die Maastricht-Entscheidung des Bundesverfassungsgerichts, JöR 1996, Bd. 44, 91 ff.; siehe auch *R. Lhotta*, Der Staat als Wille und Vorstellung: Die etatistische Renaissance nach Maastricht und ihre Bedeutung für das Verhältnis von Staat und Bundesstaat, Der Staat 1997, 189ff.
[454] Siehe Teil 1, B.
[455] Siehe dazu Teil 1, B.

Zweiter Teil: Konservatives Karlsruhe

wird. In der Besinnung auf den Staat findet sich sodann auch eine Fokussierung auf das Vorhandene und praktisch Konkrete. Dieser Staat sei „sichtbar und verstehbar".[456] Die EU in ihrer Abstraktheit, in ihrer Unter- und Unbestimmtheit ist dagegen offenbar noch nicht fass- und begreifbar. Auch die Unionsbürgerschaft bleibt nach dem Bundesverfassungsgericht abstrakt gegenüber dem vertraut konkreten Band der Staatsangehörigkeit. Sie besitzt „nicht eine der gemeinsamen Zugehörigkeit zu einem Staate vergleichbare Dichte".[457] In Anknüpfung daran wird die konkrete Figur der „relativ homogen[en]"[458] Staatsvölker als Legitimationssubjekt geführt und mit der berühmten *no demos*-These ein weitaus abstrakteres europäisches Volk kategorisch negiert. Die Ausführungen zur Staatsbürgerschaft[459] grenzen überdies an eine *Musealisierung*: Sie behaupten mit naturgesetzlicher Absolutheit eine relative Homogenität des Staatsvolkes, die zumindest zweifelhaft ist.[460] Die Völker Europas seien jedenfalls, so das Bundesverfassungsgericht, „staatlich organisiert" und damit vorhanden-konkret. In dieser Unhintergehbarkeit des Konkreten und Kontinuierlichen, das der staatlichen Organisation bedarf, erst durch sie existiert, tritt auch *Hegel* abermals zu Tage.[461] Zudem wird die vertraute und konkret-vorhandene Öffentlichkeit im Staat mit jener noch im Werden befindlichen, abstrakten europäischen

---

[456] BVerfGE 89, 155 (185) [1993].
[457] BVerfGE 89, 155 (184) [1993].
[458] Ebenda, 186.
[459] Ebenda.
[460] Dazu *S. Korioth*, Europäische und nationale Identität: Integration durch Verfassungsrecht?, VVDStRL 2003, S. 117, 135 ff.
[461] Siehe dazu Teil 1, B.

D. Europa: Der unvollendbare Bundesstaat?

Öffentlichkeit kontrastiert.[462] Schließlich kennzeichnet das Urteil auch das Denken von der „Totalität" her – selbst das Individuelle wird im „Individualrecht auf Staatlichkeit" zum Recht auf etwas „Totales", und das gesamte Urteil durchzieht der Rekurs auf das Staatsvolk bzw. die Staatsvölker oder den Staat. Staat und die auf einem Staatsvolk gründende Demokratie werden hier also gegen den Integrationsprozess in Anschlag gebracht. Am Ende gibt sich das Karlsruher Gericht durch diese „etatistische[n] Vorbehalte" mehr als „Hüter deutscher Staatlichkeit"[463] denn als „Hüter der Verfassung".

Auch eine weitere Parallele zum deutschen Konservatismus des 19. Jahrhunderts, nämlich die Ablehnung des Rationalen, scheint auf.[464] Nach dem frühen Scheitern der Europäischen Politischen Gemeinschaft trug der europäische Integrationsprozess im Sinne der *Méthode Monnet* lange Zeit genuin (neo-)funktionalen, rationalen Charakter. Er wurde in erster Linie durch technokratische Eliten in bürokratischer Manier mit Ziel auf *spill over*-Effekte betrieben.[465] Geradezu irrational mutet demgegenüber die traditionelle Vorstellung einer organisch gewachsenen, überkommenen Ordnung an, wie sie vom Bundesverfassungsgericht als natürlich und bejahenswert gezeichnet und deren „Umstoßen" „von außen her", um abermals das Finanzgericht Rheinland-Pfalz zu zitieren,[466] befürchtet wird. Das Maastricht-Urteil liest sich insofern auch als

---

[462] BVerfGE 89, 155 (185) [1993].
[463] *H. Hofmann*, Von der Staatssoziologie zu einer Soziologie der Verfassung?, JZ 1999, 1065, 1066 f.
[464] Siehe dazu Teil 1, B.
[465] Klassisch *E. Haas*, The Uniting of Europe, 1958, S. 291 ff.
[466] Siehe oben II.

Zweiter Teil: Konservatives Karlsruhe

eine „Rationalisierung des Irrationalen",[467] soweit sich in ihm manifestiert, was schon *Hallstein* einst diagnostiziert hatte: „Die Einschränkung der Souveränität stieß bei vereinzelten nationalen Kräften auf starke Ressentiments und wurde mit Gefühlsgründen bekämpft."[468]

Auch die *Musealisierung* aus „Solange II" (vier der mitwirkenden Richter waren 1993 immer noch am Gericht) wird fortgeschrieben und das Besondere und Spezielle der – nunmehr – Union gänzlich nivelliert. Auch wenn sie begrifflich zumindest ein neues „Etikett" als Staatenverbund bekommt und der Begriff der Supranationalität mehrfach hervorgehoben wird, findet materiell eine Degradierung statt: Besonders hervorgehoben wird die Funktion einer Wirtschaftsgemeinschaft, ihr intergouvernementaler Charakter auf den neuen Feldern der Zusammenarbeit und die verbleibende Souveränität der Mitgliedstaaten. Von den einstigen Bekenntnissen zu einem autonomen Gebilde[469] ist nicht mehr viel übriggeblieben. Die Betonungen des Rechtsanwendungsbefehls, der Formel von den „Herren der Verträge" und der Brückenfunktion des Zustimmungsgesetzes machen dies ebenfalls unmissverständlich deutlich.

---

[467] *O. Depenheuer*, Grundrechte und Konservatismus, in: D. Merten/H.-J. Papier (Hrsg.), Handbuch der Grundrechte, Bd. 1, 2004, S. 441, 449.

[468] *W. Hallstein*, Der unvollendete Bundesstaat, 1969, S. 249.

[469] BVerfGE 22, 293 (296) [1967]; BVerfGE 31, 145 (174f.) [1971]; BVerfGE 37, 271 (292) [1974]; BVerfGE 58, 1 (28) [1981] – Eurocontrol 1.

D. Europa: Der unvollendbare Bundesstaat?

3. Kulminationspunkt der Konservation – Das Lissabon-Urteil

a) Vollbremsung

„Maastricht" und „Lissabon" haben – zumindest in der Karlsruher Rechtsprechung – viel gemein. Wieder ging es um einen gewichtigen Integrationsschritt. Wieder wurde die Verletzung des Demokratieprinzips, die Aushöhlung der Kompetenzen des Bundestages, die mangelnde demokratische Legitimation der EU und der Verlust der Staatlichkeit gerügt. Wieder gelangte dies, wie schon in „Maastricht", durch die „uferlose Entgrenzung"[470] des Art. 38 Abs. 1 S. 1 Grundgesetz[471] in Gestalt eines „Grundrechts auf Demokratie"[472] nach Karlsruhe. Diese Kompetenzausweitung wurde ungeachtet aller Bedenken[473] nicht nur wiederholt, sondern angesichts der nun aufgebrachten integrationsfesten Grenzen zu einem „Individualrecht auf Staatlichkeit"[474] fortgeschrieben. Entsprechend dieser Ähnlichkeiten wird schon ganz zu Beginn der Entschei-

---

[470] *C. Schönberger*, Die Europäische Union zwischen „Demokratiedefizit" und Bundesstaatsverbot: Anmerkungen zum Lissabon-Urteil des Bundesverfassungsgerichts, Der Staat 2009, 539 ff.

[471] BVerfGE 89, 155 (171 f.) [1993]; BVerfGE 123, 267 (331 ff.) [2009].

[472] Dies könnte auch euphemistisch als Vervollständigung des „Bürgergerichts" (*Häberle*) zu sehen sein. Zur Demokratie als organisatorischer Konsequenz der Menschenwürde *P. Häberle/M. Kotzur*, Europäische Verfassungslehre, 8. Aufl. 2016, S. 548 ff.; das BVerfG unternimmt eine erstmalige Verknüpfung von Menschenwürde und Wahlrecht in BVerfGE 123, 267 (341, 343) [2009].

[473] Zur Kritik bereits im Maastricht-Urteil *C. Tomuschat*, Die Europäische Union unter der Aufsicht des BVerfG, EuGRZ 1993, 489, 491.

[474] *M. Nettesheim*, Ein Individualrecht auf Staatlichkeit? Die Lissabon-Entscheidung des BVerfG, NJW 2009, 2867, 2869.

dung die Nähe zum Maastricht-Urteil betont[475] und insgesamt bleibt die Entscheidung in weiten Teilen der dort eingeschlagenen Linie treu.[476] Bereits in diesem Umstand, fast zwanzig Jahre später, erhebliche Integrationsschritte weiter (die Gemeinschaft hatte sich nicht zuletzt in eine Union verwandelt) nahezu unverändert alte Maßstäbe anzuwenden und Figuren mitzuführen, liegt etwas Konservierendes. Nicht ganz zu Unrecht ist das Lissabon-Urteil als „retrospektive", „versteinernde Maastricht II-Entscheidung" qualifiziert worden,[477] das die europäische Entwicklung verkenne oder ignoriere. Auch wenn die Entscheidung in der rund eine Dekade später möglichen, nüchternen Betrachtung weniger Aufregung auslöst als damals, irritiert dennoch insbesondere die apodiktische Absage an den Übergang zum europäischen Bundesstaat, das Definitive, das *Beharren* auf souveräner Staatlichkeit und Identität.

Die Caveatisierung[478] als bewährtes Instrument wird noch einmal verstärkt und ausgeweitet. Ein europäischer Bundesstaat sei nur um den Preis der Aufgabe des Grundgesetzes möglich, wie sich aus Demokratie und Verfassungsidentität[479] ergebe. Die bereits im Solange I-Beschluss peripher angeführte Identität erlangt prominente

---

[475] BVerfGE 123, 267 (271) [2009].
[476] *M. Cornils* spricht von „Folgeentscheidung" in: J. Menzel/R. Müller-Terpitz (Hrsg.), Verfassungsrechtsprechung, 3. Aufl. 2017, S. 852.
[477] *P. Häberle*, Das retrospektive Lissabon-Urteil als versteinernde Maastricht-II-Entscheidung, JöR 2010, Bd. 58, 317 ff.
[478] Siehe dazu auch oben, 1.c).
[479] Dazu *A. v. Bogdandy*, Europäische und nationale Identität: Integration durch Verfassungsrecht?, VVDStRL 2003, Bd. 62, S. 156, 170 ff.

D. Europa: Der unvollendbare Bundesstaat?

Bedeutung und erstarkt zur Widerstandsformel.[480] Mehr als vierzigmal findet sich das Wort „souverän" in dem Beschluss und errichtet einen regelrechten Souveränitätspanzer. Weite Teile der Rhetorik sind negatorisch. Die darin zum Ausdruck kommende Ablehnung ist bereits bezeichnend für ein *Bremsen* des voranschreitenden Integrationsprozesses.

Ähnlich wie die Maastricht-Entscheidung ist auch das Lissabon-Urteil von der salomonischen Vorbehalts-Formel des „Ja, aber..." geprägt. Die Caveatisierung fokussiert nun Integrationsgrenzen, Integrationsverantwortung und Integrationskontrollrechte. Letztere, wie könnte es anders sein, liegen naturgemäß in Karlsruhe. In den Niederlanden und Frankreich hatte das Volk den angestrebten nächsten europäischen Integrationsschritt, wohl mehr als Reflex auf nationale Politik, gebremst. In Deutschland hingegen *bremste*, man möchte fast sagen in gewohnter Manier, nicht das Volk selbst durch Referendum oder die berufenen Organe repräsentativer Demokratie, sondern der Zweite Senat des Bundesverfassungsgerichts. Wegen mangelnden Selbstschutzes des Parlaments diktierte Karlsruhe der ersten Gewalt die Wahrnehmung ihrer Rechte – etikettiert als Integrationsverantwortung.

Das ließe sich vielleicht noch als konservativ im positiven Sinn, als *Bewahren*, als Schutz von Schutzbedürftigem einordnen. Aber dazu wären 170 Seiten in der amtli-

---

[480] Dazu *C. Schönberger*, Identitäterä. Verfassungsidentität zwischen Widerstandsformel und Musealisierung des Grundgesetzes, JöR 2015, Bd. 63, 41, insbes. 54ff. Zur Identitätskontrolle ferner *A. Ingold*, Die verfassungsrechtliche Identität der Bundesrepublik Deutschland. Karriere – Konzept – Kritik, AöR 2015, 1; *T. Wischmeyer*, Nationale Identität und Verfassungsidentität. Schutzgehalte, Instrumente, Perspektiven, AöR 2015, 415.

Zweiter Teil: Konservatives Karlsruhe

chen Entscheidungssammlung wohl nicht nötig gewesen. Und so erschöpft sich das Urteil nicht in diesem Verantwortungsdiktat, sondern reicht – im bekannten Gewand und Duktus des Bewahrens – beharrend, bremsend und musealisierend weit darüber hinaus. Auf nahezu allen Feldern fließt hier Konservierendes zu einem Amalgam zusammen: Staats- und Souveränitätsfixiertheit, Demokratie- und Identitätsschutz. Wenngleich der Entscheidung auch europafreundliche Innovationen innewohnen,[481] hat das Bundesverfassungsgericht wohl selten einen inhaltlich so radikalen, mit markigen Paradigmen versehenen *Brems*vorgang versucht, um als Kernziel „eine offene oder schleichende Verstaatlichung [der EU] zu verhindern"[482].

b) Vonne Endlichkait – Sein und Bleiben

Die frühe Rechtsprechung des Gerichts war noch von einer gewissen Entwicklungsoffenheit sowie einer rein beschreibenden Erfassung der Gemeinschaft gezeichnet, die etwa in der Maastricht-Entscheidung in besagtem Gegenwärtigkeitsvorbehalt Ausdruck findet. Dagegen wartet das Lissabon-Urteil mit einem ausdrücklichen „Bundesstaatsverbot" auf,[483] das apodiktisch im dritten Leitsatz zementiert wird. Aber auch anderenorts sind die definiti-

---

[481] So auch expressis verbis *D. Halberstam/C. Möllers,* The German Constitutional Court says "Ja zu Deutschland", GLJ 2009, 1241, 1242 ff.
[482] *D. Grimm*, Das Grundgesetz als Riegel vor einer Verstaatlichung der Europäischen Union. Zum Lissabon-Urteil des Bundesverfassungsgerichts, in: *Ders.*, Die Zukunft der Verfassung II, 2012, S. 166.
[483] *C. Schönberger*, Die Europäische Union zwischen „Demokratiedefizit" und Bundesstaatsverbot: Anmerkungen zum Lissabon-Urteil des Bundesverfassungsgerichts, Der Staat 2009, 535 ff.

D. Europa: Der unvollendbare Bundesstaat?

ven Festlegungen und damit die Konservation bemerkenswert. Hieß es vordem in der Karlsruher Judikatur stets deskriptiv, die Mitgliedstaaten seien (weiterhin) die Herren der Verträge, schlägt dies nun ins Präskriptive und dezidert Konservierende um: „Sie bleiben deshalb dauerhaft die Herren der Verträge."[484] Die semantische Verschiebung von „sein" zu „bleiben" und die attributive Qualifizierung als „dauerhaft" könnte man in Gewöhnung an die vertraute Formel leichthin überlesen. Doch spricht sich in ihr eine entschiedene Unabänderlichkeit aus, die aktive Wandlungsprozesse unterbinden und abwehren soll, ja geradezu Stillstand will. Bis hierher und keinen Schritt weiter!

Für die responsive dritte Gewalt, die typischerweise über abgeschlossene Sachverhalte urteilt, sind die vermehrt vorkommenden prospektiv ausgreifenden Worte „bleiben" und „dauerhaft" irritierend bis anmaßend. So ist auch von „souverän bleibenden Staaten" die Rede und davon, dass „die Völker [...] der Mitgliedstaaten die Subjekte demokratischer Legitimation bleiben" (1. Leitsatz). Es käme darauf an, dass „grundsätzlich substantielle mitgliedstaatliche Handlungsfreiräume erhalten bleiben".[485] Wichtig sei es, „dass der Bundesrepublik Deutschland für zentrale Regelungs- und Lebensbereiche substantielle innerstaatliche Gestaltungsmöglichkeiten verbleiben."[486] So müsse etwa die sozialpolitische Existenzsicherung „weiterhin primäre Aufgabe der Mitgliedstaaten bleiben."[487]

---

[484] BVerfGE 123, 267 (348 f.) [2009].
[485] BVerfGE 123, 267 (359 f.) [2009].
[486] Ebenda, 406.
[487] Ebenda, 362 f.

Zweiter Teil: Konservatives Karlsruhe

Auch die „Verfassung Europas", so die Karlsruher Richter, „bleibt eine abgeleitete Grundordnung".[488]

Vieles muss also nach Auffassung des Bundesverfassungsgerichts bleiben, wie es ist. Das Gericht macht hier der Etymologie – der Begriff entstammt dem mittelhochdeutschen belīben bzw. althochdeutschen bilīban und meint eigentlich in seiner Verwandtschaft mit Leim soviel wie kleben bleiben – alle Ehre. Kleben bleiben soll vieles und dazu auch noch dauerhaft. Je mehr das Bundesverfassungsgericht auf dem Bleiben und der Dauerhaftigkeit beharrt, Endgültigkeit und Beständigkeit festschreiben will, desto mehr scheint sie ihm zu entrinnen. Gewollte Ewigkeit findet Endlichkeit.

c) Fiktive Staatsaufgabenlehre als Musealisierung

Weit mehr noch als im Maastricht-Judikat sind große Teile des Lissabon-Urteils relativ entscheidungsferne *obiter dicta* – eine Ausstellungsfläche für Museales. *Musealisiert* wird vor allem in Bezug auf das, was das Bundesverfassungsgericht als Kernbereiche demokratischer Selbstgestaltung des Verfassungsstaates qualifiziert:

„Als besonders sensibel für die demokratische Selbstgestaltungsfähigkeit eines Verfassungsstaates gelten *seit jeher* Entscheidungen über das materielle und formelle Strafrecht (1), die Verfügung über das Gewaltmonopol polizeilich nach innen und militärisch nach außen (2), die fiskalischen Grundentscheidungen über Einnahmen und – gerade auch sozialpolitisch motivierte – Ausgaben der öffentlichen Hand (3), die sozialstaatliche Gestaltung von Lebensverhältnissen (4) sowie kulturell besonders bedeutsame Entscheidungen etwa im Familienrecht, Schul-

---

[488] BVerfGE 123, 267 (349) [2009].

D. Europa: Der unvollendbare Bundesstaat?

und Bildungssystem oder über den Umgang mit religiösen Gemeinschaften (5)."[489]

Die Neukodierung, also Musealisierung, liegt hier darin, dass im Gegensatz zur Behauptung des Gerichts die besagte Tradition („seit jeher") so wohl nie bestand. Es handelt sich vielmehr um eigenimaginierte, vergangene Souveränitätsvorstellungen,[490] auf denen aufsetzend das Bundesverfassungsgericht eine ebenfalls eigene Staatsaufgabenlehre schreibt, die weder mit der Geschichte viel gemein hat noch systematisch sinnvoll oder vollständig ist.[491] Sozialstaatlichkeit etwa wird zuweilen als Beginn des Endes der Souveränität verstanden.[492] Religion ist sicherlich nicht „seit jeher" eine Aufgabe des Staates gewesen[493] und es ist fragwürdig, ob dies anders sein sollte.[494] In vielen wirkmächtigen Demokratien wird das schon am strengen Laizismus deutlich erkennbar. Auch das staatliche Neutralitätsgebot lässt an dieser starken These zweifeln.[495] Die genannten kulturellen Bereiche sind z.T. durch Staatsferne gekennzeichnet und faktisch in vielen Verfassungsstaaten gewiss nicht elementarer Bestandteil demokratischer

---

[489] BVerfGE 123, 267 (359) [2009] (unsere Hervorhebung).

[490] *D. Halberstam/C. Möllers,* The German Constitutional Court says "Ja zu Deutschland", GLJ 2009, 1241, 1250.

[491] Ebenda, 1250f.

[492] *D. Halberstam/C. Möllers,* The German Constitutional Court says "Ja zu Deutschland", GLJ 2009, 1241, 1250f., mit Verweis auf *H. Laski,* Studies in the Problem of Sovereignty, 1917.

[493] Ebenda, mit Verweis auf *S. Krasner,* Sovereignty: Organized Hypocrisy, 1999, 79f.

[494] Vgl. etwa schon *W. v. Humboldt,* Ideen zu einem Versuch, die Grenzen der Wirksamkeit des Staats zu bestimmen, 1851, VII., S. 75 ff.

[495] Siehe zur geschichtlichen Entwicklung des Verhältnisses von Kirche, Religion und Staat in Deutschland oben B.I.

Zweiter Teil: Konservatives Karlsruhe

Selbstbestimmung. Das Schul- und Bildungswesen ist nicht nur und nicht seit jeher „Veranstaltung des Staates", sondern steht schon von sich aus in einem komplexen Spannungsverhältnis zwischen Angelegenheit der politischen Gemeinschaft einerseits und Privatsache im Anschluss an das elterliche Erziehungsrecht andererseits.[496] Weder historisch noch rechtsvergleichend lässt sich belegen, dass der Bereich des Familienrechts stets der demokratischen Selbstbestimmung überantwortet war.[497] Statt „seit jeher" gilt für viele dieser Bereiche wohl eher ein „nunmehr".[498]

So bleiben diese vom Bundesverfassungsgericht genannten fünf Kernelemente einer Staatsaufgabenlehre schon der Sache nach zweifelhaft, und woher sie stammen sollen bleibt nicht minder unklar.[499] Von einem so gelehrten Senat hätte man eigentlich erwartet, dass das „Fundamentalproblem"[500] der Staatszwecke und Staatsaufgaben nicht als etwas unverrückbar Vorgegebenes, sondern als etwas dynamisch Aufgegebenes und Änderbares begrif-

---

[496] *M. Kotzur/J.J. Vasel*, in: Stern/Becker (Hrsg.), Grundrechte – Kommentar, 3. Aufl. 2018, Art 7 Rn. 2 ff.

[497] Dazu *D. Schwab*, Geschichtliches Recht und moderne Zeiten, 1995, S. 121 ff.; *C. Seiler* in: Kahl/Waldhoff/Walter (Hrsg.), Bonner Kommentar zum Grundgesetz, 168. Akt. Jul. 2014, Art. 6 Abs. 1, Rn. 33 ff.; m.w.N. *M. Kotzur/J.J. Vasel*, in: Stern/Becker (Hrsg.), Grundrechte – Kommentar, 3. Aufl. 2018, Art. 6 Rn. 2 ff.

[498] Ähnlich auch in Bezug auf die angeblich weiterhin erforderliche Mitgliedschaft der Bundesrepublik in der WTO, vgl. dazu kritisch *C. Herrmann*, Die gemeinsame Handelspolitik der Europäischen Union im Lissabon-Urteil, Beih. EuR 2010, 193 ff.

[499] *D. Grimm*, Das Grundgesetz als Riegel vor einer Verstaatlichung der Europäischen Union. Zum Lissabon-Urteil des Bundesverfassungsgerichts, in: *Ders.*, Die Zukunft der Verfassung II, 2012, S. 171.

[500] *H. Heller*, Staatslehre, 6. Aufl. 1983, S. 226.

D. Europa: Der unvollendbare Bundesstaat?

fen wird,[501] sofern Staat und Verfassung nicht ihre Legitimität verlieren sollen.[502] Die (Residual-)Listung des Lissabon-Urteils ist wohl dann auch eher eine Spiegelung jener Sachbereiche der Passarelle-Klausel[503] oder Abbild der noch verbleibenden staatlichen Aufgabenbereiche, in denen die europarechtliche Determination geringer ausfällt. Treffend bemerkt *Ulrich Haltern*: „Das Gericht friert hier wieder den Moment ein. […] die Verstetigung des status quo, die argumentationslose Verlängerung der Momentaufnahme in die Zukunft und damit die Verblueprintung eines bestimmten Zustandes von Staatlichkeit in einem vollkommen kontingenten Augenblick."[504] Ein solches Einfrieren eines bestimmten Zustandes aber ist Inbegriff einer Konservation.

d) Imaginierte Ewigkeit

Auch die Umdeutung des Art. 79 Abs. 3 Grundgesetz im Lissabon-Urteil mutet musealisierend an. Das Bundesverfassungsgericht versteht die Ewigkeitsgarantie hier als eine schon im Ursprung gewollte Verfassungsgarantie, die vor einem europäischen Bundesstaat schützt:

„Mit der sogenannten Ewigkeitsgarantie wird die Verfügung über die Identität der freiheitlichen Verfassungsordnung selbst dem verfassungsändernden Gesetzgeber aus der Hand genom-

---

[501] In diese Richtung strebt das Urteil auch passagenweise, vgl. BVerfGE 123, 267 (357) [2009].

[502] Vgl. etwa *A. Thiele*, Allgemeine Staatslehre, 2020, S. 146; *B. Schöbener/M. Knauff*, Allgemeine Staatslehre, 4. Aufl. 2019, 141 ff.; *J. Isensee*, Staatsaufgaben, in: Ders./P. Kirchhof (Hrsg.), HdbStR, Bd. IV, 3. Auflage 2006, § 73, Rn. 41 f.

[503] *D. Halberstam/C. Möllers,* The German Constitutional Court says "Ja zu Deutschland", GLJ 2009, 1241.

[504] *U. Haltern*, Europarecht, Bd. 2, 3. Aufl. 2017, Rn. 1149.

men. Das Grundgesetz setzt damit die souveräne Staatlichkeit Deutschlands nicht nur voraus, sondern garantiert sie auch."[505]

Darin liegt eine Verklärung, ein Pochen auf einer verzerrten Vergangenheit und damit deren Neukodierung. Art. 79 Abs. 3 Grundgesetz schützt weder die deutsche Staatlichkeit[506] noch vor einem europäischen Bundesstaat. Diese Norm war niemals und kann niemals gegen einen europäischen Bundesstaat gemeint (gewesen) sein. Im Gegenteil: Der europäische Bundesstaat war erwiesenermaßen ferner Traum der Väter und Mütter des Grundgesetzes.[507] Wortlautargumente dahingehend, dass der Staatsbegriff im Demokratie- und Rechtstaatlichkeitsbegriff des Art. 20 Grundgesetz, der wiederum über Art. 79 Abs. 3 Grundgesetz geschützt ist, vorausgesetzt sei, überzeugen nicht, weil lediglich deren materielle Gewährleistung garantiert sein muss.[508] Die Vorschrift versteht sich unmissverständlich allein als Versuch einer Garantie gegen Totalitarismus und Diktatur.[509] Text, Telos, Genese und Systematik sprechen gegen die hier unternommene

---

[505] BVerfGE 123, 267 (343) [2009].
[506] Ebenfalls kritisch *C. Möllers*, Staat als Argument, 2000, 376 ff.; *H. Dreier* in: Ders. (Hrsg.), Grundgesetz – Kommentar, 3. Aufl. 2015, Art. 79 GG Rn. 55 ff.
[507] *B.-O. Bryde*, in: v. Münch/Kunig (Hrsg.), Grundgesetz – Kommentar, 7. Aufl. 2021, Art. 79, mit Verweis auf *C. Schmid*, Der Parlamentarische Rat, II, Verfassungskonvent von Herrenchiemsee, 1981, S. 206.
[508] *B.-O. Bryde*, in: v. Münch/Kunig (Hrsg.), Grundgesetz – Kommentar, 7. Aufl. 2021, Art. 79 Rn. 64.
[509] *A. v. Bogdandy*, Prinzipien der Rechtsfortbildung im europäischen Rechtsraum. Überlegungen zum Lissabon-Urteil des BVerfG, NJW 2010, 1, 2; *M. Nettesheim*, Ein Individualrecht auf Staatlichkeit? Die Lissabon-Entscheidung des BVerfG, NJW 2009, 2867, 2868; *D. Halberstam/C. Möllers,* The German Constitutional Court says „Ja zu Deutschland", GLJ 2009, 1241, 1254.

verfassungsgerichtliche (Um-)Deutung. Die Ewigkeitsgarantie gegen den europäischen Integrationsprozess zu wenden ist somit eine konservative Kreation, stellt mit der angeblich integrationsresistenten Verfassungsidentität einen neuen Zustand her, der vorgibt, grundgesetzliche Vergangenheit zu sein, indes so niemals existiert hat. Die bereits frühzeitig entwickelte wissenschaftliche Idee, die Ewigkeitsklausel als Souveränitätsschutz zu begreifen,[510] hat zwar damit verfassungsjudikative Wirklichkeit erlangt. Diese stimmt jedoch nicht mit dem eigentlichen Normgehalt überein. Sie ist ein zugegebenermaßen wirkmächtiges, wissenschaftliches Exponat im Museum Karlsruher Europarechtsjudikatur.

4. A Dog that Barks *and* Bites? – Das PSPP-Urteil

Es kam, wie es kommen musste. Seit den 1970er Jahren formuliert das Bundesverfassungsgericht Vorbehalte. Alle wesentlichen Integrationsschritte sind letztlich mit der salomonischen Formel des „Ja, aber..." bestätigt worden. Nicht ohne Grund ist das Gericht deshalb als „a dog that barks but does not bite" bezeichnet worden.[511] Judikaturmaxime war zunehmend das berühmte „Vertraue, aber kontrolliere"[512]. Das dynamische Kontrollspektrum des Bundesverfassungsgerichts wurde über die Zeit immer

---

[510] M.w.N. *B.-O. Bryde*, in: v. Münch/Kunig (Hrsg.), Grundgesetz – Kommentar, 7. Aufl. 2021, Art. 79 Rn. 64; *U. Haltern*, Europarecht, Bd. 2, 3. Aufl. 2017, Rn. 1127; *C. Möllers*, Staat als Argument, 2000, S. 376 ff.

[511] *C.U. Schmid*, All Bark and No Bite: Notes on the Federal Constitutional Court's Banana Decision, ELJ 7, 2001, 95.

[512] Das häufig Lenin zugeschriebene Bonmot „Vertrauen ist gut, Kontrolle ist besser" entstammt dem russischen Sprichwort Доверяй, но проверяй.

Zweiter Teil: Konservatives Karlsruhe

komplexer und weiter: Grundrechtskontrolle, Kompetenzkontrolle, Identitätskontrolle, *ultra vires*-Kontrolle. Vergegenwärtigt man sich also das viele „Noch", „Noch Nicht" und „Gerade Noch", war im Grunde zwangsläufig ein „Nicht Mehr" erwartbar.[513] Vorbehalte und Kontrollen als Damoklesschwerter erfüllen eben nur ihre Wirkung, wenn die Drohung real ist. Real ist sie aber nur dann, wenn sie zuweilen in eine Sanktion umschlägt. Der „Sanktionsversuch" liegt nun darin, dass Karlsruhe im Jahr 2020 erstmalig EZB und EuGH einen (doppelten) *ultra vires*-Akt attestierte. Hintergrund bildeten Verfassungsbeschwerden gegen das 2015 aufgelegte Staatsanleihenkaufprogramm PSPP (Public Sector Purchase Programme) der EZB, um über die Ausweitung der Geldmenge sowohl die Konsum- als auch die Investitionsquote zu erhöhen und die in der Eurozone angestrebte Inflationsrate von 2 % zu erreichen.

Dieser „Sanktionsversuch" erfolgte womöglich in der falschen Materie (sensibler und schwer justiziabler Gegenstand der Geldpolitik), am falschen Fall (alternativ hätte sich die anhängige Rechtssache *Egenberger* zum kirchlichen Arbeitsrecht angeboten[514]), im falschen Moment (während einer die Wirtschaftsgemeinschaft bis ins Mark erschütternden Pandemie, die weitere EZB-Hilfsprogramme wie das Pandemic Emergency Purchase Programme erfordern wird) und mit den falschen Instrumenten (politische Einwirkung auf unabhängige, staatliche und außerstaatliche Notenbanken). Aber das steht auf ei-

---

[513] Auch *C. Callies* spricht von „erwartbar", aber „vermeidbar", Konfrontation statt Kooperation zwischen BVerfG und EuGH?, NVwZ 2020, 897.

[514] Siehe zu diesem und dem parallelen sog. Chefarzt-Fall oben B.III.3.

D. Europa: Der unvollendbare Bundesstaat?

nem anderen Blatt. Beim Geld hört die Freundschaft bekanntlich auf. Und so ist kaum mehr ein mahnender Solange-Duktus[515], kein salomonisches „Ja, aber" erkennbar. Das Bundesverfassungsgericht beißt zu. Ob es sich um eine milde Bisswunde handelt, die durch Beschwichtigungen wieder geheilt werden kann, oder um eine schwelende Wunde für die europäische Integration als solche, lässt sich noch nicht abschließend beurteilen.[516] Beurteilen lässt sich indes, dass auch dieses Urteil nicht nur Revolutionäres und Evolutionäres enthält, sondern ebenso konservative Elemente aufweist. Dies nicht (nur) in der politischen Deutung als Akt „nationaler Behauptung",[517] sondern im Sinne des hier relevanten skalierten Konservatismus. Abstrahiert man von der „Juristenhybris", „belehrenden At-

---

[515] Vgl. aber etwa BVerfG, Urteil v. 5.5.2020, Rs. 2 BvR 859/15, 2 BvR 1651/15, 2 BvR 2006/15, 2 BvR 980/16, Rn. 116: „Die Auslegung von Art. 123 AEUV durch den Gerichtshof hält sich – trotz nicht unerheblicher Bedenken im Detail – noch im Rahmen des methodisch Vertretbaren."

[516] Vgl. aus dem Schrifttum zum Urteil heftige Kritik bei *I. Pernice*, Machtspruch aus Karlsruhe: „Nicht verhältnismäßig? – Nicht verbindlich? – Nicht zu fassen…", EuZW 2020, 508; *F. Mayer*, Auf dem Weg zum Richterfaustrecht? Zum PSPP-Urteil des BVerfG, Verfassungsblog vom 7.5.2020; *B. Wegener*, Verschroben verhoben! Traurige Einblicke in Karlsruher Parallelwelten, Verfassungsblog vom 5.5.2020; moderatere und dogmatischere Kritik bei *M. Nettesheim*, Das PSPP-Urteil des BVerfG – ein Angriff auf die EU?, NJW 2020, 1631; *C. Callies*, Konfrontation statt Kooperation zwischen BVerfG und EuGH?, NVwZ 2020, 897; eher begrüßend *W. Kahl*, Optimierungspotenzial im Kooperationsverhältnis zwischen EuGH und BVerfG, NVwZ 2020, 824. Unterschiedliche Facetten beleuchtet der Schwerpunkt in GLJ 2020, Vol. 21, Issue 5.

[517] Für eine positivere Sicht auf das Urteil *F. Schorkopf*, Antwort auf eine entgrenzte Politik, FAZ-Einspruch am 8.5.2020.

titüde" und „Brutalität der Sprache"[518] im Urteil, beginnt es im Grunde mit einem normativen *nullum* (Leitsatz 1 und 2) und endet wundersam-grotesk (Leitsatz 8 und 9). Vor allem aber tut das Bundesverfassungsgericht, was es schon immer getan hat: Es zwingt Legislative und Gubernative zur Aktivität, zu ihrer vom Gericht so genannten Integrationsverantwortung. Das ist bekannt und bewährt. Zweifelhaftes Novum, und damit wohl kein *Bewahren* mehr, ist hingegen, dass das Bundesverfassungsgericht Bundestag und Bundesregierung einen Verfassungsbruch bescheinigt, weil diese gegen das nach Auffassung der Karlsruher Richter offensichtlich kompetenzwidrige Handeln der unabhängigen Notenbank nicht eingeschritten seien.[519] Jenseits des Makrobefundes eines *Bremsens* der immer weiter ausgreifenden EZB-Politik durch verordnete Verhältnismäßigkeitskontrolle *á l'allemande* sollen nachfolgend zwei dogmatische Figuren betrachtet werden, die insbesondere für eine *conservatio* stehen.

a) Das objektiv willkürliche Recht auf Demokratie

Das wohlbekannte, im Lissabon-Urteil begründete „Recht auf Demokratie"[520], diese eigenwillige Schöpfung

---

[518] *F. Mayer*, Auf dem Weg zum Richterfaustrecht? Zum PSPP-Urteil des BVerfG, Verfassungsblog vom 7.5.2020.
[519] BVerfG, Urteil v. 5.5.2020, Rs. 2 BvR 859/15, 2 BvR 1651/15, 2 BvR 2006/15, 2 BvR 980/16, Rn. 109, 116. Treffend kritisch, *M. Nettesheim*, Das PSPP-Urteil des BVerfG – ein Angriff auf die EU?, NJW 2020, 1631, 1632.
[520] *K. Gärditz/C. Hillgruber*, Volkssouveränität und Demokratie ernst genommen – Zum Lissabon-Urteil des BVerfG, JZ 2009, 872; kritisch C. *Schönberger*, Die Europäische Union zwischen „Demokratiedefizit" und Bundestaatsverbot: Anmerkungen zum Lissabon-Urteil des Bundesverfassungsgerichts, Der Staat 2009, 535, 541 ff.

D. Europa: Der unvollendbare Bundesstaat?

des Bundesverfassungsgerichts, war von Beginn an eine fragwürdige Konstruktion. Die damit eigenmächtig eingeführte „Popularbeschwerde"[521] wurde auch zuvor als „Individualrecht auf Staatlichkeit"[522] beharrend und bremsend, *ergo* konservierend, eingesetzt. Es verwundert allerdings nicht, *dass*, sondern *wie* und zu *welchem Zweck* diese hier weiterhin mitgeführt wird:

„Das dem Einzelnen in Art. 38 Abs. 1 Satz 1 GG garantierte Wahlrecht zum Deutschen Bundestag erschöpft sich nicht in einer formalen Legitimation der (Bundes-)Staatsgewalt (1.). Der Anspruch der Bürgerinnen und Bürger auf demokratische Selbstbestimmung gilt auch in Ansehung der europäischen Integration (2.) und schützt sie im Anwendungsbereich von Art. 23 Abs. 1 GG vor offensichtlichen und strukturell bedeutsamen Kompetenzüberschreitungen durch Organe, Einrichtungen und sonstige Stellen der Europäischen Union (3.) sowie davor, dass solche Maßnahmen die Grenze der durch Art. 79 Abs. 3 GG für unantastbar erklärten Grundsätze des Art. 1 oder des Art. 20 GG überschreiten (4.)."[523]

Die unmittelbare und gegenwärtige Beschwer liegt auf der Hand. Der Einzelne und Karlsruhe gegen den Rest Europas. Mehr denn je wünschte man sich, frühere Mahnungen wären erhört worden. Schon die dissentierenden

---

[521] So *M. Ruffert*, Europarecht: Vorlagebeschluss des BVerfG zum OMT-Programm, JuS 2014, 373, 375; dazu auch ausführlich *M. Jestaedt*, Die Europäische Integration und das Grundgesetz: Die Rechtsprechung des BVerfG zwischen Integrationsbeförderung und Integrationsbegrenzung, Osaka University Law Review 2017, Bd. 64, 43, 98 f.; verteidigend *P. M. Huber*, Verfassungsstaat und Finanzkrise, 2014, S. 41 ff.

[522] *M. Nettesheim*, Ein Individualrecht auf Staatlichkeit? Die Lissabon-Entscheidung des BVerfG, NJW 2009, 2867, 2869.

[523] BVerfG, Urteil v. 5.5.2020, Rs. 2 BvR 859/15, 2 BvR 1651/15, 2 BvR 2006/15, 2 BvR 980/16, Rn. 98.

Zweiter Teil: Konservatives Karlsruhe

Richter *Rupp*, *Hirsch* und *Wand* im Sondervotum zu „Solange I" warnten vor der prozessualen Überdehnung: „Die Aufgabe des Bundesverfassungsgerichts, Hüter der Verfassung zu sein, kann auch bei Vorliegen eines noch so dringenden rechtspolitischen Bedürfnisses nicht zu einer Erweiterung der Zuständigkeit führen."[524]. Die ohnehin zweifelhafte dogmatische Figur des „Rechts auf Demokratie" passt hier indes weniger denn je – und dennoch wird auf ihr von der „maßstabsetzenden Gewalt"[525] blind beharrt, um sodann im Anschluss an die Überdehnung des Zugangs noch eine Überdehnung des Demokratieprinzips vorzunehmen[526]:

„Nach diesen Maßstäben haben Bundesregierung und Deutscher Bundestag die Beschwerdeführer […] in ihrem Recht aus Art. 38 Abs. 1 Satz 1 in Verbindung mit Art. 20 Abs. 1 und Abs. 2 in Verbindung mit Art. 79 Abs. 3 GG verletzt, soweit sie es unterlassen haben, geeignete Maßnahmen dagegen zu ergreifen, dass die EZB […] weder geprüft noch dargelegt hat, dass die beschlossenen Maßnahmen dem Grundsatz der Verhältnismäßigkeit entsprechen."[527]

---

[524] BVerfGE 37, 271 (303) [1974] mit Verweis auf BVerfGE 1, 396 (408f.) [1952] – Deutschlandvertrag; BVerfGE 3, 368 (376f.) [1954] – Besatzungsrecht; BVerfGE 13, 54 (96) [1961] – Neugliederung Hessen; BVerfGE 22, 293 (298) [1967].

[525] *O. Lepsius*, Die maßstabsetzende Gewalt, in: *M. Jestaedt/ O. Lepsius/C. Möllers/C. Schönberger*, Das entgrenzte Gericht, 2011, S. 159 ff.

[526] *C. Callies*, Konfrontation statt Kooperation zwischen BVerfG und EuGH?, NVwZ 2020, 897. Von Überdehnung spricht auch *M. Nettesheim*, Das PSPP-Urteil des BVerfG – ein Angriff auf die EU?, NJW 2020, 1631.

[527] BVerfG, Urteil v. 5.5.2020, Rs. 2 BvR 859/15, 2 BvR 1651/15, 2 BvR 2006/15, 2 BvR 980/16, Rn. 116.

D. Europa: Der unvollendbare Bundesstaat?

Das zweifelhafte „Recht auf Demokratie" ist einst entwickelt worden, um vertragsändernde Zustimmungsgesetze zu überprüfen, die zweifelsohne paradigmatische Änderungen der Gemeinschaft bzw. Union und damit des Verhältnisses zu den Mitgliedstaaten auslösten. Das Gericht hält unreflektiert an dieser höchst kontingenten Figur fest und trägt sie ohne Anpassungen in gänzlich andersgeartete Sachverhalte ein. Dies ignoriert die politische Entwicklung und den Umstand, dass es die Notenbanken waren und sind, die maßgeblich seit 2007 die volkswirtschaftliche Stabilisierung übernommen haben. Treffender: ungewollt von der Politik überantwortet bekamen. Eine dynamische Karlsruher Rechtsprechung, eine entwicklungsoffene Interpretation, hätte dem Rechnung tragen müssen. Sie würde sich davor hüten, implizit einen Anspruch auf angemessene Geldpolitik im Kontext des Art. 127 Abs. 1 AEUV zu formulieren, um dann – wie auch schon im OMT-Urteil[528] – zu diktieren, dass auf deren Umsetzung durch eine eigentlich unabhängige (Art. 130, 282 Abs. 2 AEUV, Art. 88 S. 2 Grundgesetz) außerstaatliche Notenbank von Bundesregierung und Bundestag eingewirkt werden solle.

Rechtsverletzungen durch Unterlassen führen mit gutem Grund im Recht ein eingeschränktes Dasein. Sicherlich trifft die vorgenannten Verfassungsorgane als Integrationsverantwortliche eine gewisse Garantenstellung, zu der sie das Bundesverfassungsgericht zuweilen erst drängen musste oder gedrängt hat. Eine bestimmte, erkennbare, rechtlich geforderte und forderbare Handlung lässt sich hingegen mit Blick auf die Geldpolitik weder identifizieren noch fixieren. Das ohnehin vom Karlsruher Ge-

---

[528] BVerfGE 142, 123 [2016].

Zweiter Teil: Konservatives Karlsruhe

richt missverstandene Verhältnismäßigkeitsprinzip des Art. 5 Abs. 4 EUV[529] ist in diesem Kontext ebenso unpassend wie das „Recht auf Demokratie" als Zugangsrecht und Verletzungsgegenstand. Es gibt wohl kaum ein Sachgebiet, in dem die von Karlsruhe letztlich angezielte Statik im Interesse des Bewahrens oder Wiederherstellens von Sparbuchzinsen vermessener anmutet als im volatil-flexiblen Bereich der Geldpolitik.

b) Die mitgeführte *ultra vires*-Doktrin

Aber auch an anderem hält das Bundesverfassungsgericht fest. Um zu dem Ergebnis zu gelangen, zu dem es gelangt ist, hätte das Gericht zunächst seine *ultra vires*-Doktrin „fortbilden müssen".[530] Das Gericht stellt zwar selbstbewusst fest: „Die Voraussetzungen der ultra-vires-Kontrolle durch das Bundesverfassungsgericht sind mittlerweile geklärt."[531] So klar scheinen sie ihm aber selbst nicht gewesen zu sein. Sofern überhaupt der vorgeworfene Abwägungs- und Darlegungsausfall bestehen sollte, stellt dieser zwar einen Rechtsverstoß dar, er ist indes keinesfalls zwingend mit einer Kompetenzüberschreitung gleichzusetzen.[532] Insbesondere bleibt aber rätselhaft, wie ein etwaiger Abwägungs- und Darlegungsausfall „zu einer strukturell bedeutsamen Verschiebung zulasten mit-

---

[529] *I. Pernice*, Machtspruch aus Karlsruhe: „Nicht verhältnismäßig? – Nicht verbindlich? – Nicht zu fassen…", EuZW 2020, 508, 511.
[530] So treffend *M. Nettesheim*, Das PSPP-Urteil des BVerfG – ein Angriff auf die EU?, NJW 2020, 1631, 1632.
[531] BVerfGE 126, 286 (327) [2010].
[532] *M. Nettesheim*, Das PSPP-Urteil des BVerfG – ein Angriff auf die EU?, NJW 2020, 1631, 1632.

D. Europa: Der unvollendbare Bundesstaat?

gliedstaatlicher Kompetenzen"[533] führen sollte. Anstatt die Doktrin gewissermaßen *bespoke* dahingehend fortzuentwickeln, dass die deutschen Verfassungsorgane bereits bei potenziell kompetenzwidrigen EU-Akten die Abwägungs- und Darlegungsleistungen zu erbringen haben,[534] wendet das Gericht Kriterien der Vergangenheit an, die nicht mehr auf die unmittelbar zu entscheidende Gegenwart passen.

Kurzum: Die verkoppelten Figuren des Rechts auf Demokratie, *ultra vires*-Kontrolle und Ewigkeitsgarantie wirken hier noch konstruierter, weil entfernter und sachlich unpassender denn je zuvor. Die „jahrzehntelange Laubsägearbeit"[535] des Verfassungsgerichts passt schlichtweg nicht auf die PSPP-Problematik und sägt sozusagen an dieser vorbei. Die Karlsruher Dogmatik der Vergangenheit ist insofern von der Realität überholt worden. Das hat naturgemäß auch Vorteile. Auch deshalb wird der die PSPP-Entscheidung langfristig kein Requiem für das Kooperationsverhältnis zwischen Bundesverfassungsgericht und Europäischem Gerichtshof sein und auch die Caveatisierungsstrategie mag ihre Fortsetzung finden – deren wiedererlangte Wirksamkeit vermag der tiefere Sinn des Urteils sein.

Die zum Teil heftige, fast schrille Kritik an dem Urteil ist ebenso heftig und schrill wie Teile der Entscheidung selbst. Dabei wird zuweilen vergessen, dass – jedenfalls bislang – gerade provozierende Verdikte aus Karlsruhe

---

[533] BVerfGE 126, 286 (327) [2010], so ebenfalls *M. Nettesheim*, Das PSPP-Urteil des BVerfG – ein Angriff auf die EU?, NJW 2020, 1631, 1632.

[534] So ebenda.

[535] *B. Wegener*, Verschroben verhoben! Traurige Einblicke in Karlsruher Parallelwelten, Verfassungsblog vom 5.5.2020.

Zweiter Teil: Konservatives Karlsruhe

produktive Kraft entfaltet haben. Ob der EuGH aus den Anwürfen des Karlsruher Gerichts indes wirklich ähnlich das europäische Projekt substantiieren und materialisieren wird – etwa mit Blick auf die Verhältnismäßigkeitsprüfungen – wie einst angeregt durch „Solange I"[536], ist gegenwärtig eher zweifelhaft. Vielleicht ist ein lautes Bellen manchmal effektvoller als ein folgenloser Biss – oder ein folgenschwerer Biss, der die Beziehung auf Jahre hinaus belastet.

IV. Fazit: Das Karlsruher Treibhaus des Europaverfassungsrechts

Anlässlich des zehnten Jubiläums des Gerichts konstatierte *Rudolf Smend*: „Das Grundgesetz leidet eher darunter, daß es zu wenig, als daß es zu sehr in Frage gestellt würde". Es habe etwas von einer „Treibhauspflanze: nicht in der freien Luft eines souveränen Staates und Volkes entstanden", von „einem nicht an eine demokratische Ordnung gewöhnten und nun seiner Geschichte und Politik müde gewordenen Volk hingenommen".[537] In Sachen europäische Integration scheint das Bundesverfassungsgericht die deutsche Verfassung weiterhin als Treibhauspflanze zu behandeln, ja die europäische Integration selbst ins Treibhaus zu stellen. Das eigenartige Demokratieverständnis, die eigentümliche Staats- und Souveränitätsfixierung, das Festhalten an einer enigmatischen Verfas-

---

[536] Dazu *J. Schwarze*, Das „Kooperationsverhältnis" des Bundesverfassungsgerichts mit dem Europäischen Gerichtshof, in: P. Badura/H. Dreier (Hrsg.), Festschrift 50 Jahre Bundesverfassungsgericht, Bd. 1, 2001, S. 223, 226.
[537] *R. Smend*, Das Bundesverfassungsgericht, in: *Ders.*, Staatsrechtliche Abhandlungen und andere Aufsätze, 4. Aufl. 2010, S. 585.

D. Europa: Der unvollendbare Bundesstaat?

sungsidentität und deren Karlsruher Kontrolle gibt den Rechtsprechungsleistungen zuweilen das Gepräge eines kontrollierten Kultivierens. Glashausartig geschützt und abgeschirmt durch überwiegend transparente, manchmal leicht beschlagene, fragile dogmatische Konstruktionen werden – glashaustypisch – reiche Erträge produziert. Untrennbar hat es aber etwas von Zucht und Ordnung. Etwas Künstliches haftet ihm an. Im Treibhaus des Europaverfassungsrechts überwintern sodann auch jede Menge Elemente, die außerhalb dessen wohl nicht existent wären. Eine solche schützende Überwinterung aber ähnelt der Konservation von Exponaten und Relikten.

Als *primus inter pares* im Ensemble der europäischen Verfassungsgerichte hat das Karlsruher Gericht den europäischen Integrationsprozess nicht nur begleitet und begrenzt, sondern angeregt, nachhaltig geprägt und zuweilen produktiv provoziert. Dies jedoch, im Ergebnis, ohne die Gefahr eines „deutschen Europas" (*Thomas Mann*) zu realisieren, sondern – ganz im Sinne der Mütter und Väter des Grundgesetzes – um ein „europäisches Deutschland" zu begründen. Und dennoch gibt es aus Karlsruher Perspektive offenbar unüberwindbare Grenzen. Komplexitätsreduzierend könnte man sagen: *ever closer Union*, ja – *communitas perfecta*, nein. Europa ja, aber anders – und bleibend unvollendet.[538] Herren der Verträge, Rechtsanwendungsbefehl, Brückentheorie, Caveatisierung und Vetorechte, *ultra vires*-Kontrolle und Verfassungsidentität, Staatenverbund sind allesamt Instrumente, um das

---

[538] Anders der Appell *W. Hallsteins*: „Erst die letzte Stufe gibt die Gewähr für wirkliche Dauer.", Der unvollendete Bundesstaat, 1969, S. 252.

Zweiter Teil: Konservatives Karlsruhe

Unvollendete als unvollendet und unvollendbar zu konservieren.

Liest man anlässlich des 70. Jubiläums des Bundesverfassungsgerichts die hier skizzierten Grundsatzurteile im rückblickenden Vergleich, wird deutlich, dass diese immer verschlossener werden.[539] Je mehr Staat und Souveränität herausgefordert werden, so scheint es, desto mehr wird auf ihnen mit immer neuen dogmatischen Verrenkungen und kreativen Argumentationsfiguren insistiert. Innovation zur Konservation. Dieses sich Verschließen, der Versuch, aktiv den Wandlungsprozess aus Karlsruhe einhegend mitzusteuern oder gar aufzuhalten, gelingt nur sehr bedingt. Das „Ja", die Erlaubnis, hat Bestand, während die Zeit über die in den *obiter dicta* eingefangenen akademischen Ausführungen schnell hinweg geht. Ihre Kontingenz, der Umstand, dass vieles darin nicht war, nicht ist und auch nicht sein wird, gibt dem Ganzen oftmals ein aus der Zeit gefallenes Gepräge, dass in seinem *Beharren* an der Realität vorbeigeht. Die normative Kraft der Verfassung[540] und die Reputation des Gerichts werden dadurch wohl eher geschwächt als gestärkt. Dem Gericht wäre mit *Walter Hallstein* die zukunftsgerichtete Einsicht nahezulegen: „Wenn wir die Gemeinschaft verteidigen, so behüten wir also zugleich die Grundelemente der künftigen Wirklichkeit."[541]

---

[539] Das gilt selbstverständlich nicht für alle Grundsatzurteile zu Europa, wie sich bereits an den beiden Beschlüssen des Gerichts vom 6. November 2019 zum so genannten „Recht auf Vergessen" zeigt, vgl. BVerfG, Beschl. v. 6.11.2019 – 1 BvR 16/13 und 1 BvR 276/17.

[540] Grundlegend *K. Hesse*, Die normative Kraft der Verfassung, wiederabgedruckt in: J. Krüper/M. Payandeh/H. Sauer (Hrsg.), Konrad Hesses normative Kraft der Verfassung, 2019, S. 1 ff.

[541] *W. Hallstein*, Der unvollendete Bundesstaat, 1969, S. 252.

Dritter Teil:
Bewahren oder Erneuern?

A. Gute Gründe

In der vorangegangenen Untersuchung ist deutlich geworden, dass die Rechtsprechung des Bundesverfassungsgerichts durchaus konservative Züge trägt. Aber ist diese *conservatio* nicht Ausdruck der Rechtssicherheit, der Stabilität und Kontinuität und damit Kernfunktion des Rechts? Kann man demnach überhaupt das Karlsruher Gericht für den im zweiten Teil aufgezeigten, skalierten Konservatismus kritisieren oder ist es ihm nicht vielmehr aufgegeben, auf diese Weise zur Verwirklichung der Rechtssicherheit beizutragen? Und schließlich: Führt nicht Rechtsdogmatik unausweichlich zur Konservation?

I. Aufgabe des Rechts

Rechtssicherheit ist neben Gerechtigkeit und Zweckmäßigkeit eines der Kernelemente der Rechtsidee, ist einer der Hauptzwecke des Rechts.[1] Als ewiges Thema[2] ist sie

---
[1] *G. Radbruch*, Rechtsphilosophie, 3. Aufl. 1932, S. 70 ff.; *Ders.*, Der Zweck des Rechts, in: A. Kaufmann (Hrsg.), Gustav Radbruch Gesamtausgabe, Bd. 3, Rechtsphilosophie, 2003, S. 39 ff.

[2] Spätestens seit Sokrates, vgl. Platon, Kriton 50. Dies als das „Hohelied auf die Rechtssicherheit" bezeichnend m.w.N.: *A. Kaufmann*, Problemgeschichte der Rechtsphilosophie, in: Ders./W. Hassemer/U. Neumann (Hrsg.), Einführung in Rechtsphilosophie und

Dritter Teil: Bewahren oder Erneuern?

die „Luft", „in der alle Juristen atmen gelernt haben."[3] Was Rechtssicherheit letztlich aber ist, bleibt ungeachtet der Allgegenwärtigkeit des Begriffes unscharf.[4] Man könnte fast sagen: unsicher. Ausmachen lassen sich zumindest gewisse Strukturelemente wie Verlässlichkeit, Berechenbarkeit und Erkennbarkeit.[5] Vornehmlich wird darauf fokussiert, was sie umfasst und gebietet.[6] Zwar erschöpft sich Rechtssicherheit nicht in bloßen Subkategorien und mag sich, will sie Ideal – lediglich *idée directrice*[7] – bleiben, einer abschließenden Definition gar entziehen. Sie gewinnt jedoch Konkretheit durch das Rechtsstaatsgebot,[8] als Rückwirkungsverbot, Bestimmtheitsgrundsatz sowie in Gestalt der Rechtskraft. Nach Auffassung des

---

Rechtstheorie der Gegenwart, 8. Aufl. 2011, S. 33. Die konkreteren Ursprünge und Forderungen nach Rechtssicherheit liegen indes wohl im Zeitalter der Aufklärung, siehe m.w.N. *A. v. Arnauld*, Rechtssicherheit, 2006, S. 9 ff.; a.A. *F. Scholz*, Die Rechtssicherheit, 1955, S. 3.

[3] *L. Bendix*, Das Problem der Rechtssicherheit, 1914, S. 161.

[4] Definitionsversuch bei *F. Scholz*, Die Rechtssicherheit, 1955, S. 3.

[5] So *A. v. Arnauld*, Rechtssicherheit, 2006, S. 104 ff. Vieles von dem, was unter Rechtssicherheit gefasst wird, scheint auch in den acht Minimalkonditionen auf, die *Fuller* als „Principles of Legality" deklariert, *L. Fuller*, The Morality of Law, 1969, S. 33 ff.

[6] So auch *A. v. Arnauld*, Rechtssicherheit, 2006, S. 102.

[7] Ebenda, S. 103.

[8] Vgl. stellvertretend nur *B. Grzeszick*, in: Maunz/Dürig, Grundgesetz – Kommentar, 93. EL. Okt. 2020, Art. 20 VIII.B. Rn. 50 ff.; aus der Rechtsprechung des BVerfG grundlegend BVerfGE 2, 380 (403) [1953] – Haftentschädigung (stRspr). Grundlegend zum Prinzip *P. Kunig*, Das Rechtsstaatsprinzip, 1986. Zur Rechtsstaatlichkeit als Rechtssicherheit ebenda, S. 390 ff.

A. Gute Gründe

Verfassungsgerichts ist sie auch maßgeblich für die Selbstbestimmung des Einzelnen.[9]

Zentral für die Rechtssicherheit ist das positivierte, abstrakt-allgemeine Gesetz, das zur Absicherung „gegenüber staatlicher Willkür und richterlicher Innovation"[10] beiträgt, mithin den Staat berechenbar macht. Es geht also, mit *Niklas Luhmann* gesprochen, um „die Stabilisierung normativer Erwartungen durch Regulierung ihrer zeitlichen, sachlichen und sozialen Generalisierung."[11]

Und die Verfassung? Selbstverständlich bildet sie keine Ausnahme. Gesagtes gilt auch und gerade für sie. Will Verfassung rechtliche Grundordnung des Gemeinwesens[12] sein, folgt daraus Stabilität als eine wesentliche Verfassungsfunktion.[13] So spricht auch das Karlsruher Gericht schon früh von Rechtssicherheit als einem das Grundgesetz beherrschenden Prinzip.[14]

---

[9] Vgl. dazu z.B. BVerfG, Beschl. v. 25.4.2015, BvR 2314/12, Rn. 13.

[10] *W. Hassemer*, Rechtssystem und Kodifikation: Die Bindung des Richters an das Gesetz, in: A. Kaufmann/W. Hassemer/U. Neumann (Hrsg.), Einführung in Rechtsphilosophie und Rechtstheorie der Gegenwart, 8. Aufl. 2011, S. 254 f.

[11] *N. Luhmann*, Das Recht der Gesellschaft, 6. Aufl. 2013, S. 131; siehe auch bereits *ders.*, Rechtssoziologie, 2. Aufl. 1983, S. 40.

[12] *K. Hesse*, Grundzüge des Verfassungsrechts der Bundesrepublik Deutschland, 20. Aufl. 1999, S. 11; bezogen auf den Staat, *W. Kägi*, Die Verfassung als rechtliche Grundordnung des Staates, 1945, S. 45 ff.

[13] *K. Stern*, Das Staatsrecht der Bundesrepublik Deutschland, Bd. I, 2. Aufl. 1984, S. 82 ff.

[14] BVerfGE 3, 248, 253 [1953] – Mehrfachbestrafung. Rechtssicherheit ist danach nicht nur positiviertes Verfassungsprinzip (z.B. BVerfGE 19, 150 (166) [1965]), sondern sogar dem Verfassungsgeber aufgegeben (vgl. BVerfGE 3, 225 (237) [1953]). Zur Rolle des Prinzips in der Rechtsprechung des Bundesverfassungsgerichts *A. v. Arnauld*, Rechtssicherheit, 2006, S. 664 ff.

Dritter Teil: Bewahren oder Erneuern?

Eine solche Stabilisierung geht stets einher mit dem Erfordernis des Erhaltens, des *Bewahrens*, also einem Element des Konservativen.[15] Ist also Konservation untrennbar im Hauptzweck des Rechts, der Rechtsicherheit, angelegt? Rechtssicherheit erfordert Vergangenheit, Gegenwart und Zukunft verbindende Kontinuität:[16] Diese entsteht aus und in der Vergangenheit, wird durch die Gegenwart geführt und in die Zukunft eingetragen. Bloße Stabilität genügt demnach nicht, um Rechtssicherheit zu gewährleisten. Eine Verfassung muss entsprechend nach der berühmten Wendung *Konrad Hesses* zugleich „Starrheit und Beweglichkeit" aufweisen.[17] Es verbietet sich ebenso Unbeständigkeit wie Unverrückbarkeit. Erforderlich ist nach *Hesse* auch hier eine „richtige Zuordnung". Etwa an Bewahrung angenäherter Wandel. Selbst notwendiger Wandel muss berechenbar bleiben, Wandel und Bewahren müssen stets miteinander verschränkt sein, durch begrenzte Bewahrung und Begrenzung des Wandels. Rechtssicherheit haftet also stets Konservation des Vergangenen und Gegenwärtigen an. Sie erschöpft sich aber nicht darin, will die Verfassung ihre steuernde Kraft der Zukunft nicht verlieren. Vielmehr verlangt Rechtssicherheit zur Selbstgeltung „schonenden Übergang vom Gestrigen zum Neuen."[18] Sie zwingt demnach nicht zum Konservatismus. Sowohl Bewahrung als auch Wandlung können Rechtssicherheit stiften.

---

[15] Siehe dazu auch oben Teil 1, D.
[16] Grundsätzlich zur Kontinuität *A. Leisner*, Kontinuität als Verfassungsprinzip, 2002.
[17] *K. Hesse*, Grundzüge des Verfassungsrechts der Bundesrepublik Deutschland, 20. Aufl. 1999, S. 15.
[18] *P. Kirchhof*, Die Kunst des Konservativen: Bewahren und Erneuern, in: M. Kühnlein (Hrsg.), konservativ?!, 2019, S. 181, 184.

A. Gute Gründe

II. Aufgabe des Gerichts

Gesetzes- und Verfassungsbindung (Art. 20 Abs. 3 Grundgesetz) zielen auf konsistente Rechtsprechung, *ergo* eine gewisse Gleichmäßigkeit und voraussehbare Rechtsentscheidung.[19] Damit ist zweifelsohne keine strikte Ableitung des Urteils aus dem Gesetz gemeint.[20] Gleichwohl gilt: Gleiches ist gleich zu entscheiden – in der Sache und in gewissem Umfang auch über die Zeit. Dies gibt das Grundgesetz der dritten Gewalt auf, insbesondere durch Art. 3 Abs. 1 und Art. 95 Abs. 3 Grundgesetz. Relevant ist zudem eine gewisse Pfadabhängigkeit der Rechtsprechung, die normativ als Ausdruck der Rechtssicherheit gewünscht und gewollt sein mag. So spricht *Martin Kriele* nicht unbegründet von einem „gemäßigten Konservatismus" der dritten Gewalt.[21]

Und das Bundesverfassungsgericht? In Selbst- und Fremdwahrnehmung ist es „Hüter der Verfassung". Auch diesem Hüten ist zunächst ein konservatives Moment eigen. Wahrung der Verfassung tendiert zum Bewahren, nicht zum Erneuern. Eine ernstgenommene Hüterrolle erschöpft sich indes nicht im passiven Wachen, Schützen und Abschirmen. Verfassungsgerichtsbarkeit ist nicht nur Wächter, sondern auch Wandler.[22] Das Karlsruher Ge-

---

[19] *W. Hassemer*, Rechtssystem und Kodifikation: Die Bindung des Richters an das Gesetz, in: A. Kaufmann/W. Hassemer/U. Neumann (Hrsg.), Einführung in Rechtsphilosophie und Rechtstheorie der Gegenwart, 8. Aufl. 2011, S. 267 f.
[20] Vgl. dazu bereits etwa *L. Bendix*, Das Problem der Rechtssicherheit, 1914, S. 173, das dieser allerdings als wegen der Subjektivität für nicht realisierbar erachtete, S. 184 ff.; vgl. auch *R. Müller-Erzbach*, Wohin führt die Interessenjurisprudenz?, 1932.
[21] *M. Kriele*, Theorie der Rechtsgewinnung, 2. Aufl. 1976, S. 266 f.
[22] Die Ursprünge des Verfassungswandels finden sich schon bei

Dritter Teil: Bewahren oder Erneuern?

richt ist also auch „Hüter des Verfassungswandels: ihm ist die Aufgabe anvertraut, die Kontinuität des Grundgesetzes unter den sich verändernden Anfragen der jeweiligen Gegenwart zu wahren."[23] Dass das Gericht ungeachtet einer gewissen Kontinuitätsaufgabe grundsätzlich bereit ist, von seiner freien Änderungsbefugnis der eigenen Rechtsprechung[24] durchaus Gebrauch zu machen, lässt sich an einigen Rechtsprechungsänderungen ablesen.[25] Zudem darf es rechtsschöpfend tätig werden[26] und ist

---

P. Laband, Die Wandlungen der deutschen Reichsverfassung, 1895. Der Begriff wird z.T. abgelehnt, vgl. *P. Häberle*, Zeit und Verfassung. Prolegomena zu einem „zeit-gerechten" Verfassungsverständnis, ZfP 1974, 111, 129, teils als dogmatische Figur verstanden, *E.-W. Böckenförde*, Anmerkungen zum Begriff Verfassungswandel, in: *Ders.*, Staat, Nation, Europa, 1999, S. 141, 153 ff., ist letztlich aber wohl Chiffre für Grundprobleme des Verfassungsrechts wie *A. Voßkuhle*, Gibt es und wozu nutzt eine Lehre vom Verfassungswandel?, Der Staat 2004, 450, 459, feststellt.

[23] *C. Walter*, Hüter oder Wandler der Verfassung?, AöR 2000, 517, 550.

[24] Weder Art. 31 Abs. 1 BVerfGG noch die Rechtskraftlehre stehen dagegen, vgl. *G. Seyfarth*, Die Änderung der Rechtsprechung des Bundesverfassungsgerichts, 1998, S. 217; dazu mit Erfordernis einer größeren Begründungslast *M. Sachs*, Die Bindung des Bundesverfassungsgerichts an seine Entscheidungen, 1977.

[25] Überblick über die mehr als zehn dezidierten Rechtsprechungsänderungen etwa bei *G. Seyfarth*, Die Änderung der Rechtsprechung des Bundesverfassungsgerichts, 1998, S. 107 ff., der aber auch mehr Kontinuität als Brüche attestiert. Zum Bedürfnis nach Rechtsprechungseinheit, *M. Reinhardt*, Konsistente Jurisdiktion, 1997, S. 211 ff.

[26] In diese Richtung BVerfGE 75, 223 (243 f.) [1987] – Kloppenburg. Vgl. zu dieser Rolle *M. Kriele*, Theorie der Rechtsgewinnung, 2. Aufl. 1976, S. 312; *P. Kirchhof*, Richterliche Rechtsfindung, gebunden an "Gesetz und Recht", NJW 1986, 2275, 2280 konstatiert treffend: „Rechtsprechen ist nicht bloßes Nachsprechen von Vorgeschriebenem".

A. Gute Gründe

dem auch nachgekommen.[27] So lässt sich auch aus der Aufgabe der Rechtsprechung im Allgemeinen und der Rolle des Verfassungsgerichts im Besonderen keine hinreichende Erklärung für den im zweiten Teil aufgezeigten Konservatismus finden.

III. Aufgabe der Dogmatik

Dogmatik mag der Rechtssicherheit dienen – oder auch nicht. Jedenfalls wohnt einem Dogma *per se* etwas Unumstößliches, autoritativ Vorgegebenes und grundlegend Bleibendes inne. Der Bezug zum Konservatismus ist nicht nur greifbar nahe, sondern Dogmen sind Ausdruck und Bewahrungsinstrumente dessen. Nun sind Dogmen freilich nicht mit Dogmatik gleichzusetzen. Dogmatik steht vermittelnd zwischen Theorie und Praxis, Einzelfall und System, ist Paratext zum Primärtext.[28] Sie leistet Strukturierung und Systematisierung, Rationalisierung und damit Nachvollziehbarkeit sowie Berechenbarkeit.[29] Eine gewisse Verstetigung ist diesen Wesensmerkmalen und Funktionen notwendig eingeschrieben, sonst gäben sie keine Struktur oder stellten keine Grundsätze bereit.[30] Ein Element des Konservativen im Sinne des Erhaltens bzw. *Bewahrens* ist Dogmatik somit inhärent.[31] Systema-

---

[27] Vgl. oben Teil 1, A.
[28] So *P. Sahm*, Elemente der Dogmatik, 2019.
[29] *C. Waldhoff*, Kritik und Lob der Dogmatik: Rechtsdogmatik im Spannungsfeld von Gesetzesbindung und Funktionsorientierung in: G. Kirchhof/S. Magen/K. Schneider (Hrsg.), Was weiß Dogmatik, 2012, S. 17, 21 ff.
[30] Vgl. dazu *U. Volkmann*, Die Dogmatisierung des Verfassungsrechts. Überlegungen zur veränderten Kultur juristischer Argumentation, JZ 2020, 965, 970.
[31] Vgl. stellvertretend *F. Schorkopf*, Dogmatik und Kohärenz, in:

Dritter Teil: Bewahren oder Erneuern?

tisierung heißt schließlich nichts anderes als Festlegung von Strukturen, in die eingetragen und eingeordnet werden soll.

Entscheidungen des Bundesverfassungsgerichts, so lässt sich beobachten, werden verstärkt „formalisiert und juridifiziert".[32] Flexibilität weicht strikter Kanonisierung, festen Begriffen und Prüfungsabfolgen und schafft damit gewissermaßen eine Vorfestlegung. Dogmatik in der Karlsruher Rechtsprechung verweist, mit den Worten *Uwe Volkmanns*, zunehmend auf sich selbst und konserviert sich somit:

„Zur Rechtsgewinnung bedarf es hier schon längst nicht mehr des Rückgriffs auf Maßstäbe oder Prinzipien hinter dem Recht, sondern *nur noch auf das alte Recht, das das BVerfG selbst daraus im Laufe der Judikatur gemacht hat: Dieses bildet fast exklusiv den Rahmen, aus dem neue Entscheidungen abgeleitet und gerechtfertigt werden.* Zum sichtbaren Ausdruck dieses Vorgangs wird die Zitat- und Verweiskette, die die Entscheidungen heute fast ganz beherrscht. *Verwiesen wird darin meist nur noch auf frühere Entscheidungen, die ihrerseits auf frühere Entscheidungen verweisen.*"[33]

Derartige „Introvertiertheit", „Verengung von Richtigkeitsmaßstäben" und „zunehmende Schließung von Spielräumen"[34] sind allesamt Elemente, die Veränderung und Offenheit negieren und für das Bisherige und Tradierte stehen, kurzum: für Konservation. Das muss nicht so

---

G. Kirchhof/S. Magen/K. Schneider (Hrsg.), Was weiß Dogmatik?, 2012, S. 139ff.

[32] *U. Volkmann*, Die Dogmatisierung des Verfassungsrechts. Überlegungen zur veränderten Kultur juristischer Argumentation, JZ 2020, 965, 968.

[33] Ebenda, 970f. (unsere Hervorhebungen).

[34] Ebenda, 970ff.

sein. Dogmatik ist eine Konstruktionsleistung. Sie muss zwar auf etwas aufbauen, kann auf diesem Fundament aber Neues konstruieren. Gerade weil Dogmatik nicht nur konserviert, sondern zugleich auch die Basis für Innovation sein kann, mithin ein „Eigenleben" führt,[35] erklärt sich aus ihr nicht die konservative Karlsruher Rechtsprechung.

Die wahren Ursachen für konservative Tendenzen in bestimmten Themengebieten sind andernorts zu finden. So stehen letztlich hinter der Wahl einer bestimmten dogmatischen Figur oder einer ganzen Judikatur unweigerlich auch gewisse politische und (verfassungs- bzw. staats-)theoretische Prämissen, Erwägungen und Präferenzen.

B. Warum konservativ? Deutungsversuche

Warum findet sich dogmatischer Konservatismus, wie er im ersten Teil skaliert und im zweiten Teil identifiziert wurde, in beachtlicher Häufigkeit in der Rechtsprechung des Bundesverfassungsgerichts? Zwei Deutungen bieten wir im Folgenden an. Hinter dogmatischem Konservatismus kann zum einen institutionelle Machtpolitik stehen (I.). Zum anderen mag das Denken des Gerichts von bestimmten politischen oder staatstheoretischen Präferenzen geprägt sein (II.). Beides ist, auch vor dem Hintergrund der Weichenstellung im ersten Teil,[36] zunächst nicht besonders überraschend. Beides ist dem Gericht jedoch vor allem deshalb möglich, weil es Machtpolitik und

---
[35] *P. Sahm*, Elemente der Dogmatik, 2019, S. 93 ff.
[36] Vgl. oben Teil 1, E.

Dritter Teil: Bewahren oder Erneuern?

politische bzw. staatstheoretische Präferenzen mit der Dogmatik verbindet und mittels bestimmter dogmatischer Figuren zu camouflieren vermag (III.).

I. Machtpolitik

Ein erster Deutungsversuch bezieht sich auf Macht. Oder anders ausgedrückt: auf die institutionellen Implikationen konservativer Rechtsprechung. Wie dient konservative Rechtsprechung der Selbstbehauptung des Bundesverfassungsgerichts gegenüber Gesetzgeber, Fachgerichten und europäischer Judikative, wie im Verhältnis zur Gubernative? Das Gericht macht die Motivationslage hinter seinem Konservatismus in der Regel nicht publik – und kann es als Kollegialorgan wohl auch nicht. Es bleibt also im Bereich des Spekulativen, ob, inwieweit und in welchen Fällen es dogmatisch konservative Rechtsprechung als Machtvehikel bewusst und zielgerichtet bemüht. Jedenfalls aber lassen sich ihre Effekte ohne Spekulation analysieren und hervorheben.

1. Letzte Worte

Der dogmatische Konservatismus eignet sich, um das Verhältnis des Bundesverfassungsgerichts zum Gesetzgeber sowie zur Fach- und supranationalen Gerichtsbarkeit zu gestalten. Erhebliche Auswirkungen sowohl inter- als auch intra-institutionell hat hierbei zunächst die Staatsrichtung der Grundrechte. Diese dogmatische Figur, auf der das Gericht seit über 60 Jahren *beharrt*,[37] eröffnet dem Gericht weitreichende Möglichkeiten der Normkreation und somit Vorstöße in den Kompetenzbereich der Legis-

---

[37] Siehe zusammenfassend oben Teil 2, A.IV.

B. Warum konservativ? Deutungsversuche

lative. Folgt aus den Grundrechten die Verantwortung der Gerichte, letztlich des Bundesverfassungsgerichts, im Privatrechtsstreit die Grundrechte beider Seiten in verhältnismäßiger Weise zu berücksichtigen, dann hat das Gericht diese zu realisieren – aufgrund der höchstrangigen Grundrechte auch dann, wenn das einfache Recht dazu nichts oder etwas anderes sagt.[38] Gleichheitssatz und Maßstabsbildung[39] führen überdies dazu, derartige Normkreation im Einzelfall zu generalisieren.[40] Das Gericht verfügt also mit der staatsgerichteten Verantwortungskonstruktion über ein äußerst kraftvolles Instrument: Auf das Privatrecht kann es erheblichen Einfluss nehmen.[41] *Ernst-Wolfgang Böckenförde* befürchtete angesichts dessen den „gleitenden Übergang vom parlamentarischen Gesetzgebungsstaat zum verfassungsgerichtlichen Jurisdiktionsstaat".[42] Auch wenn dieser gewiss nicht vorherrscht, ist unbestreitbar, dass das Gericht durch seine Horizontalwirkungsrechtsprechung dem Gesetzgeber häufige und weitreichende Vorgaben macht.[43]

Die Staatsrichtung der Grundrechte verschafft dem Bundesverfassungsgericht allerdings in Fragen der

---

[38] Vgl. dazu ausführlich *A. Kulick*, Horizontalwirkung im Vergleich, 2020, S. 326 ff., 330 ff.
[39] Vgl. hierzu *O. Lepsius*, Die maßstabsetzende Gewalt, in: *M. Jestaedt/O. Lepsius/C. Möllers/C. Schönberger*, Das entgrenzte Gericht, 2011, S. 159 ff.
[40] Siehe zu alledem ausführlich *A. Kulick*, Horizontalwirkung im Vergleich, 2020, S. 326 ff., 362, 381 ff., zusammenfassend 401 f.
[41] Vgl. ebenda, S. 402.
[42] *E.-W. Böckenförde*, Grundrechte als Grundsatznormen, in: *Ders.*, Staat, Verfassung, Demokratie – Studien zur Verfassungstheorie und zum Verfassungsrecht, 1991, S. 159, 189 f.
[43] Dazu ausführlich *A. Kulick*, Horizontalwirkung im Vergleich, 2020, S. 326 ff., 330 ff., 359 ff., 381 ff.

Dritter Teil: Bewahren oder Erneuern?

Grundrechtswirkung zwischen Privaten das letzte Wort nicht nur gegenüber dem Gesetzgeber. Hält man an der Doktrin fest, dass Grundrechtspflichten stets in Bezug auf den Staat gedacht werden müssen, ist dieser auch im Privatrechtsverhältnis verantwortlich, sie zu realisieren. Ein Versäumnis stellt einen „Akt öffentlicher Gewalt" dar und eröffnet damit den Weg zum Bundesverfassungsgericht (Art. 93 Abs. 1 Nr. 4a Grundgesetz). Das Gericht behält also die Kompetenz, fachgerichtliche Urteile zu kontrollieren, und beansprucht zugleich die Kompetenz-Kompetenz, selbst zu bestimmen, wie weit es in den Zuständigkeitsbereich der Fachgerichte vorstößt: Was „spezifisches Verfassungsrecht" ist und somit Aufgabenfeld des Bundesverfassungsgerichts und was sich dagegen jenseits dessen bewegt, bleibt vage und flexibel – und stets hat Karlsruhe auch hier das letzte Wort.[44]

Ebenso ist das Verhältnis zum Europäischen Gerichtshof durch das Ringen um das letzte Wort gekennzeichnet. Auch hier gibt dogmatischer Konservatismus dem Gericht ein machtpolitisches Instrument in die Hand. Beispielsweise verschafft die Figur des Rechtsanwendungsbefehls seit „Solange II"[45], das Insistieren auf nahezu staatsanaloger Demokratie und nationaler Staatlichkeit insbesondere in „Maastricht"[46] oder die Betonung der Souveränität in „Lissabon"[47] dem Bundesverfassungsgericht das (vermeintlich) letzte Wort gegenüber dem

---

[44] Auch wenn natürlich nach Zurückverweisung die Fachgerichte in der Sache entscheiden. Siehe zu alledem überdies oben Teil 2, A.III.2.
[45] BVerfGE 73, 339 (375) [1986]; sodann in BVerfGE 75, 223 (244) [1987].
[46] BVerfGE 89, 155 (175) [1993].
[47] BVerfGE 123, 267 (398).

B. Warum konservativ? Deutungsversuche

EuGH – ebenso wie gegenüber Bundestag und Bundesrat.[48]

Die machtpolitische Relevanz teilt der dogmatische Konservatismus mit innovativer Dogmatik. Diverse Formen bundesverfassungsgerichtlicher Normkreation wie die richterliche Schaffung von einfachem[49] oder von Verfassungsrecht,[50] ferner verfassungskonforme Auslegung von Parlamentsgesetzen,[51] expansive Interpretation verfassungsrechtlicher Vorschriften[52] und viele mehr eint allesamt: Die dogmatischen Innovationen führen zur Ausweitung der Kompetenzen und Kontrollmöglichkeiten des Gerichts. Mehr Grundrechte bedeuten mehr Verfassungsbeschwerden,[53] Korrektur von Gesetzen durch verfassungskonforme Auslegung erlaubt eine Art Ersatzge-

---

[48] Siehe zum einen oben Teil 2, D. sowie unten II.1.
[49] Z. B. BVerfGE 149, 126 (Rn. 38 ff.) [2018].
[50] Z. B. BVerfGE 90, 286 (381 ff.) [1994] (Parlamentsvorbehalt für Auslandseinsätze der Bundeswehr) oder die Schaffung neuer Grundrechte, z. B. BVerfGE 65, 1 (42 ff.) [1983].
[51] Z. B. BVerfGE 146, 71 (118 ff.) [2017].
[52] Z. B. BVerfG 89, 155 (171) [1993]; BVerfG, Beschl. v. 6.11.2019, 1 BvR 276/17, Rn. 53 ff. – Recht auf Vergessen II.
[53] Vgl. nur die Grundrechtsinnovationen durch BVerfGE 6, 32 (36 f.) [1957] (allgemeine Handlungsfreiheit, stRspr); BVerfGE 65, 1 (42 ff.) [1983] (Recht auf informationelle Selbstbestimmung, stRspr); BVerfGE 120, 274 (302 ff.) [2008] (Recht auf die Integrität und die Vertraulichkeit informationstechnischer Systeme, stRspr); BVerfGE 125, 175 (222 ff.) [2010] (Recht auf ein menschenwürdiges Existenzminimum, stRspr). Vgl. dazu aus der Literatur stellvertretend: *W. Hoffmann-Riem*, Innovation und Recht – Recht und Innovation, 2016, S. 536 ff.; *G. Hornung*, Grundrechtsinnovationen, 2015, insbesondere S. 219 ff.; *T. Wihl*, Die Entwicklung „neuer" Grundrechte: Das Volkszählungs-Urteil und das Urteil zur Online-Durchsuchung, in: D. Grimm (Hrsg.), Vorbereiter – Nachbereiter?, 2019, S. 307 ff.

Dritter Teil: Bewahren oder Erneuern?

setzgebung[54]. Die Beispiele ließen sich fortsetzen. Ob Innovation oder Konservation: am Ende steht häufig eine Erweiterung der bundesverfassungsgerichtlichen Zuständigkeiten – oder jedenfalls ihr Potential. Dass dies immer Strategie ist, will man dem Gericht nicht unterstellen. Aber dass die Konsequenzen sowohl dogmatisch innovativer als auch dogmatisch konservativer Rechtsprechung für den rechtlichen und politischen Einfluss des Gerichts förderlich sind, ist schwerlich zu bestreiten.

2. Wortkargheit

Auch in der inter-institutionellen Beziehung von Bundesverfassungsgericht und Gubernative ist eine strategisch-machtpolitische Deutung der dogmatisch konservativen Rechtsprechung relevant, allerdings in umgekehrter Richtung. Nicht Ausweitung, sondern Zurücknahme charakterisiert hierbei die analysierten Judikate.[55] Sei es mit Blick auf die auflösungsbedingte Vertrauensfrage,[56] sei es angesichts der Maßnahmen der Landesregierungen zur Eindämmung der Covid-19-Pandemie,[57] jeweils übt das Gericht Zurückhaltung und überlässt der Regierung weite Kompetenz- und Einschätzungsspielräume.

Während es die Machtprobe mit dem Gesetzgeber und mit anderen Gerichten nicht meidet, nimmt es sich im Verhältnis zu derjenigen Gewalt vergleichsweise am meisten zurück, die über die stärksten konkreten Machtmittel

---

[54] Z.B. BVerfGE 146, 71 (118 ff.) [2017]. Kritisch zu dieser bundesverfassungsgerichtlichen „Reparatur von Gesetzen" ebenda, 162 f. (Sondervotum Baer/Paulus).
[55] Vgl. dazu zusammenfassend oben Teil 2, C.IV.
[56] Vgl. BVerfGE 62, 1 (50 f.) [1983]; BVerfGE 114, 121 (157) [2005].
[57] Vgl. oben Teil 2, C.III.4.

B. Warum konservativ? Deutungsversuche

verfügt. Gelegentlich, so insbesondere in seiner Entscheidung zur auflösungsbedingten Vertrauensfrage Gerhard Schröders, will es formal einen gewissen Prüfungsanspruch aufrechterhalten, auch wenn dieser letztlich auf nicht viel mehr als eine „Kontrollinszenierung" (*Gertrude Lübbe-Wolff*)[58] hinausläuft. Insgesamt scheut das Gericht das Kräftemessen mit der Regierung.

Konservatismus ermöglicht dies, ob durch das *Beharren* auf einer funktionalen Perspektive der Gewaltenteilung mittels des Topos „Kernbereich exekutiver Eigenverantwortung"[59] oder das Bewahren politischer Handlungsspielräume des Bundeskanzlers im Rahmen des Art. 68 Abs. 1 Grundgesetz.[60] Man mag die Karlsruher Zurückhaltung mitunter als kluge Pragmatik (z. B. Vertrauensfrage), manchmal als falsche Bescheidenheit (z. B. Covid-19-Maßnahmen) gegenüber dem Inhaber der konkreten Exekutivgewalt werten. Kaum bezweifeln lässt sich jedoch, dass auch insoweit konservative Karlsruher Rechtsprechung in den Dienst machtpolitischer Erwägungen gestellt werden kann.

II. Denkstile

Als zweiten Deutungsansatz lässt sich aus der Metaperspektive fragen, welche politischen und staatstheoretischen Präferenzen die Judikatur des Bundesverfassungsgerichts kennzeichnen und inwieweit dieser „Hintergrund" den im Vordergrund stehenden dogmati-

---

[58] BVerfGE 114, 121 (186) [2005], Sondervotum Lübbe-Wolff.
[59] Vgl. z.B. BVerfGE 137 (185ff.) [2014] – Rüstungsexportkontrolle (stRspr). Vgl. dazu auch oben Teil 2, C.III.2.
[60] Vgl. BVerfGE 62, 1 [1983]; BVerfGE 114, 121 [2005]. Vgl. dazu auch oben Teil 2, C.III.3.

Dritter Teil: Bewahren oder Erneuern?

schen Konservatismus bedingt bzw. prägt. Ist ein „konservativer Denkstil" im Sinne *Karl Mannheims* auszumachen, wie er im ersten Teil beschrieben wurde?[61] Oder weisen die Entscheidungen des Gerichts nicht eher Merkmale auf, deren Konservatismus weniger politischer als staatstheoretischer Couleur ist?

Wie zu Beginn dieses Essays angezeigt, wollten wir nicht und könnten dem Bundesverfassungsgericht auch nicht politischen Konservatismus nachweisen,[62] sondern haben dogmatischen und methodischen Konservatismus fokussiert. Eine politisch konservative Tendenz *across the board* ist wohl auch nicht erkennbar. Wenn allgemeine politische Präferenzen offenbar sind, dann eher in liberaler Richtung.[63] Wie verhält es sich indessen mit dem *Mannheim*'schen „konservativen Denkstil"[64]? Ist er in der Judikatur des Gerichts (stellenweise) auszumachen?[65] Wir erinnern uns: Danach kennzeichnet den politischen Konservatismus eine Ablehnung der Rationalität und die Präferenz für das Intuitive und Irrationale des Denkens. Damit einher gehe die Feindschaft gegenüber der Abstraktion und das Lob des Konkreten, ein Denken in Kontinuität und von der „Totalität" her anstelle aus der Perspektive des Individuums.[66]

---

[61] Vgl. *K. Mannheim*, Konservatismus, 1984, S. 51; *K. v. Beyme*, Konservatismus, 2013, S. 109 ff., 137 ff. Siehe dazu oben Teil 1, B.

[62] Siehe oben Teil 1, B. und F.

[63] Vgl. dazu z. B. oben Teil 2, A.III.1. und IV.

[64] *K. Mannheim*, Konservatismus, 1984, S. 137 ff. Siehe auch *D. Kettler/V. Meja/N. Stehr*, Vorwort der Herausgeber, in: *K. Mannheim*, Konservatismus, 1984, S. 27 ff.

[65] Eine Tendenz ist indessen ausnahmsweise in seiner Europa-Rechtsprechung zu finden, siehe oben Teil 2, D.III.2.

[66] Vgl. *K. Mannheim*, Konservatismus, 1984, S. 109 ff., 137 ff.

B. Warum konservativ? Deutungsversuche

Beim Irrationalen und Konkreten muss man sich nicht lange aufhalten. Rationale Argumentation und ein hohes Maß an Abstraktion kennzeichnen die Judikate aus Karlsruhe. Man denke nur an den der Entscheidung im konkreten Fall vorausgehenden, teilweise sehr umfänglichen Maßstäbeteil der Urteile. Die eigene „maßstabsetzende Gewalt" ist Kern des Karlsruher Selbstverständnisses – und sie ist so wirkmächtig gerade durch die Abstraktion, die in der „Zwischenebene"[67] liegt, die die Maßstabsbildung zwischen Rechtsnorm und konkreter Entscheidung einzieht.[68] Ähnliches gilt für die „Kontinuität" im Sinne *Mannheims*. Ein gewisses Maß an Beständigkeit ist aus Gründen der Rechtssicherheit ohnehin erforderlich.[69] Zwar geht die Rechtsprechung stellenweise, was wir als *Beharren* oder *Bremsen* beschrieben haben,[70] darüber hinaus. Allerdings: Dass Kontinuität als „Ansicht des Geschichtlichen, wonach alles Gewordene, jedes Gebilde im organischen Werden, einen unvertauschbaren Stellenwert hat"[71], wie sie *Mannheim* beschreibt, vorherrscht – das ist dem Gericht sicherlich nicht vorzuhalten.

Indes schimmert gelegentlich ein Denken von der „Totalität" her durch. Zwar konstruiert das Gericht weder Grundrechte noch die politische Gemeinschaft vom Kollektiv ausgehend,[72] sondern grundsätzlich vom Individu-

---

[67] *O. Lepsius*, Die maßstabsetzende Gewalt, in: *M. Jestaedt/ O. Lepsius/C. Möllers/C. Schönberger*, Das entgrenzte Gericht, 2011, S. 159, 175.
[68] Siehe zu alledem maßgebend ebenda, S. 159 ff.
[69] Siehe dazu oben A.I. und Teil 1, D.
[70] Vgl. z. B. oben Teil 2, A.III.4., B.III.3. oder C.III.2.
[71] *K. Mannheim*, Konservatismus, 1984, S. 155.
[72] Zum Denken von der Totalität her: Ebenda, S. 134; *M. Greiffenhagen*, Das Dilemma des Konservatismus in Deutschland, 1986, S. 216 f.

Dritter Teil: Bewahren oder Erneuern?

um zum *demos*, zur Gesellschaft, zu den Verfassungsorganen. In der Nähe des Denkens von der „Totalität" her liegt allerdings die auf allen vier Themengebieten prominente Rolle des Staates. Sei es die Staatsrichtung und Staatsanalogie in der Dogmatik zur Horizontalwirkung,[73] die doppelte Etatisierung des Staatskirchenrechts,[74] der *favor gubernatio* im Verhältnis zur Regierung[75] oder der Staatlichkeits- und Souveränitätsfokus in seiner Europarechtsprechung,[76] der Staat steht im Zentrum bundesverfassungsgerichtlicher Dogmatik. Notwendig politisch konservativ ist das allerdings auch nicht. Ein politisch „konservativer Denkstil" im Sinne *Mannheims*[77] lässt sich in der Karlsruher Judikatur also nicht nachweisen.

Kann man indessen in Anlehnung daran von einem etatistischen „Denkstil" des Bundesverfassungsgerichts sprechen? Gewiss mag ein solch allgemeines Verdikt angesichts einer 70 Jahre umfassenden, umfangreichen und weit verästelten Rechtsprechung gehörigen Einwänden begegnen. Dies, zumal die vier analysierten Themengebiete nur einen kleinen Ausschnitt eines großen Entscheidungskorpus darstellen und speziell im Hinblick auf einen Konservatismus-Verdacht ausgewählt wurden. Der Vorwurf des Eklektizismus liegt nahe. Ferner ist es sicherlich verfehlt, bei einem heterogenen Kollegialorgan, dessen personelle Zusammensetzung sich nahezu jährlich ändert, von einem kollektiven „Denken" zu sprechen.

---

[73] Siehe oben Teil 2, A.IV.
[74] Siehe oben Teil 2, B.IV.
[75] Siehe oben Teil 2, C.IV.
[76] Siehe oben Teil 2, D.IV.
[77] *K. Mannheim*, Konservatismus, 1984, S. 137.

B. Warum konservativ? Deutungsversuche

Dennoch scheint eines offensichtlich: Auf allen vier untersuchten Themengebieten ist das Bundesverfassungsgericht ein Midas. Alles, was es berührt, wird zwar nicht zu Gold, aber in irgendeiner Weise auf den Staat bezogen. Das Bundesverfassungsgericht denkt „vom Staat her"[78]. Das ist bei einem *Verfassung*sgericht keine Trivialität – es ist eben ein solches und kein *Staats*gericht. Der Zugriff Karlsruhes erscheint indes mehr staats- denn verfassungstheoretisch:[79] Der Staat ist beim Gericht Dreh- und Angelpunkt der Argumentation und des Denkens. Selbstverständlich ist dieser Staat ein Verfassungs-Staat. Die Perspektive war, ist und bleibt jedoch ihrem Ausgangspunkt nach häufig eine staatlich-etatistische.[80]

Züge eines solchen Etatismus sind identifizierbar in Form von drei Eigenschaften und drei Methoden. Zu den drei Eigenschaften: Das Bundesverfassungsgericht argumentiert vom Staat her, erstens, weil es Freiheit vom Staat als Nähe zum Staat konstruiert. Das gilt für den Grundrechtsschutz im Privatverhältnis ebenso wie für das Staatskirchenrecht.[81] Stets realisiert mit dem Staat derjenige die Freiheit, dem gegenüber sie eigentlich bestehen

---

[78] Entlehnt aus *F. Günther*, Denken vom Staat her, 2004.

[79] Siehe zur Unterscheidung *M. Jestaedt*, Verfassungstheorie als Disziplin, in: O. Depenheuer/C. Grabenwarter (Hrsg.), Verfassungstheorie, 2010, § 1, S. 3, 10 f.

[80] Vgl. für die Beobachtung in diese Richtung, ebenso für die deutsche *Staats*rechtslehre allgemein, grundlegend *C. Möllers*, Staat als Argument, 2000, S. 129 ff., 136 ff., 171 ff. Wie im Einzelnen in den Überlegungen zu den vier Themengebieten dargelegt (zusammenfassend oben Teil 2, A.IV., B.IV., C.IV. und D.IV.), lassen sich hier teilweise Anklänge an den späten *Hegel* der *Rechtsphilosophie* (vgl. *G.W.F. Hegel*, Grundlinien der Philosophie des Rechts, 14. Aufl. 2015, §§ 257 ff., siehe dazu auch oben Teil 1, B.) erkennen.

[81] Vgl. zusammenfassend jeweils oben Teil 2, A.IV. und B.IV.

Dritter Teil: Bewahren oder Erneuern?

soll. Zweitens versteht das Bundesverfassungsgericht insbesondere die Gewaltenteilung funktionsbezogen. So hat die Rechtsprechung zum „Kernbereich exekutiver Eigenverantwortung"[82] die typische und traditionelle Funktion der Regierung stark gemacht, effektiv zu handeln und Aufgaben der Staatsleitung zu übernehmen.[83] Drittens ist ein Konzept staatlicher Souveränität der Ausgangs- und Endpunkt bundesverfassungsgerichtlicher Argumentation, welches Vorstellungen vom klassischen Nationalstaat in einer Tradition verpflichtet bleibt, die bis in das 19. Jahrhundert zurückblickt, so beispielhaft im Europarecht.[84]

Mit diesen keineswegs abschließend zu verstehenden drei Eigenschaften, die auf einen gewissen Etatismus hinzudeuten vermögen, sind auch drei Methoden etatistischer Argumentation skizziert: *Fokus, Maßstab* und *Analogie*. Der Staat ist Fokus der Argumentation, sei es im Falle der Staatsrichtung der Grundrechte, im Staatskirchenrecht oder hinsichtlich typischer Staatsaufgaben, die den einzelnen Gewalten traditionellerweise zuzuordnen sein sollen. Der Staat, in spezifisch Karlsruher Konzeption, ist Maßstab für die Offenheit gegenüber supranationalen Ordnungen.[85] Und schließlich ist der Staat auch Gegenstand von Analogiebildung bei der Behandlung nicht-staatlicher Akteure. Dies zeigt sich beispielsweise in der jüngsten Rechtsprechung des Gerichts zur Horizontalwirkung der Grundrechte, die mächtige Private ebenso wie den Staat behandeln – nämlich grundrechtlich ver-

---

[82] Vgl. z.B. BVerfGE 67, 100 (139) [1984]; BVerfGE 110, 199 (214) [2004]; BVerfGE 124, 78 (120) [2009]; BVerfGE 137, 185 (234) [2014].
[83] Siehe oben Teil 2, C.II.2., IV.
[84] Siehe zusammenfassend oben Teil 2, D.IV.
[85] Vgl. ebenda.

B. Warum konservativ? Deutungsversuche

pflichten – will,[86] oder in Judikaten zum Staatskirchenrecht, in denen das Gericht den Kirchen teilweise Staatsähnlichkeit attestierte.[87]

Fokus, Maßstab, Analogie. In diesen Methoden wird die Bezogenheit auf den Staat in der bundesverfassungsgerichtlichen Argumentation jedenfalls in unseren ausgewählten Themengebieten besonders deutlich: Wie lässt sich die jeweilige dogmatische Figur in Bezug zum Staat konstruieren, wie verhält sie sich zum Staat und wie kann man mit Phänomenen oder Akteuren umgehen, die nicht Staat sind, aber Herausforderungen präsentieren, die man bis dato vor allem dem Staat zugeschrieben hat? Diese „Gedankenwelt" ist binär auf den Staat bezogen. In ihr gibt es Staat und Nicht-Staat. Für Drittes – etwa Denken von der Verfassung her und nicht vom Staat, Private als wechselseitig grundrechtsberechtigt und grundrechtsverpflichtet, Gewaltenteilung aus der Perspektive demokratischer Verfasstheit und nicht tradierter Funktionalität – scheint angesichts dieser Dichotomie zuweilen nur wenig Raum zu bleiben. Das erlaubt dem Gericht den Verbleib in bewährten Deutungsmustern.

III. Camouflagetechniken

Selbstbehauptung und etatistisches Denken stehen oftmals hinter dogmatischem Konservatismus. Letzterer ist es aber, der erstere ermöglicht. Denn dogmatisch konservativ zu sein, vermag dem Gericht Spielraum zur Verfolgung außerdogmatischer Präferenzen zu eröffnen. Diesen Spielraum gewinnt es vor allem, wenn das, was es tut, in dogmatischer Form geschieht. Selbstbehauptung und Eta-

---

[86] Vgl. oben Teil 2, A.III.4.
[87] Z.B. BVerfGE 42, 213 (333) [1976].

Dritter Teil: Bewahren oder Erneuern?

tismus können gerade dann besonders effektvoll eingesetzt werden, wenn sie das Gewand der Dogmatik tragen. Dogmatischer Konservatismus eignet sich in dieser Hinsicht besonders, weil er mit der Autorität des Beständigen und Erprobten, des Unpolitischen, Neutralen und Rationalen ausstaffiert scheint. Auf den Schein kommt es an: Verschiedene Techniken der Camouflage sind es, die erlauben, außerdogmatische Ziele mittels dogmatischen Konservatismus zu erreichen.

Bestimmte Formen des dogmatischen Konservatismus eignen sich dabei besonders zum Zwecke der Camouflage. Vor allem *Musealisierung* dient dem Gericht gelegentlich dazu, eine Rechtsprechungsänderung zu kaschieren oder abzufedern. Das Neue als alt zu verkleiden erweist sich als probate Methode der Verdeckung. Drei illustrierende Beispiele: Im Lüth-Urteil hat die ideengeschichtliche Musealisierung – Grundrechte seien „ohne Zweifel" traditionell nur Abwehrrechte[88] – die Funktion, die unmittelbar im Anschluss folgende Innovation zu relativieren. Diese (damalige) Innovation lag darin, dass Grundrechte zwischen Privaten wirken sollen, indem die staatlichen Gerichte die Verantwortung übernehmen, diese im Rahmen ihrer Entscheidung über den Privatrechtsstreit in verhältnismäßiger Weise zu berücksichtigen.[89] Das Lissabon-Urteil listet auf, was „seit jeher" zur demokratischen Selbstgestaltung des Staates gehöre. Dies versucht den Umstand zu verdecken, dass das Gericht im Folgenden eine eigene, der Integrationsresistenz dienende Staatsaufgabenlehre formuliert.[90] Der Zweite Senat nimmt überdies eine *Museali-*

---

[88] BVerfGE 42, 213 (333) [1976].
[89] Siehe oben Teil 2, A.III.1.
[90] Siehe oben Teil 2, D.III.3.c).

B. Warum konservativ? Deutungsversuche

sierung der Rechtsprechung des ersten Senats zum Staatskirchenrecht vor, indem er die religiöse Neutralität des Staates und das kirchliche Selbstbestimmungsrecht in den 1970er und 1980er Jahren vom Schild zum Schwert umdeutet.[91] Dies geschieht unter dem Deckmantel ständiger Rechtsprechung unter Verweis auf die einschlägigen Judikate aus den 1960er Jahren, ohne indessen die Neuerung offenzulegen, die mit dieser Umdeutung einhergeht.[92]

Die Camouflagetechnik des Bundesverfassungsgerichts erschöpft sich allerdings nicht darin, die Skalierung konservativer Rechtsprechung zu außerdogmatischen Zwecken zu nutzen. Das Gericht kombiniert oder variiert das *Bewahren, Beharren, Bremsen* und *Musealisieren* und bildet so besondere Figuren im Rahmen seiner dogmatisch konservativen Judikatur. Beispielhaft, keineswegs erschöpfend, seien fünf dieser Sonderformen hervorgehoben.

Die erste Sonderform ist insoweit besonders, als sie scheinbar als Innovation daherkommt. Ist die *Musealisierung* eine Innovation im Gewande des Alten,[93] so ist diese – so bezeichnen wir sie – *erhaltende Innovation* eine Art Konservation mit den Mitteln des Neuen. Formal betrachtet führt das Gericht hierbei eine neue dogmatische Figur ein. Sie dient aber dem Erhalt einer übergreifenden Judikatur. Das geschieht häufig, wenn das Gericht eine Rechtsprechungslinie nicht aufgeben will – nicht selten aus politischen oder theoretischen Erwägungen jenseits

---

[91] Vgl. BVerfGE 53, 366 (400, 404) [1980]; Andeutungen bereits in BVerfGE 42, 312 (332, 334) [1976]; siehe auch BVerfGE 57, 220 (244 f.) [1981]; BVerfGE 70, 138 (167) [1985].
[92] Siehe oben Teil 2, B.III.2.
[93] Siehe oben Teil 1, E.

Dritter Teil: Bewahren oder Erneuern?

der Dogmatik[94] – jedoch einsieht, dass es auf bestimmte neue sachliche Herausforderungen eine Antwort geben muss. Die staatsanaloge Behandlung mächtiger Privater ist ein Beispiel für den Einsatz dieser Strategie: Wissend um die teilweise erheblichen Machtasymmetrien zwischen nicht-staatlichen Akteuren will das Gericht in seiner jüngeren Rechtsprechung mächtigen Privaten ähnliche Pflichten auferlegen wie dem Staat.[95] Zweifelsohne ist dies eine Neuerung gegenüber früherer Rechtsprechung. Aber es ist eine Neuerung ohne Paradigmenwechsel, eine Neuerung nämlich innerhalb des Paradigmas der Staatsrichtung der Grundrechte.[96]

Eine weitere Sonderform ist die *absichernde Konservation*. Hier wird durch die formal konservative Rechtsprechung eine Veränderung abgefedert oder ausgeglichen. Ein Beispiel dafür wurde soeben erwähnt: Die *Musealisierung* der Grundrechte als Abwehrrechte, um die Neuerung der Wirkung der Grundrechte zwischen Privaten einzuführen und Wissenschaft wie Fachgerichtsbarkeit zu bedeuten, dass es sich hierbei um die Ausnahme von der Regel handelt.[97] Musealisierung eignet sich hierzu deshalb besonders gut, weil sie als Konservation erscheint und in der Rhetorik des Hergebrachten daherkommt.

Die *Eigenmusealisierung* ist eine besondere Form der Musealisierung, die ebenfalls verdeckend eingesetzt wer-

---

[94] Siehe dazu oben I. und II.
[95] BVerfG, Beschl. v. 6.11.2019, 1 BvR 16/13, Rn. 88 – Recht auf Vergessen I (unsere Hervorhebungen). Siehe dazu ausführlich oben Teil 2, A.III.4.
[96] Siehe dazu oben Teil 2, A.III.4. Siehe auch ausführlich A. *Kulick*, Weniger Staat wagen – Zur Geltung der Grundrechte zwischen Privaten, AöR 2020, 649, 663 ff. sowie *ders.*, Horizontalwirkung im Vergleich, 2020, S. 394 ff.
[97] Siehe dazu oben Teil 2, A.III.1.

B. Warum konservativ? Deutungsversuche

den kann. Hierbei ändert das Gericht nicht den Inhalt einer Gesetzesnorm, der Dogmatik oder eines ideengeschichtlichen Verständnisses, sondern es deutet seine eigene Rechtsprechung um, wobei es diese nur scheinbar fortführt. Beispielhaft ist die Rechtsprechung des Zweiten Senats zum Staatskirchenrecht, der den Judikaten des Ersten Senats eine andere Richtung gibt.[98]

Ferner bedient sich das Bundesverfassungsgericht auch der Sonderform der dogmatischen *Redundanz*. Als eine spezielle Art des *Beharrens* wird diese beispielsweise vom Gericht bemüht, wenn seine Rechtsprechung aus Literatur oder Rechtsprechung Kritik erfährt und es seine überkommene Dogmatik mit einer Argumentation oder Figur abstützt, die zwar dogmatisch entbehrlich ist, aber die dogmatischen Vorschläge der Kritik aufnimmt, ohne von der eigenen Linie abzuweichen. Repräsentativ ist die Rechtsprechung zur Staatsrichtung der Grundrechte, in der das Bundesverfassungsgericht zusätzlich zur „Ausstrahlungswirkung" auch noch auf die Schutzpflichten verweist, um seine Verantwortungskonstruktion zu untermauern.[99]

Die *Caveatisierung* aus dem europarechtlichen Kontext bildet eine fünfte Sonderform. Das Gericht formuliert mit und in den Vorbehalten zunächst grundsätzliche, überdeckende Zustimmung. Dass den Vorbehalten zugleich ein Auf- und Zurückhalten eigen ist, tritt weitgehend in den Hintergrund. Im Letzten *beharrt* man so in Karlsruhe etwa auf souveräner Staatlichkeit und judikativen Kontrollrechten, ohne die staatstheoretisch-konservativen

---

[98] Vgl. BVerfGE 53, 366 (400, 404) [1980]; Andeutungen bereits in BVerfGE 42, 312 (332, 334) [1976]; siehe auch BVerfGE 57, 220 (244f.) [1981]; BVerfGE 70, 138 (167) [1985]. Siehe auch oben Teil 2, B.III.2.

[99] Siehe zu alledem ausführlich oben Teil 2, A.III.3.

Dritter Teil: Bewahren oder Erneuern?

Prämissen oder die machtpolitische Selbstbehauptung zu sehr in den Vordergrund zu rücken.

C. Bewahren der Wirkungsmacht

Der Beitrag des Bundesverfassungsgerichts zur politischen wie rechtlichen Entwicklung der Bundesrepublik über sieben Jahrzehnte ist beachtlich. Nicht ohne Grund ist anlässlich des 50. Jubiläums von einer „Karlsruher Republik" die Rede gewesen.[100] Die Rechtsprechung des Gerichts ist umfänglich, seine Judikate sind wirkmächtig, sein Einfluss ist groß und die rechtlichen Instrumente dieses Einflusses sind vielfältig. Ob es dogmatische Innovationen vornimmt oder dogmatisch konservativ urteilt: was Karlsruhe sagt, hat Gewicht und Auswirkungen in der Welt des Rechts ebenso wie jenseits dieser, in Politik und Gesellschaft. Ein „Schwinden" seiner Wirkmächtigkeit, die dem Gericht vor zehn Jahren prophezeit wurde,[101] ist bislang kaum wahrnehmbar.

Dem Gericht scheint überdies ein gutes Gespür zu eigen, Entwicklungen zu antizipieren, die seinen Einfluss und seine Bedeutung in Frage zu stellen vermögen. Um dem entgegenzuwirken, entfaltet es eine erhebliche Wandelbarkeit, Flexibilität und Kreativität. Dem dienen zunächst dogmatische Innovationen. Das Gericht bemüht sie häufig.[102] Aber auch der dogmatische Konservatismus, so hoffen wir in diesem Band aufgezeigt zu haben, ist in

---

[100] *G. Casper*, Die Karlsruher Republik, ZRP 2002, 214.
[101] *C. Schönberger*, Anmerkungen zu Karlsruhe, in: *M. Jestaedt/ O. Lepsius/C. Möllers/C. Schönberger*, Das entgrenzte Gericht, 2011, S. 9, 57, 64.
[102] Vgl. dazu oben Teil 1, A.

C. Bewahren der Wirkungsmacht

seiner Judikatur nicht selten anzutreffen. Er bietet dem Gericht weitere Möglichkeiten, auf neue Entwicklungen und Herausforderungen zu reagieren. So ist das Gericht ebenso innovativ und „entgrenzt"[103] wie konservativ. „Begrenzt" ist es hingegen auch in seiner konservativen Rechtsprechung nicht. Denn dogmatischer Konservatismus und seine politischen wie theoretischen Begleiter haben sich mitnichten als Mittel der Selbsteinhegung hervorgetan. Wie aufgezeigt,[104] standen sie regelmäßig im Dienst von Zuständigkeits- und Kontrollerweiterung, also von machtpolitischen Interessen des Gerichts oder eröffneten zumindest diese Möglichkeiten. Konservative Rechtsprechung erweist sich also als *ein* Instrument des Bundesverfassungsgerichts, um auf Veränderungen und Anfechtungen einzugehen.

Konservation ergänzt Innovation indes nicht nur als strategisches Instrument Karlsruher Judikatur. So wie „Starrheit" und „Beweglichkeit",[105] „Rigidität und Flexibilität"[106] der Verfassung sich ergänzen, so scheint auch die Polarität von Erneuerung und Erhaltung in der bundesverfassungsgerichtlichen Rechtsprechung unverzichtbar. Dogmatische Innovation und Konservation stellen sich somit als notwendige diskursive Komplementäre im Interesse der Legitimität des Gerichts dar. Dass die relevanten Akteure seiner Rechtsprechung folgen, hängt we-

---

[103] Vgl. *M. Jestaedt/O. Lepsius/C. Möllers/C. Schönberger*, Das entgrenzte Gericht, 2011.
[104] Vgl. oben B.I.
[105] *K. Hesse*, Grundzüge des Verfassungsrechts der Bundesrepublik Deutschland, 20. Aufl. 1999, S. 15.
[106] Vgl. *G.F. Schuppert*, Rigidität und Flexibilität von Verfassungsrecht. Überlegungen zur Steuerungsfunktion von Verfassungsrecht in normalen wie in „schwierigen Zeiten", AöR 1995, 32.

Dritter Teil: Bewahren oder Erneuern?

sentlich von der Balance zwischen diesen Polen ab: Ohne Beständigkeit ist kein Wandel möglich. Ohne den Eindruck zu vermitteln, dass es mancherorts an etablierten dogmatischen Konzepten und Argumenten festhält, verliert das Gericht auf Dauer die Möglichkeit, an anderen Stellen innovativ zu sein. So ist dogmatischer Konservatismus eine wichtige Investition, um das wertvollste Kapital des Gerichts zu erschließen: die breite Akzeptanz seiner Rechtsprechung. Dabei spielen die Camouflagetechniken eine ebenso wichtige wie ambivalente Rolle. Camouflage kann zur Befolgung seiner Entscheidungen beitragen, wenn das Gericht dadurch unpolitischer scheint als es ist und gerade daher politisch agieren kann. Zu viel Camouflage unterminiert hingegen Akzeptanz. Auch investierte Konservation hat somit ihre Grenzen. Um die Wirkungsmacht Karlsruhes weiterhin aufrechtzuerhalten, mag man dem Gericht in seinem 70. Jahr nahelegen: Weniger Staat, mehr Skepsis gegenüber der Regierung, mehr Offenheit für letzte Worte anderer Institutionen. Dann ist es möglich, auch weiterhin zu bewahren – ohne übermäßig zu beharren, zu bremsen und zu musealisieren.

Literaturverzeichnis

von Achenbach, Jelena, Anm. zu BVerfG, Urt. v. 21.10.2014, 2 BvE 5/11, JZ 2015, 96.

Dies., Parlamentarische Informationsrechte und Gewaltenteilung in der neuen Rechtsprechung des Bundesverfassungsgerichts, ZParl 2017, 491.

Agamben, Giorgio, An welchem Punkt stehen wir? Die Epidemie als Politik, 2021.

Alexy, Robert, Theorie der Grundrechte, 1986.

Anschütz, Gerhard, Die Religionsfreiheit, in: Ders./Thoma, Richard (Hrsg.), Handbuch des Deutschen Staatsrechts, Bd. 2, 1. Aufl. 1932, § 106, S. 675.

von Arnauld, Andreas, Rechtssicherheit. Perspektivische Annäherungen an eine 'ideé directrice' des Rechts, 2006.

Assmann, Aleida, Die Wiedererfindung der Nation. Warum wir sie fürchten und warum wir sie brauchen, 2020.

Aulehner, Josef, Grundrechte und Gesetzgebung, 2011.

Badura, Peter, Das normative Ermessen beim Erlaß von Rechtsverordnungen und Satzungen, in: Selmer, Peter/v. Münch, Ingo (Hrsg.), Gedächtnisschrift für Wolfgang Martens, 1987, S. 25.

Ders., Das Staatskirchenrecht als Gegenstand des Verfassungsrechts – Die verfassungsrechtlichen Grundlagen des Staatskirchenrechts in: Pirson, Dietrich/Rüfner, Wolfgang/Germann, Michael/Muckel, Stefan (Hrsg.), Handbuch des Staatskirchenrechts der Bundesrepublik Deutschland, Bd. 1, 3. Aufl. 2020, § 8, S. 333.

Baldus, Manfred, Frühe Machtkämpfe – Ein Versuch über die historischen Gründe der Autorität des Bundesverfassungsgerichts, in: Henne, Thomas/Riedlinger, Arne (Hrsg.), Das

Literaturverzeichnis

Lüth-Urteil aus (rechts-)historischer Sicht. Die Konflikte um Veit Harlan und die Grundrechtsjudikatur des Bundesverfassungsgerichts, 2005, S. 237.

Bendix, Ludwig, Das Problem der Rechtssicherheit. Zur Einführung des Relativismus in die Rechtsanwendungslehre, 1914.

von Beyme, Klaus, Konservatismus. Theorien des Konservatismus und Rechtsextremismus im Zeitalter der Ideologien 1789–1945, 2013.

Bickenbach, Christian, Die Einschätzungsprärogative des Gesetzgebers. Analyse einer Argumentationsfigur in der (Grundrechts-) Rechtsprechung des Bundesverfassungsgerichts, 2014.

Bloch, Ernst, Zur Ontologie des Noch-Nicht-Seins. Ein Vortrag und zwei Abhandlungen, 1961.

von Bogdandy, Armin, Gubernative Rechtsetzung. Eine Neubestimmung der Rechtsetzung und des Regierungssystems unter dem Grundgesetz in der Perspektive gemeineuropäischer Dogmatik, 2000.

Ders., Europäische und nationale Identität: Integration durch Verfassungsrecht?, VVDStRL 2003, Bd. 62, S. 156.

Ders., Prinzipien der Rechtsfortbildung im europäischen Rechtsraum. Überlegungen zum Lissabon-Urteil des BVerfG, NJW 2010, 1.

Brenner, Michael, Reichweite und Grenzen des parlamentarischen Fragerechts, 2009.

Brock, Bazon, Musealisierung – eine Form der experimentellen Geschichtsschreibung, in: Zacharias, Wolfgang (Hrsg.), Zeitphänomen Musealisierung – Das Verschwinden der Gegenwart und die Konstruktion der Erinnerung, 1990, S. 51.

Brocker, Lars, Exekutive versus parlamentarische Normsetzung in der Corona-Pandemie, NVwZ 2020, 1485.

Brugger, Winfried, Einführung in das öffentliche Recht der USA, 2. Aufl. 2001.

Bräcklein, Susann, Investigativer Parlamentarismus. Parlamentarische Untersuchungen in der Bundesrepublik Deutschland und den Vereinigten Staaten von Amerika, 2005.

Literaturverzeichnis

Bumke, Christian, Die Entwicklung der Grundrechtsdogmatik in der deutschen Staatsrechtslehre unter dem Grundgesetz, AöR 2019, 1.

Burke, Edmund, Reflections on the Revolution in France, And on the Proceedings in Certain Societies in London Relative to that Event. In a Letter Intended to Have Been Sent to a Gentleman in Paris, 1790.

Peters, Butz, Untersuchungsausschussrecht. Länder und Bund, 2. Aufl. 2020.

Böckenförde, Ernst-Wolfgang, Verfassungsfragen der Richterwahl. Dargestellt anhand der Gesetzentwürfe zur Einführung der Richterwahl in Nordrhein-Westfalen, 1. Aufl. 1974.

Ders., Grundrechte als Grundsatznormen. Zur gegenwärtigen Lage der Grundrechtsdogmatik, in: *Ders.,* Staat, Verfassung, Demokratie. Studien zur Verfassungstheorie und zum Verfassungsrecht, 1991, S. 159.

Ders., Anmerkungen zum Begriff Verfassungswandel, in: *Ders.,* Staat, Nation, Europa. Studien zur Staatslehre, Verfassungstheorie und Rechtsphilosophie, 1999, S. 141.

Ders., Demokratie als Verfassungsprinzip, in: Isensee, Josef/Kirchhof, Paul (Hrsg.), Handbuch des Staatsrechts der Bundesrepublik Deutschland, Bd. II, 3. Auflage 2004, § 24.

Ders., Bemerkungen zum Verhältnis von Staat und Religion bei Hegel, in: *Ders.:* Recht, Staat, Freiheit. Studien zur Rechtsphilosophie, Staatstheorie und Verfassungsgeschichte, 5. Aufl. 2013, S. 115.

Callies, Christian, Konfrontation statt Kooperation zwischen BVerfG und EuGH?, NVwZ 2020, 897.

Canaris, Claus-Wilhelm, Grundrechte und Privatrecht, AcP 1984, Bd. 184, 201.

Ders., Grundrechte und Privatrecht – eine Zwischenbilanz –, 1999.

Cancik, Pascale, Der „Kernbereich exekutiver Eigenverantwortung" – zur Relativität eines suggestiven Topos, ZParl 2014, 885.

Literaturverzeichnis

Carré de Malberg, Raymond, La loi, expression de la volonté générale. Étude sur le concept de la loi dans la Constitution de 1875, 1931.

Ders., Confrontation de la Théorie de la formation du droit par degrés avec les idées et les institutions consacrés par le droit positif français relativement à sa formation, 1933.

Casper, Gerhard, Die Karlsruher Republik, ZRP 2002, 214.

Cassirer, Ernst, Vom Mythus des Staates, 2. Aufl. 2015.

Cheneval, Francis, Demokratietheorien. Zur Einführung, 2015.

Chomsky, Noam, Remarks on Nominalization, in: *Ders.*, Studies on Semantics in Generative Grammar, 1975, S. 11

Ders., Deep Structure, Surface Structure and Semantic Interpretation, in: *Ders.*, Studies on Semantics in Generative Grammar, 1975, S. 62.

Classen, Claus Dieter, Anmerkung zu BVerfG, Beschl. v. 22.10.2014, 2 BvR 661/12, JZ 2015, 199.

Ders., Das kirchliche Arbeitsrecht unter europäischem Druck – Anmerkungen zu den Urteilen des EuGH (jeweils GK) vom 17.4.2018 in der Rs. C-414/16 (Egenberger) und vom 11.9.2018 in der Rs. C-68/17 (IR), EuR 2018, 752.

Ders., Europarecht und Staatskirchenrecht, in: Pirson, Dietrich/Rüfner, Wolfgang/Germann, Michael/Muckel, Stefan (Hrsg.), Handbuch des Staatskirchenrechts der Bundesrepublik Deutschland, Bd. 1, 3. Aufl. 2020, § 11, S. 483.

Coing, Helmut, Die obersten Grundsätze des Rechts. Ein Versuch zur Neubegründung des Naturrechts, 1947.

Ders., Grundzüge der Rechtsphilosophie, 1950.

Collings, Justin, Democracy's Guardians. A History of the German Federal Constitutional Court, 1951–2001, 2015.

Cornils, Matthias, Von den Grenzen des Anwendungsvorranges des Europarechts: Der unabdingbare Grundrechtsstandard des Grundgesetzes, in: Menzel, Jörg/Müller-Terpitz, Ralf (Hrsg.), Verfassungsrechtsprechung. Ausgewählte Entscheidungen des Bundesverfassungsgerichts in Retrospektive, 3. Aufl. 2017, S. 252.

Literaturverzeichnis

von Danwitz, Thomas, Die Gestaltungsfreiheit des Verordnungsgebers. Zur Kontrolldichte verordnungsgeberischer Entscheidungen, 1989.

Denninger, Erhard, Verfassungsrechtliche Schlüsselbegriffe, in: Broda, Christian (Hrsg.), Festschrift für Rudolf Wassermann zum sechzigsten Geburtstag, 1985, S. 279.

Depenheuer, Otto, Grundrechte und Konservatismus, in: Merten, Detlef/Papier, Hans- Jürgen (Hrsg.), Handbuch der Grundrechte in Deutschland und Europa, Bd. 1, 2004, S. 441.

Deutelmoser, Anna/Pieper, Julia, Das parlamentarische Fragerecht – eine hypertrophe Entwicklung?, NVwZ 2020, 839.

Dreier, Horst, Dimensionen der Grundrechte. Von der Wertordnungsjudikatur zu den objektiv-rechtlichen Grundrechtsgehalten, 1993.

Ders., Staat ohne Gott. Religion in der säkularen Moderne, 2018.

Ders., Rechtsstaat, Föderalismus und Demokratie in der Corona-Pandemie, DÖV 2021, 229.

Dworkin, Ronald, Taking Rights Seriously, 1977.

Dürig, Günter, Grundrechte und Zivilrechtsprechung, in: Maunz, Theodor (Hrsg.), Vom Bonner Grundgesetz zur gesamtdeutschen Verfassung. Festschrift zum 75. Geburtstag von Hans Nawiasky, 1956, S. 157.

Ehmke, Horst, Grenzen der Verfassungsänderung, 1953.

Ders., Wirtschaft und Verfassung. Die Verfassungsrechtsprechung des Supreme Court zur Wirtschaftsregulierung, 1961.

Enneccerus, Ludwig/Nipperdey, Hans Carl, Allgemeiner Teil des Bürgerlichen Rechts, 1. Halbbd., 15. Aufl. 1959.

Eppler, Erhard, Ende oder Wende. Von der Machbarkeit des Notwendigen, 1975.

Esser, Josef, Vorverständnis und Methodenwahl in der Rechtsfindung. Rationalitätsgrundlagen richterlicher Entscheidungspraxis, 1972.

Fawcett, Edmund, Conservatism. The Fight for a Tradition, 2020.

Fish, Stanley, Das Recht möchte formal sein. Essays, 1. Aufl. 2011.

Literaturverzeichnis

Flume, Werner, Rechtsgeschäft und Privatautonomie, in: von Caemmerer, Ernst et al. (Hrsg.), Hundert Jahre deutsches Rechtsleben. Festschrift zum hundertjährigen Bestehen des Deutschen Juristentages 1860–1960, 1960, Bd. 1, S. 135.

Ders., Richter und Recht, in: *Ders.,* Gesammelte Schriften (hrsgg. von Jakobs, Horst Heinrich et al.), 1988, Bd. 1, S. 3.

Foljanty, Lena, Recht oder Gesetz. Juristische Identität und Autorität in den Naturrechtsdebatten der Nachkriegszeit, 2013.

Friehe, Matthias, Dienstherrnfähigkeit der Kirchen. Rechtsschutz vor staatlichen Gerichten in kirchendienstrechtlichen Streitigkeiten nach dem kollisionsrechtlichen Ansatz, 2019.

Fuller, Lon Luvois, The Morality of Law, 1969.

Germann, Michael, Das System des Staatskirchenrechts in Deutschland, in: Pirson, Dietrich/Rüfner, Wolfgang/Germann, Michael/Muckel, Stefan (Hrsg.), Handbuch des Staatskirchenrechts der Bundesrepublik Deutschland, Bd. 1, 3. Aufl. 2020, § 7, S. 261.

Glauben, Paul J./Brocker, Lars, Das Recht der parlamentarischen Untersuchungsausschüsse in Bund und Ländern. Handbuch mit Kommentar zum PUAG, 3. Aufl. 2016.

Goerlich, Helmut, Wertordnung und Grundgesetz. Kritik einer Argumentationsfigur des Bundesverfassungsgerichts, 1973.

Golsong, Heribert, Zum „Solange"-Beschluß des BVerfG über den Grundrechtsschutz in der EG, EuGRZ 1974, 17.

Gotthard, Axel, Der Augsburger Religionsfrieden, 2004.

Greiffenhagen, Martin, Das Dilemma des Konservatismus in Deutschland, 1986.

Grimm, Dieter, Die Grundrechte im Entstehungszusammenhang der bürgerlichen Gesellschaft, in: *Ders.,* Die Zukunft der Verfassung I, 1991, S. 67.

Ders., Rückkehr zum liberalen Grundrechtsverständnis?, in: *Ders.,* Die Zukunft der Verfassung I, 1991, S. 221.

Ders., Das Grundgesetz als Riegel vor einer Verstaatlichung der Europäischen Union. Zum Lissabon-Urteil des Bundesverfassungsgerichts, in: *Ders.,* Die Zukunft der Verfassung II. Auswirkungen von Europäisierung und Globalisierung, 2012, S. 153.

Literaturverzeichnis

Ders., Verfassung und Privatrecht im 19. Jahrhundert. Die Formationsphase, 2017.

Grünberger, Michael, Personale Gleichheit. Der Grundsatz der Gleichbehandlung im Zivilrecht, 2013.

Gusy, Christoph, 100 Jahre Weimarer Verfassung. Eine gute Verfassung in schlechter Zeit, 2018.

Gärditz, Klaus Ferdinand/Hillgruber, Christian, Volkssouveränität und Demokratie ernst genommen – Zum Lissabon-Urteil des BVerfG, JZ 2009, 872.

Günther, Frieder, Denken vom Staat her. Die bundesdeutsche Staatsrechtslehre zwischen Dezision und Integration 1949–1970, 2004.

Haas, Ernst Bernard, The Uniting of Europe. Political, Social, and Economic Forces 1950–1957, 1958.

Hailbronner, Michaela, Traditions and Transformations. The Rise of German Constitutionalism, 2015.

Halberstam, Daniel/Möllers, Christoph, The German Constitutional Court says "Ja zu Deutschland", GLJ 2009, 1241.

Hallstein, Walter, Der unvollendete Bundesstaat. Europäische Erfahrungen und Erkenntnisse, 1969.

Haltern, Ulrich, Europarecht. Dogmatik im Kontext, Bd. 2, 3. Aufl. 2017.

Hamilton, Alexander, The Judiciary Department, Federalist No. 78, 1788.

Ders./Madison, James, The Structure of the Government Must Furnish the Proper Checks and Balances Between the Different Departments, Federalist No. 51, 1788.

Hart, Herbert Lionel Adolphus, The Concept of Law, 3. Aufl. 2012.

Hassemer, Winfried, Rechtssystem und Kodifikation: Die Bindung des Richters an das Gesetz, in: Kaufmann, Arthur/Hassemer, Winfried/Neumann, Ulfrid (Hrsg.), Einführung in Rechtsphilosophie und Rechtstheorie der Gegenwart, 8. Aufl. 2011, S. 254.

Hatschek, Julius, Das Interpellationsrecht. Im Rahmen der modernen Ministerverantwortlichkeit. Eine rechtsvergleichende Studie, 1909.

Literaturverzeichnis

Heck, Philipp, Gesetzesauslegung und Interessenjurisprudenz, AcP 1914, Bd. 112, 1.

Heckel, Martin, Die Kirchen unter dem Grundgesetz, VVDStRL 1968, Bd. 26, S. 5.

Ders., Vom Religionskonflikt zur Ausgleichsordnung. Der Sonderweg des deutschen Staatskirchenrechts vom Augsburger Religionsfrieden 1555 bis zur Gegenwart, 2007.

Hegel, Georg Wilhelm Friedrich, Vorlesungen über die Philosophie der Weltgeschichte, Bd. I, 1955 (Felix Meiner).

Ders., Wissenschaft der Logik, Bd. I, 1986 (Suhrkamp).

Ders., Grundlinien der Philosophie des Rechts, in: *Ders.,* Werke, Bd. 7, 14. Aufl. 2015 (Suhrkamp).

Heinig, Hans Michael, Öffentlich-rechtliche Religionsgesellschaften. Studien zur Rechtsstellung der nach Art. 137 Abs. 5 WRV korporierten Religionsgesellschaften in Deutschland und in der Europäischen Union, 2003.

Ders., Muss Kirche drin sein, wo Kirche draufsteht?, in: Die Zeit, 22.11.2019.

Ders./Kingreen, Thorsten/Lepsius, Oliver/Möllers, Christoph/Volkmann, Uwe/Wißmann, Hinnerk, Why Constitution Matters – Verfassungsrechtswissenschaft in der Corona-Krise, JZ 2020, 861.

Heller, Hermann, Staatslehre, 6. Aufl. 1983.

Hellgardt, Alexander, Regulierung und Privatrecht. Staatliche Verhaltenssteuerung mittels Privatrecht und ihre Bedeutung für Rechtswissenschaft, Gesetzgebung und Rechtsanwendung, 2016.

Ders., Wer hat Angst vor der unmittelbaren Drittwirkung? Die Konsequenzen der Stadionverbot-Entscheidung des BVerfG für die deutsche Grundrechtsdogmatik, JZ 2018, 901.

Henkin, Louis, Is There a „Political Question" Doctrine?, Yale Law Journal 1976, Bd. 85, 597.

Herrmann, Christoph, Die gemeinsame Handelspolitik der Europäischen Union im Lissabon-Urteil, Beih. EuR 2010, 193.

Hesse, Konrad, Funktionelle Grenzen der Verfassungsgerichtsbarkeit, in: Müller, Jörg Paul/Badura, Peter (Hrsg.), Recht als

Prozess und Gefüge. Festschrift für Hans Huber zum 80. Geburtstag, 1981, S. 261.

Ders., Grundzüge des Verfassungsrechts der Bundesrepublik Deutschland, 20. Aufl. 1999.

Ders., Die normative Kraft der Verfassung, wiederabgedruckt in: Krüper, Julian/Payandeh, Mehrdad/Sauer, Heiko (Hrsg.), Konrad Hesses normative Kraft der Verfassung, 2019, S. 1.

Heun, Werner, Das Mehrheitsprinzip in der Demokratie. Grundlagen – Struktur – Begrenzungen, 1983.

Hoffmann-Riem, Wolfgang, Innovation und Recht – Recht und Innovation. Recht im Ensemble seiner Kontexte, 2016.

Hofmann, Hasso, Von der Staatssoziologie zu einer Soziologie der Verfassung?, JZ 1999, 1065.

Hohfeld, Wesley Newcomb, Some Fundamental Legal Conceptions as Applied in Judicial Reasoning, Yale Law Journal 1913, Bd. 23, 16.

Hollerbach, Alexander, Die Kirchen unter dem Grundgesetz, VVDStRL 1968, Bd. 26, S. 57.

Horn, Hans-Detlef, Die grundrechtsunmittelbare Verwaltung. Zur Dogmatik des Verhältnisses zwischen Gesetz, Verwaltung und Individuum unter dem Grundgesetz, 1999.

Hornung, Gerrit, Grundrechtsinnovationen, 2015.

Huber, Peter M., Regierung und Opposition, in: Isensee, Josef/Kirchhof, Paul (Hrsg.), Handbuch des Staatsrechts der Bundesrepublik Deutschland, Bd. III, 3. Aufl. 2005, § 47.

Ders., Verfassungsstaat und Finanzkrise, 2014.

Hueck, Ingo J., Der Staatsgerichtshof zum Schutze der Republik, 1996.

Hufen, Friedhelm, Berufsfreiheit – Erinnerung an ein Grundrecht, NJW 1994, 2913.

von Humboldt, Wilhelm, Ideen zu einem Versuch, die Grenzen der Wirksamkeit des Staats zu bestimmen, 2015 (Reclam), 1851 (Erstveröffentlichung).

Häberle, Peter, Zeit und Verfassung. Prolegomena zu einem „zeit-gerechten" Verfassungsverständnis, ZfP 1974, 111.

Ders., Die Verfassung des Pluralismus. Studien zur Verfassungstheorie der offenen Gesellschaft, 1980.

Literaturverzeichnis

Ders., Die Wesensgehaltsgarantie des Art. 19 Abs. 2 Grundgesetz. Zugleich ein Beitrag zum institutionellen Verständnis der Grundrechte und zur Lehre vom Gesetzesvorbehalt, 3. Aufl. 1983.

Ders., Das retrospektive Lissabon-Urteil als versteinernde Maastricht-II-Entscheidung, JöR 2010, Bd. 58, 317.

Ders./Kotzur, Markus, Europäische Verfassungslehre, 8. Aufl. 2016.

Höfling, Wolfram, Vertragsfreiheit. Eine grundrechtsdogmatische Studie, 1991.

Höpner, Martin, Der Europäische Gerichtshof als Motor der Integration: Eine akteursbezogene Erklärung, BJS 2011, 203.

Ingold, Albert, Die verfassungsrechtliche Identität der Bundesrepublik Deutschland. Karriere – Konzept – Kritik, AöR 2015, 1.

Ipsen, Hans Peter, BVerfG versus EuGH re „Grundrechte", EuR 1975, 1.

Isensee, Josef, Grundrechte und Demokratie: Die polare Legitimation im grundgesetzlichen Gemeinwesen, Der Staat 1981, 161.

Ders., Vertragsfreiheit im Griff der Grundrechte – Inhaltskontrolle von Verträgen am Maßstab der Verfassung, in: Hübner, Ulrich/Ebke, Werner F. (Hrsg.), Festschrift für Bernhard Großfeld zum 65. Geburtstag, 1999, S. 485.

Ders., Staatsaufgaben, in: Ders./Kirchhof, Paul (Hrsg.), Handbuch des Staatsrechts der Bundesrepublik Deutschland, Bd. IV, 3. Auflage 2006, § 73.

Jestaedt, Matthias, Warum in die Ferne schweifen, wenn der Maßstab liegt so nah? Verfassungshandwerkliche Anfragen an das Lissabon-Urteil des BVerfG, Der Staat 2009, 497.

Ders., Verfassungstheorie als Disziplin, in: Depenheuer, Otto/Grabenwarter, Christoph (Hrsg.), Verfassungstheorie, 2010, § 1, S. 3.

Ders., Die Europäische Integration und das Grundgesetz: Die Rechtsprechung des BVerfG zwischen Integrationsbeförderung und Integrationsbegrenzung, Osaka University Law Review 2017, Bd. 64, 43.

Ders./Lepsius, Oliver/Möllers, Christoph/Schönberger, Christoph, Das entgrenzte Gericht. Eine kritische Bilanz nach sechzig Jahren Bundesverfassungsgericht, 2011.

Joussen, Jacob, Die Anwendung des staatlichen Arbeitsrechts auf Arbeitsverhältnisse zu Kirchen und anderen Religionsgemeinschaften, in: Pirson, Dietrich/Rüfner, Wolfgang/Germann, Michael/Muckel, Stefan (Hrsg.), Handbuch des Staatskirchenrechts der Bundesrepublik Deutschland, Bd. 3, 3. Aufl. 2020, § 57, S. 2375.

Kahl, Wolfgang, Optimierungspotenzial im „Kooperationsverhältnis" zwischen EuGH und BVerfG, NVwZ 2020, 824.

Kassimatis, Georg, Der Bereich der Regierung, 1967.

Kaufmann, Arthur, Problemgeschichte der Rechtsphilosophie, in: Ders./Hassemer, Winfried/Neumann, Ulfrid (Hrsg.), Einführung in Rechtsphilosophie und Rechtstheorie der Gegenwart, 8. Aufl. 2011, S. 26.

Kelsen, Hans, Wer soll der Hüter der Verfassung sein? Abhandlungen zur Theorie der Verfassungsgerichtsbarkeit in der pluralistischen, parlamentarischen Demokratie, 2. Aufl. 2019.

Kempen, Otto Ernst, Historische und aktuelle Bedeutung der „Ewigkeitsklausel" des Art. 79 Abs. 3 GG. Überlegungen zur begrenzten Verfassungsautonomie der Bundesrepublik, ZParl 1990, 354.

Kersten, Jens, Die Notwendigkeit der Zuspitzung. Anmerkungen zur Verfassungstheorie, 2020.

Ders./Rixen, Stephan, Der Verfassungsstaat in der Corona-Krise, 2020.

Kettler, David/Meja, Volker/Stehr, Nico, Vorwort der Herausgeber, in: Mannheim, Karl, Konservatismus. Ein Beitrag zur Soziologie des Wissens, 1984.

Kipp, Heinrich, Naturrecht und moderner Staat, 1950.

Kirchhof, Paul, Richterliche Rechtsfindung, gebunden an „Gesetz und Recht", NJW 1986, 2275.

Ders., Rechtsphilosophische Fundierung des Richterrechts: Die Idee des Rechts, in: Bumke, Christian (Hrsg.), Richterrecht zwischen Gesetzesrecht und Rechtsgestaltung, 2012, S. 71.

Literaturverzeichnis

Ders., Die Kunst des Konservativen: Bewahren und Erneuern, in: Kühnlein, Michael (Hrsg.), konservativ?! Miniaturen aus Kultur, Politik und Wissenschaft, 2019, S. 181.

Klafki, Anika, Mehr Parlament wagen? – Die Entscheidung des Art. 80 IV GG in der Corona-Pandemie, NVwZ 2020, 1718.

Kommers, Donald P./Miller, Russel A., The Constitutional Jurisprudence of the Federal Republic of Germany, 3. Aufl. 2012.

Kondylis, Panajotis, Konservatismus. Geschichtlicher Gehalt und Untergang, 1986.

Korioth, Stefan, Europäische und nationale Identität: Integration durch Verfassungsrecht?, VVDStRL 2003, S. 117.

Kranenpohl, Uwe, Herr des Verfahrens oder nur Einer unter Acht? Der Einfluss des Berichterstatters in der Rechtsprechungspraxis des Bundesverfassungsgerichts, ZFRS 2009, 135.

Ders., Hinter dem Schleier des Beratungsgeheimnisses. Der Willensbildungs- und Entscheidungsprozess des Bundesverfassungsgerichts, 2010.

Krasner, Stephan D., Sovereignty. Organized Hypocrisy, 1999.

Kriele, Martin, Theorie der Rechtsgewinnung. Entwickelt am Problem der Verfassungsinterpretation, 2. Aufl. 1976.

Kulick, Andreas, Drittwirkung der Grundrechte: Das Lüth Urteil (2), in: Grimm, Dieter (Hrsg.), Vorbereiter – Nachbereiter? Studien zum Verhältnis von Verfassungsrechtsprechung und Verfassungsrechtswissenschaft, 2019, S. 73.

Ders., Horizontalwirkung im Vergleich. Ein Plädoyer für die Geltung der Grundrechte zwischen Privaten, 2020.

Ders., Weniger Staat wagen – Zur Geltung der Grundrechte zwischen Privaten, AöR 2020, 649.

Kunig, Philip, Das Rechtsstaatsprinzip. Überlegungen zu seiner Bedeutung für das Verfassungsrecht der Bundesrepublik Deutschland, 1986.

Kägi, Werner, Die Verfassung als rechtliche Grundordnung des Staates. Untersuchungen über die Entwicklungstendenzen im modernen Verfassungsrecht, 1945.

Laband, Paul, Die Wandlungen der deutschen Reichsverfassung. Vortrag gehalten in der Gehe-Stiftung zu Dresden am 16. März 1895, 1895.

Larenz, Karl, Methodenlehre der Rechtswissenschaft, 1. Aufl. 1960.

Laski, Harold, Studies in the Problem of Sovereignty, 1917.

Leisner, Anna, Kontinuität als Verfassungsprinzip. Unter besonderer Berücksichtigung des Steuerrechts, 2002.

Leisner, Walter, Grundrechte und Privatrecht, 1960.

Ders., Regierung als Macht kombinierten Ermessens. Zur Theorie der Exekutivgewalt JZ 1968, 727.

Lembcke, Oliver W., Hüter der Verfassung. Eine institutionentheoretische Studie zur Autorität des Bundesverfassungsgerichts, 2007.

Lenski, Sophie-Charlotte, Öffentliches Kulturrecht. Materielle und immaterielle Kulturwerke zwischen Schutz, Förderung und Wertschöpfung, 2013.

Lepsius, Oliver, Entscheiden durch Maßstabsbildung, in: van Ooyen, Robert C./Möllers, Martin H.W. (Hrsg.), Handbuch Bundesverfassungsgericht im politischen System, 2. Aufl. 2015, S. 119.

Ders., Grundrechtsschutz in der Corona-Pandemie, RuP 2020, Bd. 56, 258.

Lerche, Peter, Vorbehalt des Gesetzes und Wesentlichkeitstheorie, in: Merten, Detlef/Papier, Hans-Jürgen (Hrsg.), Handbuch der Grundrechte in Deutschland und Europa, Bd. 3, 2009, S. 301.

Lhotta, Roland, Der Staat als Wille und Vorstellung: Die etatistische Renaissance nach Maastricht und ihre Bedeutung für das Verhältnis von Staat und Bundesstaat, Der Staat 1997, 189.

Loick, Daniel, Juridismus. Konturen einer kritischen Theorie des Rechts, 2017.

Luhmann, Niklas, Der politische Code. „Konservativ" und „progressiv" in systemtheoretischer Hinsicht, Zeitschrift für Politik 1974 n. F., Bd. 21, 253.

Ders., Rechtssoziologie, 2. Aufl. 1983.

Ders., Das Recht der Gesellschaft, 6. Aufl. 2013.

Literaturverzeichnis

Mackie, John Lesie, Ethik. Auf der Suche nach dem Richtigen und Falschen, 1983.

Magen, Stefan, Kirchen und andere Religionsgesellschaften als Körperschaften des öffentlichen Rechts, in: Pirson, Dietrich/Rüfner, Wolfgang/Germann, Michael/Muckel, Stefan (Hrsg.), Handbuch des Staatskirchenrechts der Bundesrepublik Deutschland, Bd. 1, 3. Aufl. 2020, § 27, S. 1045.

Mannheim, Karl, Konservatismus. Ein Beitrag zur Soziologie des Wissens, 1984.

Marquard, Odo, Ende des Schicksals, in: *Ders.,* Abschied vom Prinzipiellen. Philosophische Studien, 1981, S. 67.

Mayer, Franz C., Auf dem Weg zum Richterfaustrecht? Zum PSPP-Urteil des BVerfG, Verfassungsblog vom 7.5.2020.

Mayer, Otto, Deutsches Verwaltungsrecht, Bd. I, 3. Aufl. 1924.

Meier, Gert, Anmerkung zu BVerfG, Beschluß vom 29.5.1974 – 2 BvL 52/71, NJW 1974, 1704.

Meinel, Florian, Selbstorganisation des parlamentarischen Regierungssystems. Vergleichende Studien zu einem Verfassungsproblem der Bundesrepublik Deutschland, 2019.

Meßerschmidt, Klaus, Gesetzgebungsermessen, 2000.

Michl, Fabian, Situativ staatsgleiche Grundrechtsbindung privater Akteure. Zugleich Besprechung von BVerfG, Beschluss vom 11.4.2018, 1 BvR 3080/09, JZ 2018, 910.

Mikat, Paul, Kirchen und Religionsgemeinschaften, in: Bettermann, Karl August/Nipperdey, Hans Carl/Scheuner, Ulrich (Hrsg.), Die Grundrechte, Bd. IV, Halbbd. 1, 1966, S. 111.

Morlok, Martin, Demokratie und Wahlen, in: Badura, Peter/Dreier, Horst (Hrsg.), Festschrift 50 Jahre Bundesverfassungsgericht, Bd. 2, 2001, S. 559.

Morscher, Siegbert, Die parlamentarische Interpellation in der Bundesrepublik Deutschland, in Frankreich, Großbritannien, Österreich und der Schweiz, JöR 1976, Bd. 25, 53.

Muckel, Stefan, Wandel des Verhältnisses von Staat und Gesellschaft – Folgen für Grundrechtstheorie und Grundrechtsdogmatik, VVDStRL 2020, Bd. 79, S. 245.

Mundil, Daniel, Die Opposition. Eine Funktion des Verfassungsrechts, 2013.

Literaturverzeichnis

Murswiek, Dietrich, Maastricht und der Pouvoir Constituant. Zur Bedeutung der verfassunggebenden Gewalt im Prozeß der europäischen Integration, Der Staat 1993, 161.

Möllers, Christoph, Staat als Argument, 2000.

Ders., Gewaltengliederung. Legitimation und Dogmatik im nationalen und internationalen Rechtsvergleich, 2005.

Ders., Der vermisste Leviathan. Staatstheorie in der Bundesrepublik, 2008.

Ders., Die drei Gewalten. Legitimation der Gewaltengliederung in Verfassungsstaat, Europäischer Integration und Internationalisierung, 2008.

Mückl, Stefan, Europäisierung des Staatskirchenrechts, 2005.

Müller, Friedrich/Christensen, Ralph, Juristische Methodik, Bd. I, 10. Aufl. 2009.

Müller, Adam Heinrich, Die Elemente der Staatskunst, 1922.

Müller-Erzbach, Rudolf, Wohin führt die Interessenjurisprudenz? Die rechtspolitische Bewegung im Dienste der Rechtssicherheit und des Aufbaus der Rechtswissenschaft, 1932.

Münkler, Laura, Metaphern im Recht. Zur Bedeutung organischer Vorstellungen von Staat und Recht, Der Staat 2016, 181.

Dies., Expertokratie. Zwischen Herrschaft kraft Wissens und politischem Dezisionismus, 2020.

Nettesheim, Martin, Ein Individualrecht auf Staatlichkeit? Die Lissabon-Entscheidung des BVerfG, NJW 2009, 2867.

Ders., Das PSPP-Urteil des BVerfG – ein Angriff auf die EU?, NJW 2020, 1631.

Nipperdey, Hans Carl, Gleicher Lohn der Frau für gleiche Leistung – Ein Beitrag zur Auslegung der Grundrechte, Recht der Arbeit 1950, 121.

Ders., Boykott und freie Meinungsäußerung, DVBl 1958, 445.

Ders., Grundrechte und Privatrecht, 1961.

Oakeshott, Michael, On being conservative, in: *Ders.,* Rationalism in Politics and other essays, 1991 (Taschenbuchausgabe; Erstveröffentlichung 1962), S. 407.

van Ooyen, Robert C., Die Staatstheorie des Bundesverfassungsgerichts und Europa. Von Solange über Maastricht und Lissabon zur EU-Grundrechtecharta, 8. Aufl. 2020.

Literaturverzeichnis

Oppeland, Torsten, Konservatismus, in: Sommer, Gerlinde/ Graf von Westphalen, Raban (Hrsg.), Staatsbürgerlexikon. Staat, Politik, Recht und Verwaltung in Deutschland und der Europäischen Union, 1999, S. 494.

Ossenbühl, Fritz, Vorrang und Vorbehalt des Gesetzes, in: Isensee, Josef/Kirchhof, Paul (Hrsg.), Handbuch des Staatsrechts der Bundesrepublik Deutschland, Bd. V, 3. Aufl. 2007, § 101.

Pautsch, Arne/Haug, Volker M., Parlamentsvorbehalt und Corona-Verordnungen – ein Widerspruch, NJ 2020, 281.

Pernice, Ingolf, Maastricht, Staat und Demokratie, in: *Ders.*, Der Europäische Verfassungsverbund. Ausgewählte Schriften zur verfassungstheoretischen Begründung und Entwicklung der Europäischen Union, 2020, S. 147.

Ders., Carl Schmitt, Rudolf Smend und die Europäische Integration, in: *Ders.*, Der Europäische Verfassungsverbund. Ausgewählte Schriften zur verfassungstheoretischen Begründung und Entwicklung der Europäischen Union, 2020, S. 359.

Ders., Theorie und Praxis des Europäischen Verfassungsverbundes, in: *Ders.*, Der Europäische Verfassungsverbund. Ausgewählte Schriften zur verfassungstheoretischen Begründung und Entwicklung der Europäischen Union, 2020, S. 625.

Ders., Machtspruch aus Karlsruhe: „Nicht verhältnismäßig? – Nicht verbindlich? – Nicht zu fassen...", EuZW 2020, 508.

Peters, Hans, Die Gegenwartslage des Staatskirchenrechts, VVDStRL 1953, Bd. 11, S. 177.

Pirson, Dietrich, Geschichtliche Grundlagen des Staatskirchenrechts in Deutschland, in: Ders./Rüfner, Wolfgang/Germann, Michael/Muckel, Stefan (Hrsg.), Handbuch des Staatskirchenrechts der Bundesrepublik Deutschland, Bd. 1, 3. Aufl. 2020, § 1, S. 3.

Radbruch, Gustav, Rechtsphilosophie, 3. Aufl. 1932.

Ders., Der Zweck des Rechts, in: Kaufmann, Arthur (Hrsg.), Gustav Radbruch Gesamtausgabe, Bd. 3, Rechtsphilosophie III, 3. Bearb. von Winfried Hassemer, 2003, S. 39.

Raiser, Ludwig, Vertragsfreiheit heute, JZ 1958, 1.

Literaturverzeichnis

Rau, Christian, Selbst entwickelte Grenzen in der Rechtsprechung des United States Supreme Court und des Bundesverfassungsgerichts, 1996.

Reinhardt, Michael, Konsistente Jurisdiktion. Grundlegung einer verfassungsrechtlichen Theorie der rechtsgestaltenden Rechtsprechung, 1997.

Ricardi, Reinhard, Arbeitsrecht in der Kirche. Staatliches Arbeitsrecht und kirchliches Dienstrecht, 8. Aufl. 2020.

Robbers, Gerhard, Arbeitsmarkt und staatliche Lenkung. Staat und Religion, VVDStRL 2000, Bd. 59, S. 231.

Ruffert, Matthias, Vorrang der Verfassung und Eigenständigkeit des Privatrechts. Eine verfassungsrechtliche Untersuchung zur Privatrechtsentwicklung des Grundgesetzes, 2001.

Ders., Europarecht: Vorlagebeschluss des BVerfG zum OMT-Programm, JuS 2014, 373.

Rupp, Hans Heinrich, Muß das Volk über den Vertrag von Maastricht entscheiden?, NJW 1993, 38.

Rüthers, Bernd, Methodenrealismus in Jurisprudenz und Justiz, JZ 2006, 53.

Ders., Die unbegrenzte Auslegung. Zum Wandel der Privatrechtsordnung im Nationalsozialismus, 8. Aufl. 2017.

Sachs, Michael, Die Bindung des Bundesverfassungsgerichts an seine Entscheidungen, 1977.

Ders., Grundrechtliche Schutzpflichten und wirtschaftliche Beziehungen Privater, in: Bauer, Hartmut/Czybulka, Detlef/Kahl, Wolfgang/Voßkuhle, Andreas (Hrsg.), Wirtschaft im offenen Verfassungsstaat. Festschrift für Reiner Schmidt zum 70. Geburtstag, 2006, S. 385.

Sahm, Phillip, Elemente der Dogmatik, 2019.

Scheler, Max, Der Formalismus in der Ethik und die materiale Wertethik. Neuer Versuch der Grundlegung eines ethischen Personalismus, 4. Aufl. 1954.

Scherrer, Philipp, Das Parlament und sein Heer. Das Parlamentsbeteiligungsgesetz, 2010.

Scheuner, Ulrich, Der Bereich der Regierung, in: Ders./Kaufmann, Erich/Weber, Werner (Hrsg.), Rechtsprobleme in Staat

Literaturverzeichnis

und Kirche. Festschrift für Rudolf Smend zum 70. Geburtstag 15. Januar 1952, 1952, S. 253.

Schlaich, Klaus/Korioth, Stefan, Das Bundesverfassungsgericht. Stellung, Verfahren, Entscheidungen, 11. Aufl. 2018.

Schlink, Bernhard, Freiheit durch Eingriffsabwehr – Rekonstruktion der klassischen Grundrechtsfunktion, EuGRZ 1984, 457.

Schmid, Carlo, Der Parlamentarische Rat, II, Verfassungskonvent von Herrenchiemsee, 1981 (Harald Boldt Verlag).

Schmid, Christoph Ulrich, All Bark and No Bite: Notes on the Federal Constitutional Court's Banana Decision, ELJ 7, 2001, 95.

Schmitt, Carl, Politische Romantik, 2. Aufl. 1925.

Ders., Inhalt und Bedeutung des zweiten Hauptteils der Reichsverfassung, in: Anschütz, Gerhard/Thoma, Richard (Hrsg.), Handbuch des Deutschen Staatsrechts, Bd. 2, 1. Aufl. 1932.

Ders., Der Hüter der Verfassung, 4. Aufl. 1996.

Ders., Politische Theologie. Vier Kapitel zur Lehre von der Souveränität, 11. Aufl. 2021.

Scholz, Franz, Die Rechtssicherheit, 1955.

Scholz, Rupert, Parlamentarischer Untersuchungsausschuß und Steuergeheimnis, AöR 1980, 564.

Ders., Staatsleitung im parlamentarischen Regierungssystem, in: Badura, Peter/Dreier, Horst (Hrsg.), Festschrift 50 Jahre Bundesverfassungsgericht, Bd. 2, 2001, S. 663.

Schorkopf, Frank, Dogmatik und Kohärenz, in: Kirchhof, Gregor/Magen, Stefan/Schneider, Karsten (Hrsg.), Was weiß Dogmatik? Was leistet und wie steuert die Dogmatik des Öffentlichen Rechts?, 2012, S. 139.

Ders., Antwort auf eine entgrenzte Politik, FAZ-Einspruch am 8.5.2020.

Schröder, Meinhard, Bildung, Bestand und parlamentarische Verantwortung der Bundesregierung, in: Isensee, Josef/Kirchhof, Paul (Hrsg.), Handbuch des Staatsrechts der Bundesrepublik Deutschland, Bd. III, 3. Aufl. 2005, § 65.

Schuppert, Gunnar Folke, Rigidität und Flexibilität von Verfassungsrecht. Überlegungen zur Steuerungsfunktion von Ver-

Literaturverzeichnis

fassungsrecht in normalen wie in „schwierigen Zeiten", AöR 1995, 32.

Schwab, Dieter, Geschichtliches Recht und moderne Zeiten. Ausgewählte rechtshistorische Aufsätze, 1995.

Schwabenbauer, Thomas/Kling, Michael, Gerichtliche Kontrolle administrativer Prognoseentscheidungen am Merkmal der „Zuverlässigkeit", VerwArchiv 2010, 231.

Schwarze, Jürgen, Das „Kooperationsverhältnis" des Bundesverfassungsgerichts mit dem Europäischen Gerichtshof, in: Badura, Peter/Dreier, Horst (Hrsg.), Festschrift 50 Jahre Bundesverfassungsgericht, Bd. 1, 2001, S. 223.

Schweitzer, Michael/Dederer, Hans-Georg, Staatsrecht III. Staatsrecht, Völkerrecht, Europarecht, 12. Aufl. 2020.

Schöbener, Burkhard/Knauff, Matthias, Allgemeine Staatslehre, 4. Aufl. 2019.

Schönberger, Christoph, Die Europäische Union zwischen „Demokratiedefizit" und Bundesstaatsverbot. Anmerkungen zum Lissabon-Urteil des Bundesverfassungsgerichts, Der Staat 2009, 535.

Ders., Identitäterä. Verfassungsidentität zwischen Widerstandsformel und Musealisierung des Grundgesetzes, JöR 2015, Bd. 63, S. 41.

Schönberger, Sophie, Wandel des Verhältnisses von Staat und Gesellschaft – Folgen für die Grundrechtstheorie und Grundrechtsdogmatik, VVDStRL 2020, Bd. 79, S. 291.

Scruton, Roger, How to Be a Conservative, 2014.

Seyfarth, Georg, Die Änderung der Rechtsprechung des Bundesverfassungsgerichts, 1998.

Singer, Reinhard, Selbstbestimmung und Verkehrsschutz im Recht der Willenserklärungen, 1995.

Sloterdijk, Peter, Der Staat streift seine Samthandschuhe ab. Ausgewählte Gespräche und Beiträge 2020–2021, 2021.

Smend, Rudolf, Staat und Kirche nach dem Bonner GG, Zeitschrift für evangelisches Kirchenrecht 1951, Bd. 1, 4.

Ders., Die politische Gewalt im Verfassungsstaat und das Problem der Staatsform, in: *Ders.,* Staatsrechtliche Abhandlungen und andere Aufsätze, 2. Aufl. 1968, S. 68.

Literaturverzeichnis

Ders., Das Bundesverfassungsgericht, in: *Ders.,* Staatsrechtliche Abhandlungen und andere Aufsätze, 4. Aufl. 2010, S. 585.

Sommer, Andreas Urs, Werte. Warum man sie braucht, obwohl es sie nicht gibt, 2016.

Stahl, Friedrich Julius, Die Philosophie des Rechts nach geschichtlicher Ansicht, Bd. 2, Abt. 2, 1. Aufl. 1837 (J.C.B. Mohr).

Starck, Christian, Wie kommen die Grundrechte ins Privatrecht und wie wirken sie dort?, in: Bruns, Alexander/Kern, Christoph/Münch, Joachim/Piekenbrock, Andreas/Stadler, Astrid/Tsikrikas, Dimitrios (Hrsg.), Festschrift für Rolf Stürner zum 70. Geburtstag, 2013, 1. Teilbd., S. 61.

Stern, Klaus, Das Staatsrecht der Bundesrepublik Deutschland, Bd. I, 2. Aufl. 1984, Bd. II, 1. Aufl. 1980, Bd. V, 1. Aufl. 2000.

Streinz, Rudolf, Das Maastricht-Urteil des BVerfG, EuZW 1994, 329.

Stutz, Ulrich, Das Studium des Kirchenrechts an den deutschen Universitäten, Deutsche Akademische Rundschau Bd. VI, 1924, 12. Semesterfolge Nr. 5, S. 1.

Thiele, Alexander, Allgemeine Staatslehre. Begriff, Möglichkeiten, Fragen im 21. Jahrhundert, 2020.

Tischbirek, Alexander, Ein europäisches Staatskirchenrecht?, Der Staat 2019, 621.

de Tocqueville, Alexis, Democracy in America, Bd. 1, 2000 (Erstveröffentlichung 1835).

Tomuschat, Christian, Die Europäische Union unter der Aufsicht des BVerfG, EuGRZ 1993, 489.

Towfigh, Emanuel V., Das Parteien-Paradox. Ein Beitrag zur Bestimmung des Verhältnisses von Demokratie und Parteien, 2015.

Triepel, Heinrich, Völkerrecht und Landesrecht, 1899.

Ders., Wesen und Entwicklung der Staatsgerichtsbarkeit. Überprüfung von Verwaltungsakten durch die ordentlichen Gerichte, VVDStRL 1929, Bd. 5, S. 2.

Troper, Michel, Who Needs a Third Party Effect Doctrine? – The Case of France, in: Sajó, Andras/Uitz, Renate (Hrsg.),

The Constitution in Private Relations: Expanding Constitutionalism, 2005, S. 115.

Umbach, Dieter C., Das Wesentliche an der Wesentlichkeitstheorie, in: Zeidler, Wolfgang (Hrsg.), Festschrift Hans Joachim Faller, 1984, S. 111.

Unruh, Peter, Religionsverfassungsrecht, 4. Aufl. 2018.

Vierhaus, Rudolf, Konservativ, Konservatismus, in: Brunner, Otto/Conze, Werner/Koselleck, Reinhart (Hrsg.), Geschichtliche Grundbegriffe. Historisches Lexikon zur politisch-sozialen Sprache in Deutschland, Bd. 3, 1982, S. 531.

Vieweg, Klaus, Das Denken der Freiheit. Hegels Grundlinien der Philosophie des Rechts, 2012.

Ders., Hegel. Der Philosoph der Freiheit, 3. Aufl. 2020.

Vogel, Klaus, Die Verfassungsentscheidung des Grundgesetzes für eine internationale Zusammenarbeit, 1964.

Volkmann, Uwe, Die Dogmatisierung des Verfassungsrechts. Überlegungen zur veränderten Kultur juristischer Argumentation, JZ 2020, 965.

Voßkuhle, Andreas, Gibt es und wozu nutzt eine Lehre vom Verfassungswandel?, Der Staat 2004, 450.

Ders., Zur Einwirkung der Verfassung auf das Zivilrecht, in: Bruns, Alexander/Kern, Christoph/Münch, Joachim/Piekenbrock, Andreas/Stadler, Astrid/Tsikrikas, Dimitrios (Hrsg.), Festschrift für Rolf Stürner zum 70. Geburtstag, 2013, 1. Teilbd., S. 79.

Wagner, Heinz, Monismus und Dualismus: eine methodenkritische Betrachtung zum Theorienstreit, AöR 1964, 212.

Wagner, Tobias M., Parlamentsvorbehalt und Parlamentsbeteiligungsgesetz. Die Beteiligung des Bundestages bei Auslandseinsätzen der Bundeswehr, 2010.

Wahl, Rainer, Das Bundesverfassungsgericht in der Gründungsphase. Entwicklungsgeschichte der Institution und der Rechtsprechung, in: Meinel, Florian (Hrsg.), Verfassungsgerichtsbarkeit in der Bonner Republik. Aspekte einer Geschichte des Bundesverfassungsgerichts, 2019, S. 27.

Waldhoff, Christian, Kritik und Lob der Dogmatik: Rechtsdogmatik im Spannungsfeld von Gesetzesbindung und Funkti-

Literaturverzeichnis

onsorientierung, in: Kirchhof, Gregor/Magen, Stefan/Schneider, Karsten (Hrsg.), Was weiß Dogmatik? Was leistet und wie steuert die Dogmatik des Öffentlichen Rechts?, 2012, S. 17.

Walter, Christian, Hüter oder Wandler der Verfassung? Zur Rolle des Bundesverfassungsgerichts im Prozeß des Verfassungswandels, AöR 2000, 517.

Ders., Religionsverfassungsrecht in vergleichender und internationaler Perspektive, 2006.

Walzer, Michael, Interpretation and Social Criticism, in: McMurrin, Sterling Moss (Hrsg.), The Tanner Lectures on Human Values, Bd. VIII, 1988, S. 1.

Weber, Werner, Die Gegenwartslage des Staatskirchenrechts, VVDStRL 1953, Bd. 11, S. 153.

Wegener, Bernhard, Verschroben verhoben! Traurige Einblicke in Karlsruher Parallelwelten, Verfassungsblog vom 5.5.2020.

Weiler, Joseph Halevi Horowitz, Der Staat „über alles". Demos, Telos und die Maastricht-Entscheidung des Bundesverfassungsgerichts, JöR 1996, Bd. 44, 91.

Weitzel, Christian, Justitiabilität des Rechtsetzungsermessens. Zugleich ein Beitrag Zur Theorie des Ermessens, 1998.

Weller, Benjamin, Kirchliches Arbeitsrecht: Individual- und Kollektivarbeitsrecht, Datenschutz, Rechtsschutz, 1. Aufl. 2021.

Wendel, Mattias, Das Bundesverfassungsgericht als Garant der Unionsgrundrechte. Zugleich Besprechung von BVerfG, Beschlüsse v. 6.11.2019 – 1 BvR 16/13 (Recht auf Vergessen I) und 1 BvR 276/17 (Recht auf Vergessen II), JZ 2020, 157.

Wihl, Tim, Die Entwicklung „neuer" Grundrechte: Das Volkszählungs-Urteil und das Urteil zur Online-Durchsuchung, in: Grimm, Dieter (Hrsg.), Vorbereiter – Nachbereiter? Studien zum Verhältnis von Verfassungsrechtsprechung und Verfassungsrechtswissenschaft, 2019, S. 307.

Wischmeyer, Thomas, Nationale Identität und Verfassungsidentität. Schutzgehalte, Instrumente, Perspektiven, AöR 2015, 415.

Wittgenstein, Ludwig Josef Johann, Philosophische Untersuchungen, in: *Ders.,* Schriften, 1960.

Literaturverzeichnis

Zuck, Rüdiger/Zuck, Holger, Die Rechtsprechung des BVerfG zu Corona-Fällen, NJW 2020, 2302.

Zuleeg, Manfred, Das Bundesverfassungsgericht als Hüter der Grundrechte gegenüber der Gemeinschaftsgewalt. Anmerkung zum Beschluß des BVerfG vom 29. Mai 1974, DÖV 1975, 44.

Zähle, Kai, Der Bundessicherheitsrat, Der Staat 2005, 462.